SANS FAMILLE

TOME SECOND

OUVRAGES
DE
HECTOR MALOT

COLLECTION GRAND IN-18 JÉSUS
ROMANS

LES VICTIMES D'AMOUR : LES AMANTS.............	1 vol.
— — LES ÉPOUX.............	1 —
— — LES ENFANTS............	1 —
LES AMOURS DE JACQUES.................	1 —
UN BEAU-FRÈRE...........................	1 —
ROMAIN KALBRIS........................	1 —
MADAME OBERNIN.......................	1 —
UNE BONNE AFFAIRE....................	1 —
UN CURÉ DE PROVINCE.................	1 —
UN MIRACLE............................	1 —
SOUVENIRS D'UN BLESSÉ. — SUZANNE....	1 —
— — MISS CLIFTON......	1 —
UN MARIAGE SOUS LE SECOND EMPIRE..........	1 —
LA BELLE MADAME DONIS..................	1 —
CLOTILDE MARTORY......................	1 —
LE MARIAGE DE JULIETTE................	1 —
UNE BELLE-MÈRE........................	1 —
LE MARI DE CHARLOTTE.................	1 —
LA FILLE DE LA COMÉDIENNE............	1 —
L'HÉRITAGE D'ARTHUR...................	1 —
L'AUBERGE DU MONDE : LE COLONEL CHAMBERLAIN...	1 —
— — LA MARQUISE DE LUCILLIÈRE.	1 —
— — IDA ET CARMELITA.........	1 —
— — THÉRÈSE..................	1 —
LES BATAILLES DU MARIAGE : UN BON JEUNE HOMME..	1 —
— — COMTE DU PAPE.......	1 —
— — MARIÉ PAR LES PRÊTRES.	1 —
CARA..................................	1 —

ÉTUDES

LA VIE MODERNE EN ANGLETERRE.................	1 —

F. Aureau. — Imprimerie de Lagny.

SANS FAMILLE

PAR

HECTOR MALOT

—

TOME SECOND

TROISIÈME ÉDITION

PARIS
E. DENTU, ÉDITEUR
LIBRAIRE DE LA SOCIÉTÉ DES GENS DE LETTRES
PALAIS-ROYAL, 15-17-19, GALERIE D'ORLÉANS
1879
Tous droits réservés

SANS FAMILLE

DEUXIEME PARTIE

I

EN AVANT

En avant !

Le monde était ouvert devant moi, et je pouvais tourner mes pas du côté du nord ou du sud, de l'ouest ou de l'est, selon mon caprice.

Bien que n'étant qu'un enfant, j'étais mon maître.

Hélas! c'était là ce qu'il y avait de triste dans ma position.

Il y a bien des enfants, n'est-ce pas, qui se disent tout bas : « Ah! si je pouvais faire ce qui me plaît; si j'étais libre; si j'étais mon maître! » et qui aspirent avec impatience au jour bienheureux où ils auront cette liberté... de faire des sottises.

Moi je me disais : « Ah! si j'avais quelqu'un pour me conseiller, pour me diriger.»

C'est qu'entre ces enfants et moi il y avait une différence... terrible.

Si ces enfants font des sottises, ils ont derrière eux quelqu'un pour leur tendre la main quand ils tombent, ou pour les ramasser quand ils sont à terre ; tandis que moi, je n'avais personne ; si je tombais, je devais aller jusqu'au bas ; et une fois là me remasser tout seul, si je n'étais pas cassé.

Et j'avais assez d'expérience pour comprendre que je pouvais très-bien me casser ; — ce qui me faisait peur, j'en conviens.

Malgré ma jeunesse, j'avais été assez éprouvé par le malheur pour être plus circonspect et plus prudent que ne le sont ordinairement les enfants de mon âge ; c'était un avantage que j'avais payé cher.

Aussi avant de me lancer sur la route qui m'était ouverte, je voulus aller voir celui qui, en ces dernières années, avait été un père pour moi : si la tante Catherine ne m'avait pas pris avec les enfants pour aller lui dire adieu, je pouvais bien, je devais bien tout seul aller l'embrasser.

Sans avoir jamais été à la prison pour dettes, j'en avais assez entendu parler en ces derniers temps, pour être certain de la trouver. Je suivrais le chemin de la Madeleine que je connaissais bien, et là je demanderais ma route. Puisque tante Catherine et les enfants avaient pu voir leur père, on me permettrait bien de le voir aussi sans doute. Moi aussi, j'étais ou plutôt j'avais été son enfant, il m'avait aimé !

Je n'osai pas traverser tout Paris avec Capi sur mes talons. Qu'aurais-je répondu aux sergents de ville s'ils m'avaient parlé? De toutes les peurs qui m'avaient été inspirées par l'expérience, celle de la police était la plus grande : je n'avais pas oublié Toulouse. J'attachai Capi avec une corde, ce qui parut le blesser très-vivement dans son amour-propre de chien instruit et bien élevé; puis, le tenant en laisse, nous nous mîmes tous deux en route pour la prison de Clichy.

Il y a des choses tristes en ce monde et dont la vue porte à des réflexions lugubres; je n'en connais pas de plus laide et de plus triste qu'une porte de prison : cela donne froid au cœur plus qu'une porte de tombeau; les morts sur lesquels une pierre est scellée ne sentent plus; les prisonniers, eux, sont enterrés vivants.

Je m'arrêtai un moment avant d'oser entrer dans la prison de Clichy, comme si j'avais peur qu'on m'y gardât et que la porte, cette affreuse porte, refermée sur moi, ne se rouvrît plus.

Je m'imaginais qu'il était difficile de sortir d'une prison; mais je ne savais pas qu'il était difficile aussi d'y entrer. Je l'appris à mes dépens.

Enfin, comme je ne me laissai ni rebuter ni renvoyer, je finis par arriver auprès de celui que je venais voir.

On me fit entrer dans un parloir où il n'y avait ni grilles ni barreaux, comme je croyais, et bientôt après le père arriva, sans être chargé de chaînes.

— Je t'attendais, mon petit Remi, me dit-il, et j'ai grondé Catherine de ne pas t'avoir amené avec les enfants.

Depuis le matin, j'étais triste et accablé; cette parole me releva.

— Dame Catherine n'a pas voulu me prendre avec elle.

— Cela n'était pas possible, mon pauvre garçon, on ne fait pas ce qu'on veut en ce monde; je suis sûr que tu aurais bien travaillé pour gagner ta vie; mais Suriot, mon beau-frère, n'aurait pas pu te donner du travail; il est éclusier au canal du Nivernais, et les éclusiers, tu le sais, n'embauchent pas des ouvriers jardiniers. Les enfants m'ont dit que tu voulais reprendre ton métier de chanteur. Tu as donc oublié que tu as failli mourir de froid et de faim à notre porte?

— Non, je ne l'ai pas oublié.

— Et alors tu n'étais pas tout seul, tu avais un maître pour te guider; c'est bien grave, mon garçon, ce que tu veux entreprendre, à ton âge, seul, par les grands chemins.

— J'ai Capi.

Comme toujours, en entendant son nom, Capi répondit par un aboiement qui voulait dire : « Présent ! si vous avez besoin de moi, me voici. »

— Oui ! Capi est un bon chien; mais ce n'est qu'un chien. Comment gagneras-tu ta vie?

— En chantant et en faisant jouer la comédie à Capi.

— Capi ne peut pas jouer la comédie tout seul.

— Je lui apprendrai des tours d'adresse; n'est-ce pas, Capi, que tu apprendras tout ce que je voudrai?

Il mit sa patte sur sa poitrine.

— Enfin, mon garçon, si tu étais sage, tu te placerais ; tu es déjà bon ouvrier, cela vaudrait mieux que de courir les chemins, ce qui est un métier de paresseux.

— Je ne suis pas paresseux, vous le savez bien, et vous ne m'avez jamais entendu me plaindre que j'avais trop d'ouvrage. Chez vous j'aurais travaillé tant que j'aurais pu et je serais resté toujours avec vous ; mais je ne veux pas me placer chez les autres.

Je dis sans doute ces derniers mots d'une façon particulière, car le père me regarda un moment sans répondre.

— Tu nous as raconté, dit-il enfin, que Vitalis, alors que tu ne savais pas qui il était, t'étonnait bien souvent par la façon dont il regardait les gens, et par ses airs de monsieur qui semblaient dire qu'il était lui-même un monsieur ; sais-tu que toi aussi, tu as de ces façons-là et de ces airs qui semblent dire que tu n'es pas un pauvre diable. Tu ne veux pas servir chez les autres ? Enfin, mon garçon, tu as peut-être raison, et ce que je t'en disais, c'était seulement pour ton bien, pas pour autre chose, crois-le. Il me semble que je devais te parler comme je l'ai fait. Mais tu es ton maître puisque tu n'as pas de parents et puisque je ne puis pas te servir de père plus longtemps. Un pauvre malheureux comme moi n'a pas le droit de parler haut.

Tout ce que le père venait de me dire m'avait terriblement troublé, et d'autant plus que je me l'étais déjà dit moi-même, sinon dans les mêmes termes, au moins à peu près.

Oui, cela était grave de m'en aller tout seul par les grands chemins; je le sentais, je le voyais, et quand on avait, comme moi, pratiqué la vie errante, quand on avait passé des nuits comme celle où nos chiens avaient été dévorés par les loups, ou bien encore comme celle des carrières de Gentilly; quand on avait souffert du froid et de la faim comme j'en avais souffert; quand on s'était vu chassé de village en village, sans pouvoir gagner un sou, comme cela m'était arrivé pendant que Vitalis était en prison, on savait quels étaient les dangers et quelles étaient les misères de cette existence vagabonde, où ce n'est pas seulement le lendemain qui n'est jamais assuré, mais où c'est même l'heure présente qui est incertaine et précaire.

Mais si je renonçais à cette existence, je n'avais qu'une ressource et le père lui-même venait de me l'indiquer, — me placer; et je ne voulais pas me placer. Cela était peut-être d'une fierté bien mal entendue dans ma position; mais j'avais eu un maître à qui j'avais été vendu, et bien que celui-là eût été bon pour moi, je n'en voulais pas d'autre; cela était chez moi une idée fixe.

Et puis ce qui était tout aussi décisif pour ma résolution, je ne pouvais renoncer à cette existence de liberté et de voyages sans manquer à ma promesse envers Étiennette, Alexis, Benjamin et Lise; c'est-à-dire sans les abandonner. En réalité, Étiennette, Alexis et Benjamin pouvaient se passer de moi, ils s'écriraient; mais Lise! Lise ne savait pas écrire, la tante Catherine n'écrivait pas non plus. Lise resterait donc perdue si je l'abandonnais. Que penserait-elle de moi ? Une seule chose : que je ne l'aimais plus, elle qui m'avait témoigné tant d'amitié, elle par qui j'avais été si heureux. Cela n'était pas possible.

— Vous ne voulez donc pas que je vous donne des nouvelles des enfants ? dis-je.

— Ils m'ont parlé de cela ; mais ce n'est pas à nous que je pense en t'engageant à renoncer à ta vie de musicien des rues ; il ne faut jamais penser à soi avant de penser aux autres.

— Justement, père ; et vous voyez bien que c'est vous qui m'indiquez ce que je dois faire : si je renonçais à l'engagement que j'ai pris, par peur des dangers dont vous parlez, je penserais à moi, je ne penserais pas à vous, je ne penserais pas à Lise.

Il me regarda encore, mais plus longuement ; puis tout à coup me prenant les deux mains :

— Tiens, garçon, il faut que je t'embrasse pour cette parole-là, tu as du cœur, et c'est bien vrai que ce n'est pas l'âge qui le donne.

Nous étions seuls dans le parloir, assis sur un banc à côté l'un de l'autre, je me jetai dans ses bras, ému, fier aussi d'entendre dire que j'avais du cœur.

— Je ne te dirai plus qu'un mot, reprit le père : à la garde de Dieu, mon cher garçon !

Et tous deux nous restâmes pendant quelques instants silencieux ; mais le temps avait marché et le moment de nous séparer était venu.

Tout à coup le père fouilla dans la poche de son gilet et en retira une grosse montre en argent, qui était retenue dans une boutonnière par une petite lanière en cuir.

— Il ne sera pas dit que nous nous serons séparés sans que tu emportes un souvenir de moi. Voici ma montre, je te la donne. Elle n'a pas grande valeur, car tu comprends que si elle en avait, je l'aurais vendue. Elle ne marche pas non plus très-bien, et elle a besoin de temps en temps d'un bon coup de pouce. Mais enfin, c'est tout ce que je possède présentement, et c'est pour cela que je te la donne.

Disant cela, il me la mit dans la main; puis, comme je voulais me défendre d'accepter un si beau cadeau, il ajouta tristement :

— Tu comprends que je n'ai pas besoin de savoir l'heure ici; le temps n'est que trop long; je mourrais à le compter. Adieu, mon petit Remi; embrasse-moi encore un coup; tu es un brave garçon : souviens-toi qu'il faut l'être toujours.

Et je crois qu'il me prit par la main pour me conduire à la porte de sortie : mais ce qui se passa alors, ce qui se dit entre nous, je n'en ai pas gardé souvenir; j'étais trop troublé, trop ému.

Quand je pense à cette séparation, ce que je retrouve dans ma mémoire, c'est le sentiment de stupidité et d'anéantissement qui me prit tout entier quand je fus dans la rue.

Je crois que je restai longtemps, très-longtemps dans la rue devant la porte de la prison, sans pouvoir me décider à tourner mes pas à droite ou à gauche, et j'y serais peut-être demeuré jusqu'à la nuit, si ma main n'avait tout à coup, par hasard, rencontré dans ma poche un objet rond et dur.

Machinalement et sans trop savoir ce que je faisais, je le palpai : ma montre !

Instantanément chagrins, inquiétudes, angoisses, tout fut oublié, je ne pensai plus qu'à ma montre. J'avais une montre, une montre à moi, dans ma poche, à laquelle je pouvais regarder l'heure ! Et je la tirai de ma poche pour voir quelle heure il était : midi. Cela n'avait aucune importance pour moi qu'il fût midi ou dix heures, ou deux heures, mais je fus très-heureux pourtant qu'il fût midi. Pourquoi ? J'aurais été bien embarrassé de le dire ; mais cela était. Ah ! midi, déjà midi. Je savais qu'il était midi, ma montre me l'avait dit ; quelle affaire ! Et il me sembla qu'une montre c'était une sorte de confident à qui l'on demandait conseil et avec qui l'on pouvait s'entretenir.

— Quelle heure est-il, mon amie la montre ? — — Midi, mon cher Remi. — Ah ! midi, alors je dois faire ceci et cela, n'est-ce pas ? — Mais certainement. — Tu as bien fait de me le rappeler, sans toi je l'oubliais. — Je suis là pour que tu n'oublies pas. Avec Capi et ma montre j'avais maintenant à qui parler.

Ma montre ! Voilà deux mots agréables à prononcer. J'avais eu si grande envie d'avoir une montre, et je m'étais toujours si bien convaincu moi-même que je n'en pourrais jamais avoir une ! Et cependant voilà que dans ma poche il y en avait une qui faisait tic-tac. Elle ne marchait pas très-bien, disait le père. Cela n'avait pas d'importance. Elle marchait, cela suffisait. Elle avait besoin d'un bon coup de pouce. Je lui en donnerais et de vigoureux encore, sans les lui épargner, et si les coups de pouce ne suffisaient pas, je la dé-

1.

monterais moi-même. Voilà qui serait intéressant : je verrais ce qu'il y avait dedans et ce qui la faisait marcher. Elle n'avait qu'à se bien tenir : je la conduirais sévèrement.

Je m'étais si bien laissé emporter par la joie que je ne m'apercevais pas que Capi était presque aussi joyeux que moi ; il me tirait par la jambe de mon pantalon et il jappait de temps en temps. Enfin ses jappements, de plus en plus forts, m'arrachèrent à mon rêve.

— Que veux-tu, Capi?

Il me regarda, et, comme j'étais trop troublé pour le comprendre, après quelques secondes d'attente, il se dressa contre moi et posa sa patte contre ma poche, celle où était ma montre.

Il voulait savoir l'heure « pour la dire à l'honorable société », comme au temps où il travaillait avec Vitalis.

Je la lui montrai ; il la regarda assez longtemps, comme s'il cherchait à se rappeler, puis, se mettant à frétiller de la queue, il aboya douze fois ; il n'avait pas oublié. Ah! comme nous allions gagner de l'argent avec notre montre! C'était un tour de plus sur lequel je n'avais pas compté.

Comme tout cela se passait dans la rue vis-à-vis la porte de la prison, il y avait des gens qui nous regardaient curieusement et même qui s'arrêtaient.

Si j'avais osé j'aurais donné une représentation tout de suite, mais la peur des sergents de ville m'en empêcha.

D'ailleurs il était midi, c'était le moment de me mettre en route.

— En avant !

Je donnai un dernier regard, un dernier adieu à la prison, derrière les murs de laquelle le pauvre père allait rester enfermé, tandis que moi j'irais librement où je voudrais, et nous partîmes.

L'objet qui m'était le plus utile pour mon métier c'était une carte de France; je savais qu'on en vendait sur les quais, et j'avais décidé que j'en achèterais une : je me dirigeai donc vers les quais.

En passant sur la place du Carrousel mes yeux se portèrent machinalement sur l'horloge du château des Tuileries, et l'idée me vint de voir si ma montre et le château marchaient ensemble, ainsi que cela devait être. Ma montre marquait midi et demi, et l'horloge du château une heure. Qui des deux allait trop lentement? J'eus envie de donner un coup de pouce à ma montre, mais la réflexion me retint : rien ne prouvait que c'était ma montre qui était dans son tort, ma belle et chère montre; et il se pouvait très-bien que ce fût l'horloge du château des rois qui battît la breloque. Là-dessus je remis ma montre dans ma poche en me disant que pour ce que j'avais à faire, mon heure était la bonne heure !

Il me fallut longtemps pour trouver une carte, au moins comme j'en voulais une, c'est-à-dire collée sur toile, se pliant et ne coûtant pas plus de vingt sous, ce qui pour moi était une grosse somme; enfin j'en trouvai une si jaunie que le marchand ne me la fit payer que soixante-quinze centimes.

Maintenant je pouvais sortir de Paris, — ce que je me décidai à faire au plus vite.

J'avais deux routes à prendre ; celle de Fontainebleau par la barrière d'Italie, ou bien celle d'Orléans par Montrouge : en somme, l'une m'était tout aussi indifférente que l'autre, et le hasard fit que je choisis celle de Fontainebleau.

Comme je montais la rue Mouffetard dont le nom que je venais de lire sur une plaque bleue m'avait rappelé tout un monde de souvenirs : Garofoli, Mattia, Ricardo, la marmite avec son couvercle fermé au cadenas, le fouet aux lanières de cuir et enfin Vitalis, mon pauvre et bon maître, qui était mort pour ne pas m'avoir loué au *padrone* de la rue de Lourcine, il me sembla, en arrivant à l'église Saint-Médard, reconnaître dans un enfant appuyé contre le mur de l'église le petit Mattia : c'était bien la même grosse tête, les mêmes yeux mouillés, les mêmes lèvres parlantes, le même air doux et résigné, la même tournure comique ; mais chose étrange, si c'était lui, il n'avait pas grandi.

Je m'approchai pour le mieux examiner ; il n'y avait pas à en douter, c'était lui ; il me reconnut aussi, car son pâle visage s'éclaira d'un sourire.

— C'est vous, dit-il, qui êtes venu chez Garofoli avec le vieux à barbe blanche avant que j'entre à l'hôpital ? Ah ! comme j'avais mal dans la tête, ce jour-là.

— Et Garofoli est toujours votre maître ?

Il regarda autour de lui avant de répondre ; alors baissant la voix :

— Garofoli est en prison ; on l'a arrêté parce qu'il a fait mourir Orlando pour l'avoir trop battu.

Cela me fit plaisir de savoir Garofoli en prison, et pour la première fois j'eus la pensée que les prisons, qui m'inspiraient tant d'horreur, pouvaient être utiles.

— Et les enfants? dis-je.

— Ah! je ne sais pas, je n'étais pas là quand Garofoli a été arrêté. Quand je suis sorti de l'hôpital, Garofoli, voyant que je n'étais pas bon à battre sans que ça me rende malade, a voulu se débarrasser de moi, et il m'a loué pour deux ans, payés d'avance, au cirque Gassot. Vous connaissez le cirque Gassot ? Non. Eh ben! ce n'est pas un grand, grand cirque, mais c'est pourtant un cirque. Ils avaient besoin d'un enfant pour la dislocation et Garofoli me loua au père Gassot. Je suis resté avec lui jusqu'à lundi dernier, et puis on m'a renvoyé parce que j'ai la tête trop grosse maintenant pour entrer dans la boîte, et aussi trop sensible. Alors je suis venu de Gisors où est le cirque pour rejoindre Garofoli, mais je n'ai trouvé personne, la maison était fermée, et un voisin m'a raconté ce que je viens de vous dire : Garofoli est en prison. Alors je suis venu là, ne sachant où aller, et ne sachant que faire.

— Pourquoi n'êtes-vous pas retourné à Gisors?

— Parce que le jour où je partais de Gisors pour venir à Paris à pied, le cirque partait pour Rouen ; et comment voulez-vous que j'aille à Rouen ? c'est trop loin, et je n'ai pas d'argent; je n'ai pas mangé depuis hier midi.

Je n'étais pas riche, mais je l'étais assez pour ne pas laisser ce pauvre enfant mourir de faim ; comme j'aurais béni celui qui m'aurait tendu un morceau de pain quand j'errais aux environs de Toulouse, affamé comme Mattia l'était en ce moment!

— Restez là, lui dis-je.

Et je courus chez un boulanger dont la boutique faisait le coin de la rue; bientôt je revins avec une miche de pain que je lui offris; il se jeta dessus et la dévora.

— Et maintenant, lui dis-je, que voulez-vous faire ?
— Je ne sais pas.
— Il faut faire quelque chose.
— J'allais tâcher de vendre mon violon quand vous m'avez parlé, et je l'aurais déjà vendu si cela ne me faisait pas chagrin de m'en séparer : mon violon, c'est ma joie et ma consolation ; quand je suis trop triste, je cherche un endroit où je serai seul, et je joue pour moi ; alors je vois toutes sortes de belles choses dans le ciel, c'est bien plus beau que dans les rêves, ça se suit.

— Alors pourquoi ne jouez-vous pas du violon dans les rues ?
— J'en ai joué, personne ne m'a donné.

Je savais ce que c'était que de jouer sans que personne mît la main à la poche.

— Et vous ? demanda Mattia, que faites-vous maintenant?

Je ne sais quel sentiment de vantardise enfantine m'inspira:

— Mais je suis chef de troupe, dis-je.

En réalité cela était vrai puisque j'avais une troupe composée de Capi, mais cette vérité frisait de près la fausseté.

— Oh ! si vous vouliez? dit Mattia.
— Quoi?

— M'enrôler dans votre troupe.

Alors la sincérité me revint.

— Mais voilà toute ma troupe, dis-je en montrant Capi.

— Eh bien ? qu'importe, nous serons deux. Ah ! je vous en prie, ne m'abandonnez pas; que voulez-vous que je devienne ? il ne me reste qu'à mourir de faim

Mourir de faim ! Tous ceux qui entendent ce cri ne le comprennent pas de la même manière et ne le perçoivent pas à la même place. Moi ce fut au cœur qu'il me résonna : je savais ce que c'était que de mourir de faim.

— Je sais travailler, continua Mattia; d'abord je joue du violon, et puis je me disloque, je danse à la corde, je passe dans les cerceaux, je chante; vous verrez, je ferai ce que vous voudrez, je serai votre domestique, je vous obéirai, je ne vous demande pas d'argent, la nourriture seulement; si je fais mal vous me battrez, ça sera convenu; tout ce que je vous demande c'est que vous ne me battiez pas sur la tête, ça aussi sera convenu, parce que j'ai la tête trop sensible depuis que Garofoli m'a tant frappé dessus.

En entendant le pauvre Mattia parler ainsi j'avais envie de pleurer. Comment lui dire que je ne pouvais pas le prendre dans ma troupe ? Mourir de faim ! Mais avec moi n'avait-il pas autant de chances de mourir faim que tout seul ?

Ce fut ce que je lui expliquai ; mais il ne voulut pas m'entendre.

— Non, dit-il, à deux on ne meurt pas de faim, on se soutient, on s'aide, celui qui a donne à celui qui n'a pas.

Ce mot trancha mes hésitations : puisque j'avais, je devais l'aider.

— Alors, c'est entendu ! lui dis-je.

Instantanément il me prit la main et me la baisa, et cela me remua le cœur si doucement, que des larmes me montèrent aux yeux.

— Venez avec moi, lui dis-je, mais pas comme domestique, comme camarade.

Et remontant la bretelle de ma harpe sur mon épaule :
— En avant ! lui dis-je.

Au bout d'un quart d'heure, nous sortions de Paris.

Les hâles du mois de mars avaient séché la route, et sur la terre durcie on marchait facilement.

L'air était doux, le soleil d'avril brillait dans un ciel bleu sans nuages.

Quelle différence avec la journée de neige où j'étais entré dans ce Paris, après lequel j'avais si longtemps aspiré comme après la terre promise !

Le long des fossés de la route l'herbe commençait à pousser, et çà et là elle était émaillée de fleurs de pâquerettes et de fraisiers qui tournaient leurs corolles du côté du soleil.

Quand nous longions des jardins, nous voyions les thyrses des lilas rougir au milieu de la verdure tendre du feuillage, et si une brise agitait l'air calme, il nous tombait sur la tête, de dessus le chaperon des vieux murs, des pétales de ravenelles jaunes.

Dans les jardins, dans les buissons de la route, dans les grands arbres, partout, on entendait des oiseaux qui chantaient joyeusement, et devant nous des hirondelles rasaient la terre, à la poursuite de moucherons invisibles.

Notre voyage commençait bien, et c'était avec confiance que j'allongeais le pas sur la route sonore : Capi, délivré de sa laisse, courait autour de nous, aboyant après les voitures, aboyant après les tas de cailloux, aboyant partout et pour rien, si ce n'est pour le plaisir d'aboyer, ce qui, pour les chiens, doit être analogue au plaisir de chanter pour les hommes.

Près de moi, Mattia marchait sans rien dire, réfléchissant sans doute, et moi je ne disais rien non plus pour ne pas le déranger et aussi parce que j'avais moi-même à réfléchir.

Où allions-nous ainsi de ce pas délibéré?

A vrai dire, je ne le savais pas trop, et même je ne le savais pas du tout.

Devant nous.

Mais après?

J'avais promis à Lise de voir ses frères et Étiennette avant elle, mais je n'avais pas pris d'engagement à propos de celui que je devais voir le premier : Benjamin, Alexis ou Étiennette? Je pouvais commencer par l'un ou par l'autre, à mon choix, c'est-à-dire par les Cévennes, la Charente ou la Picardie.

De ce que j'étais sorti par le sud de Paris il résultait nécessairement que ce ne serait pas Benjamin qui aurait ma première visite, mais il me restait le choix entre Alexis et Étiennette.

J'avais eu une raison qui m'avait décidé à me diriger tout d'abord vers le sud et non vers le nord : c'était le désir de voir mère Barberin.

Si depuis longtemps je n'ai pas parlé d'elle, il ne faut pas en conclure que je l'avais oubliée, comme un ingrat.

De même il ne faut pas conclure non plus que j'étais un ingrat, de ce que je ne lui avais pas écrit depuis que j'étais séparé d'elle.

Combien de fois j'avais eu cette pensée de lui écrire pour lui dire : « Je pense à toi et je t'aime toujours de tout mon cœur »; mais la peur de Barberin, et une peur horrible, m'avait retenu. Si Barberin me retrouvait au moyen de ma lettre, s'il me reprenait; si de nouveau il me vendait à un autre Vitalis, qui ne serait pas Vitalis ? Sans doute il avait le droit de faire tout cela. Et à cette pensée j'aimais mieux m'exposer à être accusé d'ingratitude par mère Barberin, plutôt que de courir la chance de retomber sous l'autorité de Barberin, soit qu'il usât de cette autorité pour me vendre, soit qu'il voulût me faire travailler sous ses ordres. J'aurais mieux aimé mourir, — mourir de faim, — plutôt que d'affronter un pareil danger, dont l'idée seule me rendait lâche.

Mais si je n'avais pas osé écrire à mère Barberin, il me semblait qu'étant libre d'aller où je voulais, je pouvais tenter de la voir. Et même depuis que j'avais engagé Mattia « dans ma troupe » je me disais que cela pouvait être assez facile. J'envoyais Mattia en avant, tandis que je restais prudemment en arrière; il entrait chez mère Barberin et la faisait causer sous un prétexte quelconque; si elle était seule il lui racontait la vérité, venait m'avertir, et je rentrais dans la maison où s'était passée mon enfance pour me jeter dans les bras de ma mère nourrice; si au contraire Barberin était au pays, il demandait à mère Barberin de se rendre à un endroit désigné et là, je l'embrassais.

C'était ce plan que je bâtissais tout en marchant, et cela me rendait silencieux, car ce n'était pas trop de toute mon attention, de toute mon application pour examiner une question d'une telle importance.

En effet, je n'avais pas seulement à voir si je pouvais aller embrasser mère Barberin, mais j'avais en-encore à chercher si sur notre route nous trouverions des villes ou des villages dans lesquels nous aurions chance de faire des recettes.

Pour cela le mieux était de consulter ma carte.

Justement, nous étions en ce moment en pleine campagne et nous pouvions très-bien faire une halte sur un tas de cailloux, sans craindre d'être dérangés.

— Si vous voulez, dis-je à Mattia, nous allons nous reposer un peu.

— Voulez-vous que nous parlions?

— Vous avez quelque chose à me dire?

— Je voudrais vous prier de me dire *tu*.

— Je veux bien, nous nous dirons tu.

— Vous oui, mais moi non.

— Toi comme moi, je te l'ordonne et si tu ne m'obéis pas, je tape.

— Bon, tape, mais pas sur la tête.

Et il se mit à rire d'un bon rire franc et doux en montrant toutes ses dents, dont la blancheur éclatait au milieu de son visage hâlé.

Nous nous étions assis, et dans mon sac j'avais pris

ma carte, que j'étalai sur l'herbe. Je fus assez longtemps à m'orienter; mais enfin je finis par tracer mon itinéraire : Corbeil, Fontainebleau, Montargis, Gien, Bourges, Saint-Amand, Montluçon. Il était donc possible d'aller à Chavanon, et si nous avions un peu de chance, il était possible aussi de ne pas mourir de faim en route.

— Qu'est-ce que c'est que cette chose-là ? demanda Mattia en montrant ma carte.

Je lui expliquai ce que c'était qu'une carte et à quoi elle servait, en employant à peu près les mêmes termes que Vitalis, lorsqu'il m'avait donné ma première leçon de géographie.

Il m'écouta avec attention, les yeux sur les miens.

— Mais alors, dit-il, il faut savoir lire?

— Sans doute : tu ne sais donc pas lire?

— Non.

— Veux-tu apprendre?

— Oh! oui, je voudrais bien.

— Eh bien, je t'apprendrai.

— Est-ce que sur la carte on peut trouver la route de Gisors à Paris?

— Certainement, cela est très-facile.

Et je la lui montrai.

Mais tout d'abord il ne voulut pas croire ce que je lui disais quand d'un mouvement du doigt je vins de Gisors à Paris.

— J'ai fait la route à pied, dit-il, il y a bien plus loin que cela.

Alors je lui expliquai de mon mieux, ce qui ne veut pas dire très-clairement, comment on marque les distances sur les cartes ; il m'écouta, mais il ne parut pas convaincu de la sûreté de ma science.

Comme j'avais débouclé mon sac, l'idée me vint de passer l'inspection de ce qu'il contenait, étant bien aise d'ailleurs de montrer mes richesses à Mattia, et j'étalai tout sur l'herbe.

J'avais trois chemises en toile, trois paires de bas, cinq mouchoirs, le tout en très-bon état, et une paire de souliers un peu usés.

Mattia fut ébloui.

— Et toi, qu'as-tu? lui demandai-je.

— J'ai mon violon, et ce que je porte sur moi.

— Eh bien! lui dis-je, nous partagerons comme cela se doit puisque nous sommes camarades : tu auras deux chemises, deux paires de bas et trois mouchoirs ; seulement comme il est juste que nous partagions tout, tu porteras mon sac pendant une heure et moi pendant une autre.

Mattia voulut refuser, mais j'avais déjà pris l'habitude du commandement, qui, je dois le dire, me paraissait très-agréable, et je lui défendis de répliquer.

J'avais étalé sur mes chemises la ménagère d'Étiennette, et aussi une petite boîte dans laquelle était placée la rose de Lise; il voulut ouvrir cette boîte, mais je ne lui permis pas, je la remis dans mon sac sans même l'ouvrir.

— Si tu veux me faire un plaisir, lui dis-je, tu ne toucheras jamais à cette boîte, c'est un cadeau.

— Bien, dit-il, je te promets de n'y toucher jamais.

Depuis que j'avais repris ma peau de mouton et ma

harpe, il y avait une chose qui me gênait beaucoup, — c'était mon pantalon. Il me semblait qu'un artiste ne devait pas porter un pantalon long; pour paraître en public il fallait des culottes courtes avec des bas sur lesquels s'entre-croisaient des rubans de couleur. Des pantalons, c'était bon pour un jardinier, mais maintenant j'étais un artiste !...

Lorsqu'on a une idée et qu'on est maître de sa volonté, on ne tarde pas à la réaliser. J'ouvris la ménagère d'Étiennette et je pris ses ciseaux.

— Pendant que je vais arranger mon pantalon, dis-je à Mattia, tu devrais bien me montrer comment tu joues du violon.

— Oh! je veux bien.

Et prenant son violon il se mit à jouer.

Pendant ce temps j'enfonçai bravement la pointe de mes ciseaux dans mon pantalon un peu au dessous du genou et je me mis à couper le drap.

C'était cependant un beau pantalon en drap gris comme mon gilet et ma veste, et que j'avais été bien joyeux de recevoir quand le père me l'avait donné; mais je ne croyais pas l'abîmer en le taillant ainsi, bien au contraire.

Tout d'abord, j'avais écouté Mattia en coupant mon pantalon, mais bientôt je cessai de faire fonctionner mes ciseaux et je fus tout oreilles : Mattia jouait presque aussi bien que Vitalis.

— Et qui donc t'a appris le violon? lui dis-je en l'applaudissant.

— Personne, un peu tout le monde, et surtout moi seul en travaillant.

— Et qui t'a enseigné la musique?

— Je ne la sais pas; je joue ce que j'ai entendu jouer.

— Je te l'enseignerai, moi.

— Tu sais donc tout?

— Il faut bien puisque je suis chef de troupe.

On n'est pas artiste sans avoir un peu d'amour-propre; je voulus montrer à Mattia que moi aussi j'étais musicien.

Je pris ma harpe et tout de suite pour frapper un grand coup, je lui chantai ma fameuse chanson :

Fenesta vascia e patrona crudele...

Et alors, comme cela se devait entre artistes, Mattia me paya les compliments que je venais de lui adresser, par ses applaudissements : il avait un grand talent, j'avais un grand talent, nous étions dignes l'un de l'autre.

Mais nous ne pouvions pas rester ainsi à nous féliciter l'un l'autre, il fallait après avoir fait de la musique pour nous, pour notre plaisir, en faire pour notre souper et pour notre coucher.

Je bouclai mon sac, et Mattia à son tour le mit sur ses épaules.

En avant sur la route poudreuse : maintenant il fallait s'arrêter au premier village qui se trouverait sur notre route et donner une représentation : « Débuts de la troupe Remi ».

— Apprends-moi ta chanson, dit Mattia, nous la chanterons ensemble, et je pense que je pourrai bientôt t'accompagner sur mon violon; cela sera très-joli

Certainement cela serait très-joli et il faudrait véritablement « que l'honorable société » eût un cœur de pierre pour ne pas nous combler de gros sous.

Ce malheur nous fut épargné. Comme nous arrivions à un village qui se trouve après Villejuif, nous préparant à chercher une place convenable pour notre représentation, nous passâmes devant la grande porte d'une ferme, dont la cour était pleine de gens endimanchés, qui portaient tous des bouquets noués avec des flots de rubans et attachés, pour les hommes, à la boutonnière de leur habit, pour les femmes à leur corsage : il ne fallait pas être bien habile pour deviner que c'était une noce.

L'idée me vint que ces gens seraient peut-être satisfaits d'avoir des musiciens pour les faire danser, et aussitôt j'entrai dans la cour suivi de Mattia et de Capi, puis, mon feutre à la main, et avec un grand salut (le salut noble de Vitalis), je fis ma proposition à la première personne que je trouvai sur mon passage.

C'était un gros garçon, dont la figure rouge comme brique était encadrée dans un grand col raide qui lui sciait les oreilles ; il avait l'air bon enfant et placide.

Il ne me répondit pas ; mais, se tournant tout d'une pièce vers les gens de la noce, car sa redingote en beau drap luisant le gênait évidemment aux entournures, il fourra deux de ses doigts dans sa bouche et tira de cet instrument un si formidable coup de sifflet, que Capi en fut effrayé.

— Ohé ! les autres, cria-t-il, qui que vous pensez *d'une petite air de musique?* v'là des artistes qui nous arrivent.

— Oui, oui, la musique! la musique! crièrent des voix d'hommes et de femmes.

— En place pour le quadrille!

Et, en quelques minutes, les groupes de danseurs se formèrent au milieu de la cour ; ce qui fit fuir les volailles épouvantées.

— As-tu joué des quadrilles? demandai-je à Mattia en italien et à voix basse, car j'étais assez inquiet.

— Oui.

Et il m'en indiqua un sur son violon ; le hasard permit que je le connusse. Nous étions sauvés.

On avait sorti une charrette de dessous un hangar ; on la posa sur ses chambrières, et on nous fit monter dedans.

Bien que nous n'eussions jamais joué ensemble, Mattia et moi, nous ne nous tirâmes pas trop mal de notre quadrille. Il est vrai que nous jouions pour des oreilles qui n'étaient heureusement ni délicates, ni difficiles.

— Un de vous sait-il jouer du cornet à piston? nous demanda le gros rougeaud.

— Oui, moi, dit Mattia, mais je n'en ai pas.

— Je vas aller vous en chercher un, parce que le violon c'est joli, mais c'est fadasse.

— Tu joues donc aussi du cornet à piston ? demandai-je à Mattia en parlant toujours italien.

— Et de la trompette à coulisse et de la flûte, et de tout ce qui se joue.

Décidément il était précieux, Mattia.

Bientôt le cornet à piston fut apporté, et nous recommençâmes à jouer des quadrilles, des polkas, des valses, surtout des quadrilles.

Nous jouâmes ainsi jusqu'à la nuit sans que les danseurs nous laissassent respirer : cela n'était pas bien grave pour moi, mais cela l'était beaucoup plus pour Mattia, chargé de la partie pénible, et fatigué d'ailleurs par son voyage et les privations. Je le voyais de temps en temps pâlir comme s'il allait se trouver mal, cependant il jouait toujours, soufflant tant qu'il pouvait dans son embouchure.

Heureusement je ne fus pas seul à m'apercevoir de sa pâleur, la mariée la remarqua aussi.

— Assez, dit-elle, le petit n'en peut plus ; maintenant la main à la bourse pour les musiciens.

— Si vous vouliez, dis-je en sautant à bas de la voiture, je ferais faire la quête par notre caissier.

Et je jetai mon chapeau à Capi qui le prit dans sa gueule.

On applaudit beaucoup la grâce avec laquelle il savait saluer lorsqu'on lui avait donné, mais ce qui valait mieux pour nous, on lui donna beaucoup ; comme je le suivais, je voyais les pièces blanches tomber dans le chapeau ; le marié mit la dernière et ce fut une pièce de cinq francs.

Quelle fortune ! Ce ne fut pas tout. On nous invita à manger à la cuisine, et on nous donna à coucher dans une grange. Le lendemain quand nous quittâmes cette maison hospitalière, nous avions un capital de vingt-huit francs.

— C'est à toi que nous les devons, mon petit Mattia,

dis-je à mon camarade, tout seul je n'aurais pas formé un orchestre.

Et alors le souvenir d'une parole qui m'avait été dite par le père Acquin quand j'avais commencé à donner des leçons à Lise me revient à la mémoire, me prouvant qu'on est toujours récompensé de ce qu'on fait de bien.

— J'aurais pu faire une plus grande bêtise que de te prendre dans ma troupe.

Avec vingt-huit francs dans notre poche, nous étions des grands seigneurs, et lorsque nous arrivâmes à Corbeil, je pus, sans trop d'imprudence, me livrer à quelques acquisitions que je jugeais indispensables : d'abord un cornet à piston qui me coûta trois francs chez un marchand de ferraille ; pour cette somme, il n'était ni neuf ni beau, mais enfin récuré et soigné il ferait notre affaire ; puis ensuite des rubans rouges pour nos bas ; et enfin un vieux sac de soldat pour Mattia, car il était moins fatigant d'avoir toujours sur les épaules un sac léger, que d'en avoir de temps en temps un lourd ; nous nous partagerions également ce que nous portions avec nous, et nous serions plus alertes.

Quand nous quittâmes Corbeil, nous étions vraiment en bon état ; nous avions, toutes nos acquisitions payées, trente francs dans notre bourse, car nos représentations avaient été fructueuses ; notre répertoire était réglé de telle sorte que nous pouvions rester plusieurs jours dans le même pays sans trop nous répéter ; enfin nous nous entendions si bien, Mattia et moi, que nous étions déjà ensemble comme deux frères.

— Tu sais, disait-il quelquefois en riant, un chef de troupe comme toi qui ne cogne pas, c'est trop beau.

— Alors, tu es content?

— Si je suis content! c'est-à-dire que voilà le premier temps de ma vie, depuis que j'ai quitté le pays, que je ne regrette pas l'hôpital.

Cette situation prospère m'inspira des idées ambitieuses.

Après avoir quitté Corbeil, nous nous étions dirigés sur Montargis, en route pour aller chez mère Barberin.

Aller chez mère Barberin pour l'embrasser c'était m'acquitter de ma dette de reconnaissance envers elle, mais c'était m'en acquitter bien petitement et à trop bon marché.

Si je lui portais quelque chose.

Maintenant que j'étais riche, je lui devais un cadeau.

Quel cadeau lui faire?

Je ne cherchai pas longtemps.

Il y en avait un qui plus que tout la rendrait heureuse, non-seulement dans l'heure présente, mais pour toute sa vieillesse, — une vache, qui remplaçât la pauvre *Roussette*.

Quelle joie pour mère Barberin, si je pouvais lui donner une vache, et aussi quelle joie pour moi!

Avant d'arriver à Chavanon j'achetais une vache et Mattia, la conduisant par la longe, la faisait entrer dans la cour de mère Barberin. Bien entendu, Barberin n'était pas là. — Madame Barberin, disait Mattia, voici une vache que je vous amène. — Une vache ! vous vous trompez, mon garçon. — Et elle soupirait. — Non, madame, vous êtes bien madame Barberin, de Chavanon ? Eh bien ! c'est chez madame Barberin que le prince (comme dans les contes de fées) m'a dit de conduire cette vache qu'il vous offre. — Quel prince ? — Alors je paraissais, je me jetais dans les bras de mère Barberin, et après nous être bien embrassés, nous faisions des crêpes et des beignets, qui étaient mangés par nous trois et non par Barberin, comme en ce jour de mardi-gras où il était revenu pour renverser notre poêle et mettre notre beurre dans sa soupe à l'oignon.

Quel beau rêve ! Seulement, pour le réaliser, il fallait pouvoir acheter une vache.

Combien cela coûtait-il, une vache ? Je n'en avais aucune idée ; cher, sans doute, très-cher, mais encore ?

Ce que je voulais, ce n'était pas une trop grande, une trop grosse vache. D'abord parce que plus les vaches sont grosses, plus leur prix est élevé ; puis ensuite, plus les vaches sont grandes, plus il leur faut de nourriture, et je ne voulais pas que mon cadeau devînt une cause d'embarras pour mère Barberin.

L'essentiel pour le moment c'était donc de connaître le prix des vaches, ou plutôt d'une vache telle que j'en voulais une.

Heureusement, cela n'était pas difficile pour moi, et dans notre vie sur les grands chemins, dans nos soirées à l'auberge, nous nous trouvions en relations avec des conducteurs et des marchands de bestiaux ;

il était donc bien simple de leur demander le prix des vaches.

Mais la première fois que j'adressai ma question à un bouvier, dont l'air brave homme m'avait tout d'abord attiré, on me répondit en me riant au nez.

Le bouvier se renversa ensuite sur sa chaise en donnant de temps en temps de formidables coups de poing sur la table; puis il appela l'aubergiste.

— Savez-vous ce que me demande ce petit musicien ? Combien coûte une vache, pas trop grande, pas trop grosse, enfin une bonne vache. Faut-il qu'elle soit savante ?

Et les rires recommencèrent; mais je ne me laissai pas démonter.

— Il faut qu'elle donne du bon lait et qu'elle ne mange pas trop.

— Faut-il qu'elle se laisse conduire à la corde sur les grands chemins comme votre chien?

Après avoir épuisé toutes ses plaisanteries, déployé suffisamment son esprit, il voulut bien me répondre sérieusement et même entrer en discussion avec moi.

— Il avait justement mon affaire, une vache douce, donnant beaucoup de lait, un lait qui était une crème, et ne mangeant presque pas; si je voulais lui allonger quinze pistoles sur la table, autrement dit cinquante écus, la vache était à moi.

Autant j'avais eu de mal à le faire parler tout d'abord, autant j'eus de mal à le faire taire quand il fut en train.

Enfin nous pûmes aller nous coucher et je rêvai à ce que cette conversation venait de m'apprendre.

Quinze pistoles ou cinquante écus, cela faisait cent cinquante francs ; et j'étais loin d'avoir une si grosse somme.

Était-il impossible de la gagner? Il me sembla que non, et que si la chance de nos premiers jours nous accompagnait je pourrais, sou à sou, réunir ces cent cinquante francs. Seulement il faudrait du temps.

Alors une nouvelle idée germa dans mon cerveau : si au lieu d'aller tout de suite à Chavanon, nous allions d'abord à Varses, cela nous donnerait ce temps qui nous manquerait en suivant la route directe.

Il fallait donc aller à Varses tout d'abord et ne voir mère Barberin qu'au retour: assurément alors j'aurais mes cent cinquante francs et nous pourrions jouer ma féerie : *la Vache du prince*.

Le matin, je fis part de mon idée à Mattia, qui ne manifesta aucune opposition.

— Allons à Varses, dit-il, les mines, c'est peut-être curieux, je serai bien aise d'en voir une.

II

UNE VILLE NOIRE

La route est longue de Montargis à Varses, qui se trouve au milieu des Cévennes, sur le versant de la montagne incliné vers la Méditerranée : cinq ou six cents kilomètres en ligne droite ; plus de mille pour nous à cause des détours qui nous étaient imposés par notre genre de vie. Il fallait bien chercher des villes et des grosses bourgades pour donner des représentations fructueuses.

Nous mîmes près de trois mois à faire ces mille kilomètres, mais quand nous arrivâmes aux environs de Varses, j'eus la joie, comptant mon argent, de constater que nous avions bien employé notre temps : dans ma bourse en cuir j'avais cent vingt-huit francs d'économies ; il ne me manquait plus que vingt-deux francs pour acheter la vache de mère Barberin.

Mattia était presque aussi content que moi, et il n'était pas médiocrement fier d'avoir contribué pour sa part à gagner une pareille somme : il est vrai que cette part était considérable et que sans lui, surtout sans son cornet à piston ; nous n'aurions jamais amassé 128 francs, Capi et moi.

De Varses à Chavanon nous gagnerions bien certainement les 22 francs qui nous manquaient.

Varses où nous arrivions était, il y a une centaine d'années, un pauvre village perdu dans les montagnes et connu seulement par cela qu'il avait souvent servi de refuge aux *Enfants de Dieu*, commandés par Jean Cavalier. Sa situation au milieu des montagnes en avait fait un point important dans la guerre des *Camisards;* mais cette situation même avait par contre fait sa pauvreté. Vers 1750, un vieux gentilhomme qui avait la passion des fouilles, découvrit à Varses des mines de charbon de terre, et depuis ce temps Varses est devenu un des bassins houillers qui, avec Alais, Saint-Gervais, Bessèges approvisionnent le Midi et tendent à disputer le marché de la Méditerranée aux charbons anglais. Lorsqu'il avait commencé ses recherches, tout le monde s'était moqué de lui, et lorsqu'il était parvenu à une profondeur de 150 mètres sans avoir rien trouvé, on avait fait des démarches actives pour qu'il fût enfermé comme fou, sa fortune devant s'engloutir dans ces fouilles insensées : Varses renfermait dans son territoire des mines de fer ; on n'y trouvait pas, on n'y trouverait jamais du charbon de terre. Sans répondre, et pour se soustraire aux criailleries, le vieux gentilhomme s'était établi dans son puits et n'en était plus sorti ; il y mangeait, il y couchait, et il n'avait à subir ainsi que les doutes des ouvriers qu'il employait avec lui; à chaque coup de pioche ceux-ci haussaient les épaules, mais excités par la foi de leur maître, ils donnaient un nouveau coup de pioche et le puits descendait. A 200 mètres, on trouva une couche de houille : le vieux gentilhomme ne fut plus un fou, ce fut un homme de génie ; du jour au lendemain, la métamorphose fut complète.

Aujourd'hui Varses est une ville de 12,000 habitants qui a devant elle un grand avenir industriel et qui pour le moment est avec Alais et Bessèges l'espérance du Midi.

Ce qui fait et ce qui fera la fortune de Varses est ce qui se trouve sous la terre et non ce qui est au-dessus. A la surface, en effet, l'aspect est triste et désolé ; des *causses, des garrigues,* c'est-à-dire la stérilité, pas d'arbres, si ce n'est çà et là des châtaigniers, des mûriers et quelques oliviers chétifs, pas de terre végétale, mais partout des pierres grises ou blanches ; là seulement où la terre ayant un peu de profondeur se laisse pénétrer par l'humidité, surgit une végétation active qui tranche agréablement avec la désolation des montagnes.

De cette dénudation résultent de terribles inondations, car lorsqu'il pleut l'eau court sur les pentes dépouillées comme elle courrait sur une rue pavée, et les ruisseaux ordinairement à sec roulent alors des torrents qui gonflent instantanément les rivières des vallons et les font déborder : en quelques minutes on voit le niveau de l'eau monter dans le lit des rivières de trois, quatre, cinq mètres et même plus.

Varses est bâti à cheval sur une de ces rivières nommée la Divonne, qui reçoit elle-même dans l'intérieur de la ville deux petits torrents : le ravin de la Truyère et celui de Saint-Andéol. Ce n'est point une belle ville, ni propre, ni régulière ; les wagons chargés de minerai de fer ou de houille qui circulent du matin au soir sur des rails au milieu des rues sèment continuellement une poussière rouge et noire qui, par les jours de pluie, forme une boue liquide et profonde comme la fange d'un marais ; par les jours de soleil et de vent, ce sont au contraire des tourbillons aveuglants qui roulent dans la rue et s'élèvent au-dessus de la ville. Du haut en bas, les maisons sont noires, noires par la boue et la poussière, qui de la rue monte jusqu'à leurs toits ; noires par la fumée des fours et des fourneaux qui de leurs toits descend jusqu'à la rue : tout est noir, le sol, le ciel et jusqu'aux eaux que roule la Divonne. Et cependant les gens qui circulent dans les rues sont encore plus noirs que ce qui les entoure : les chevaux noirs, les voitures noires, les feuilles des arbres noires ; c'est à croire qu'un nuage de suie s'est abattu pendant une journée sur la ville ou qu'une inondation de bitume l'a recouverte jusqu'au sommet des toits. Les rues n'ont point été faites pour les voitures ni pour les passants, mais pour les chemins de fer et les wagons des mines : partout sur le sol des rails et des plaques tournantes ; au-dessus de la tête des ponts volants, des courroies, des arbres de transmission qui tournent avec des ronflements assourdissants ; les vastes bâtiments près desquels on passe tremblent jusque dans leurs fondations, et, si l'on regarde par les portes ou les fenêtres, on voit des masses de fonte en fusion qui circulent comme d'immenses bolides, des marteaux-pilons qui lancent autour d'eux des pluies d'étincelles, et partout, toujours des pistons de machines à vapeur qui s'élèvent et s'abaissent régulièrement. Pas de monuments, pas de jardins, pas de statues sur les places ; tout se ressemble et a été bâti sur le même modèle, le cube : les églises, le tribunal, les écoles, des cubes percés de plus ou moins de fenêtres, selon les besoins.

Quand nous arrivâmes aux environs de Varses, il était deux ou trois heures de l'après-midi, et un soleil radieux brillait dans un ciel pur ; mais à mesure que nous avancions le jour s'obscurcit ; entre le ciel et la terre s'était interposé un épais nuage de fumée qui se traînait lourdement en se déchirant aux hautes cheminées ; depuis plus d'une heure, nous entendions de puissants ronflements, un mugissement semblable à celui de la mer avec des coups sourds, — les ronflements étaient produits par les ventilateurs, les coups sourds par les martinets et les pilons.

Je savais que l'oncle d'Alexis était ouvrier mineur à Varses, qu'il travaillait à la mine de la Truyère, mais c'était tout ; demeurait-il à Varses même ou aux environs ? Je l'ignorais.

En entrant dans Varses, je demandai où se trouvait la mine de la Truyère, et l'on m'envoya sur la rive gauche de la Divonne, dans un petit vallon traversé par le ravin qui a donné son nom à la mine.

Si l'aspect de la ville est peu séduisant, l'aspect de ce vallon est tout à fait lugubre ; un cirque de collines dénudées, sans arbres, sans herbes, avec de longues traînées de pierres grises que coupent seulement çà et là quelques rayons de terre rouge ; à l'entrée de ce vallon, les bâtiments servant à l'exploitation de la mine, des hangars, des écuries, des magasins, des bureaux, et les cheminées de la machine à vapeur ; puis tout autour des amas de charbon et de pierres.

Comme nous approchions des bâtiments une jeune femme à l'air égaré, aux cheveux flottants sur les épaules et traînant par la main un petit enfant, vint au-devant de nous, et m'arrêta.

— Voulez-vous m'indiquer un chemin frais ? dit-elle.

Je la regardai stupéfait.

— Un chemin avec des arbres, de l'ombrage, puis à côté un petit ruisseau qui fasse clac, clac, clac sur les cailloux, et dans le feuillage des oiseaux qui chantent.

Et elle se mit à siffler un air gai.

— Vous n'avez pas rencontré ce chemin, continua-t-elle, en voyant que je ne répondais pas, mais sans paraître remarquer mon étonnement, c'est dommage. Alors c'est qu'il est loin encore. Est-ce à droite, est-ce à gauche ? Dis-moi cela, mon garçon. Je cherche et ne trouve pas.

Elle parlait avec une volubilité extraordinaire en gesticulant d'une main, tandis que de l'autre elle flattait doucement la tête de son enfant.

— Je te demande ce chemin parce que je suis sûre d'y rencontrer Marius. Tu as connu Marius ? Non. Eh bien, c'est le père de mon enfant. Alors quand il a été brûlé dans la mine par le grisou, il s'est retiré dans ce chemin frais; il ne se promène plus maintenant que dans des chemins frais, c'est bon pour ses brûlures. Lui il sait trouver ces chemins, moi je ne sais pas; voilà pourquoi je ne l'ai pas rencontré depuis six mois. Six mois, c'est long quand on s'aime. Six mois, six mois!

Elle se tourna vers les bâtiments de la mine et montrant avec une énergie sauvage les cheminées de la machine qui vomissaient des torrents de fumée:

— Travail sous terre, s'écria-t-elle, travail du diable! enfer, rends-moi mon père, mon frère Jean, rends-moi Marius; malédiction, malédiction!

Puis revenant à moi:

— Tu n'es pas du pays, n'est-ce pas? ta peau de mouton, ton chapeau disent que tu viens de loin : va dans le cimetière, compte une, deux, trois, une, deux trois, tous morts dans la mine.

Alors saisissant son enfant et le pressant dans ses bras:

— Tu n'auras pas mon petit Pierre, jamais!... l'eau est douce, l'eau est fraîche. Où est le chemin? Puisque tu ne sais pas, tu es donc aussi bête que les autres qui me rient au nez. Alors pourquoi me retiens-tu? Marius m'attend.

Elle me tourna le dos et se mit à marcher à grands pas en sifflant son air gai.

Je compris que c'était une folle qui avait perdu son mari tué par une explosion de feu grisou, ce terrible danger, et à l'entrée de cette mine, dans ce paysage désolé, sous ce ciel noir, la rencontre de cette pauvre femme, folle de douleur; nous rendit tout tristes.

On nous indiqua l'adresse de l'oncle Gaspard; il demeurait à une petite distance de la mine, dans une rue tortueuse et escarpée qui descendait de la colline à la rivière.

Quand je le demandai, une femme, qui était adossée à la porte, causant avec une de ses voisines, adossée à une autre porte, me répondit qu'il ne rentrerait qu'à six heures, après le travail.

— Qu'est-ce que vous lui voulez? dit-elle.

— Je veux voir Alexis.

Alors elle me regarda de la tête aux pieds, et elle regarda Capi.

— Vous êtes Remi? dit-elle. Alexis nous a parlé de vous; il vous attendait. Quel est celui-ci?

Elle montra Mattia.

— C'est mon camarade.

C'était la tante d'Alexis. Je crus qu'elle allait nous engager à entrer et à nous reposer, car nos jambes poudreuses et nos figures hâlées par le soleil, criaient haut notre fatigue; mais elle n'en fit rien et me répéta simplement que si je voulais revenir à six heures, je trouverais Alexis, qui était à la mine.

Je n'avais pas le cœur à demander ce qu'on ne m'offrait pas; je la remerciai de sa réponse, et nous allâmes par la ville, à la recherche d'un boulanger, car nous avions grand'faim, n'ayant pas mangé depuis le petit matin, et encore une simple croûte qui nous était restée sur notre dîner de la veille. J'étais honteux aussi de cette réception, car je sentais que Mattia se demandait ce qu'elle signifiait. A quoi bon faire tant de lieues?

Il me sembla que Mattia allait avoir une mauvaise idée de mes amis, et que quand je lui parlerais de Lise, il ne m'écouterait plus avec la même sympathie. Et je tenais beaucoup à ce qu'il eût d'avance de la sympathie et de l'amitié pour Lise.

La façon dont nous avions été accueillis ne m'engageait pas à revenir à la maison, nous allâmes un peu avant six heures attendre Alexis à la sortie de la mine.

L'exploitation des mines de la Truyère se fait par trois puits qu'on nomme puits Saint-Julien, puits Sainte-Alphonsine et puits Saint-Pancrace; car c'est un usage dans les houillères de donner assez généralement un nom de saint aux puits d'extraction, d'aérage ou *d'exhaure*, c'est-à-dire d'épuisement; ce saint étant choisi sur le calendrier le jour où l'on commence le fonçage, sert non-seulement à baptiser les puits, mais encore à rappeler les dates. Ces trois puits ne servent point à la descente et au remontage des ouvriers dans les travaux. Cette descente et ce remontage se font par une galerie qui débouche à côté de la lampisterie et qui aboutit au premier niveau de l'exploitation, d'où il communique avec toutes les parties de la mine. Par là on a voulu parer aux accidents qui arrivent trop souvent dans les puits lorsqu'un câble casse ou qu'une tonne accroche un obstacle et précipite les hommes dans un trou d'une profondeur de deux ou trois cents mètres; en même temps on a cherché aussi à éviter les brusques transitions auxquelles sont exposés les ouvriers qui, d'une profondeur de deux cents mètres où la température est égale et chaude, passent brusquement, lorsqu'ils sont remontés par la machine, à une température inégale et gagnent ainsi des pleurésies et des fluxions de poitrine.

Prévenu que c'était par cette galerie que devaient sortir les ouvriers, je me postai avec Mattia et Capi devant son ouverture, et, quelques minutes après que six heures eurent sonné je commençai à apercevoir vaciller, dans les profondeurs sombres de la galerie, des petits points lumineux qui grandirent rapidement. C'étaient les mineurs qui, la lampe à la main, remontaient au jour, leur travail fini.

Ils s'avançaient lentement, avec une démarche pesante, comme s'ils souffraient dans les genoux, ce que je m'expliquai plus tard, lorsque j'eus moi-même parcouru les escaliers et les échelles qui conduisent au dernier niveau ; leur figure était noire comme celles des ramoneurs, leurs habits et leurs chapeaux étaient couverts de poussière de charbon et de plaques de boue mouillée. En passant devant la lampisterie chacun entrait et accrochait sa lampe à un clou.

Bien qu'attentif, je ne vis point Alexis sortir et s'il ne m'avait pas sauté au cou, je l'aurais laissé passer sans le reconnaître, tant il ressemblait peu maintenant, noir des pieds à la tête, au camarade qui autrefois courait dans les sentiers de notre jardin, sa chemise propre retroussée jusqu'aux coudes et son col entr'ouvert laissant voir sa peau blanche.

— C'est Remi, dit-il, en se tournant vers un homme d'une quarantaine d'années qui marchait près de lui et qui avait une bonne figure franche comme celle du père Acquin ; ce qui n'avait rien d'étonnant puisqu'ils étaient frères.

Je compris que c'était l'oncle Gaspard.

— Nous t'attendions depuis longtemps déjà, me dit-il avec bonhomie.

— Le chemin est long de Paris à Varses.

— Et tes jambes sont courtes, dit-il en riant.

Capi, heureux de retrouver Alexis, lui témoignait sa joie en tirant sur la manche de sa veste à pleines dents.

Pendant ce temps, j'expliquai à l'oncle Gaspard que Mattia était mon camarade et mon associé, un bon garçon que j'avais connu autrefois, que j'avais retrouvé et qui jouait du cornet à piston comme personne.

— Et voilà M. Capi, dit l'oncle Gaspard; c'est demain dimanche, quand vous serez reposés, vous nous donnerez une représentation; Alexis dit que c'est un chien plus savant qu'un maître d'école ou qu'un comédien.

Autant je m'étais senti gêné devant la tante Gaspard, autant je me trouvai à mon aise avec l'oncle : décidément c'était bien le digne frère « du père. »

— Causez ensemble, garçons, vous devez en avoir long à vous dire; pour moi, je vais causer avec ce jeune homme qui joue si bien du cornet à piston.

Pour une semaine entière ; encore eût-elle été trop courte. Alexis voulait savoir comment s'était fait mon voyage, et moi, de mon côté, j'étais pressé d'apprendre comment il s'habituait à sa nouvelle vie, si bien qu'occupés tous les deux à nous interroger, nous ne pensions pas à nous répondre.

Nous marchions doucement, et les ouvriers qui regagnaient leur maison nous dépassaient ; ils allaient en une longue file qui tenait la rue entière, tous noirs de cette même poussière qui recouvrait le sol d'une couche épaisse.

Lorsque nous fûmes près d'arriver, l'oncle Gaspard se rapprocha de nous :

— Garçons, dit-il, vous allez souper avec nous.

Jamais invitation ne me fit plus grand plaisir, car tout en marchant, je me demandais si, arrivés à la porte, il ne faudrait pas nous séparer, l'accueil de la tante ne m'ayant pas donné bonne espérance.

— Voilà Remi, dit-il, en entrant dans la maison, et son ami.

— Je les ai déjà vus tantôt.

— Eh bien, tant mieux, la connaissance est faite ; ils vont souper avec nous.

J'étais certes bien heureux de souper avec Alexis, c'est-à-dire de passer la soirée auprès de lui, mais pour être sincère, je dois dire que j'étais heureux aussi de souper. Depuis notre départ de Paris, nous avions mangé à l'aventure, une croûte ici, une miche là, mais rarement un vrai repas, assis sur une chaise, avec de la soupe dans une assiette. Avec ce que nous gagnions, nous étions, il est vrai, assez riches pour nous payer des festins dans de bonnes auberges, mais il fallait bien faire des économies pour la vache du prince, et Mattia était si bon garçon qu'il était presque aussi heureux que moi à la pensée d'acheter notre vache.

Ce bonheur d'un festin ne nous fut pas donné ce

soir-là; je m'assis devant une table, sur une chaise, mais on ne nous servit pas de soupe. Les compagnies de mines ont pour le plus grand nombre établi des magasins d'approvisionnement dans lesquels leurs ouvriers trouvent à prix de revient tout ce qui leur est nécessaire pour les besoins de la vie. Les avantages de ces magasins sautent aux yeux : l'ouvrier y trouve des produits de bonne qualité et à bas prix, qu'on lui fait payer en retenant le montant de sa dépense sur sa paye de quinzaine, et par ce moyen il est préservé des crédits des petits marchands de détail qui le ruineraient, il ne fait pas de dettes. Seulement, comme toutes les bonnes choses, celle-là a son mauvais côté; à Varses, les femmes des ouvriers n'ont pas l'habitude de travailler pendant que leurs maris sont descendus dans la mine; elles font leur ménage, elles vont les unes chez les autres, boire le café ou le chocolat qu'on a pris au magasin d'approvisionnement, elles causent, elles bavardent, et quand le soir arrive, c'est-à-dire le moment où l'homme sort de la mine pour rentrer souper, elles n'ont point eu le temps de préparer ce souper; alors elles courent au magasin et en rapportent de la charcuterie. Cela n'est pas général, bien entendu, mais cela se produit fréquemment. Et ce fut pour cette raison que nous n'eûmes pas de soupe : la tante Gaspard avait bavardé. Du reste, c'était chez elle une habitude, et j'ai vu plus tard que son compte au magasin se composait surtout de deux produits : d'une part, café et chocolat ; d'autre part, chacuterie. L'oncle était un homme facile, qui aimait surtout la tranquillité; il mangeait sa charcuterie et ne se plaignait pas, ou bien s'il faisait une observation, c'était tout doucement.

— Si je ne deviens pas biberon, disait-il en tendant son verre, c'est que j'ai de la vertu ; tâche donc de nous faire une soupe pour demain.

— Et le temps ?

— Il est donc plus court sur la terre que dessous ?

— Et qui est-ce qui vous raccommodera ? vous dévastez tout.

Alors regardant ses vêtements souillés de charbon et déchirés çà et là :

— Le fait est que nous sommes mis comme des princes.

Notre souper ne dura pas longtemps.

— Garçon, me dit-il l'oncle Gaspard, tu coucheras avec Alexis.

Puis, s'adressant à Mattia :

— Et toi, si tu veux venir dans le fournil, nous allons voir à te faire un bon lit de paille et de foin.

La soirée et une bonne partie de la nuit ne furent point employées par Alexis et par moi à dormir.

L'oncle Gaspard était *piqueur*, c'est-à-dire qu'au moyen d'un pic, il abattait le charbon dans la mine ; Alexis était son *rouleur*, c'est-à-dire qu'il poussait, qu'il roulait sur des rails dans l'intérieur de la mine, depuis le point d'extraction jusqu'à un puits, un wagon nommé *benne*, dans lequel on entassait le charbon abattu ; arrivée à ce puits, la benne était accrochée à un câble qui, tiré par la machine, la montait jusqu'en haut.

3.

Bien qu'il ne fût que depuis peu de temps mineur, Alexis avait déjà cependant l'amour et la vanité de sa mine : c'était la plus belle, la plus curieuse du pays; il mettait dans son récit l'importance d'un voyageur qui arrive d'une contrée inconnue et qui trouve des oreilles attentives pour l'écouter.

D'abord on suivait une galerie creusée dans le roc, et, après avoir marché pendant dix minutes, on trouvait un escalier droit et rapide; puis, au bas de cet escalier une échelle en bois, puis un autre escalier, puis une autre échelle, et alors on arrivait au premier niveau, à une profondeur de cinquante mètres. Pour atteindre le second niveau, à quatre-vingt-dix mètres, et le troisième à deux cents mètres, c'était le même système d'échelles et d'escaliers. C'était à ce troisième niveau qu'Alexis travaillait, et, pour atteindre à la profondeur de son chantier, il avait à faire trois fois plus de chemin que n'en font ceux qui montent aux tours de Notre-Dame de Paris.

Mais si la montée et la descente sont faciles dans les tours de Notre-Dame, où l'escalier est régulier et éclairé, il n'en était pas de même dans la mine, où les marches, creusées suivant les accidents du roc, sont tantôt hautes, tantôt basses, tantôt larges, tantôt étroites. Point d'autre lumière que celle de la lampe qu'on porte à la main, et sur le sol, une boue glissante que mouille sans cesse l'eau qui filtre goutte à goutte, et parfois vous tombe froide sur le visage.

Deux cents mètres à descendre, c'est long, mais ce n'était pas tout, il fallait, par les galeries, gagner les différents paliers et se rendre au lieu du travail ; or le développement complet des galeries de la Truyère, était de 35 à 40 kilomètres. Naturellement on ne devait pas parcourir ces 40 kilomètres, mais quelquefois cependant la course était fatigante, car on marchait dans l'eau qui, filtrant par les fentes du roc, se réunit en ruisseau au milieu du chemin et coule ainsi jusqu'à des puisards, où des machines d'épuisement la prennent pour la verser au dehors.

Quand ces galeries traversaient des roches solides, elles étaient tout simplement des souterrains; mais quand elles traversaient des terrains ébouleux ou mouvants, elles étaient boisées au plafond et des deux côtés avec des troncs de sapin travaillés à la hache, parce que les entailles faites à la scie amènent une prompte pourriture. Bien que ces troncs d'arbres fussent disposés de manière a résister aux poussées du terrain, souvent cette poussée était tellement forte que les bois se courbaient et que les galeries se rétrécissaient ou s'affaissaient au point qu'on ne pouvait plus y passer qu'en rampant. Sur ces bois croissaient des champignons et des flocons légers et cotonneux, dont la blancheur de neige tranchait avec le noir du terrain; la fermentation des arbres dégageait une odeur d'essence; et sur les champignons, sur les plantes inconnues, sur la mousse blanche, on voyait des mouches, des araignées, des papillons, qui ne ressemblent pas aux individus de même espèce qu'on rencontre à l'air. Il y avait aussi des rats qui couraient partout et des chauves-souris cramponnées aux boisages par leurs pieds, la tête en bas.

Ces galeries se croisaient, et çà et là, comme à Paris, il y avait des places et des carrefours ; il y en avait de belles et de larges comme les boulevards, d'étroites et de basses comme les rues du quartier Saint-Marcel ; seulement toute cette ville souterraine était beaucoup moins bien éclairée que les villes durant la nuit, car il n'y avait point de lanternes ou de becs de gaz, mais simplement les lampes que les mineurs portent avec eux. Si la lumière manquait souvent, le bruit disait toujours qu'on n'était pas dans le pays des morts; dans les chantiers d'abatage, on entendait les détonations de la poudre dont le courant d'air vous apportait l'odeur et la fumée; dans les galeries on entendait le roulement des wagons; dans les puits, le frottement des cages d'extraction contre les guides, et par-dessus tout le grondement de la machine à vapeur installée au second niveau.

Mais où le spectacle était tout à fait curieux, c'était dans les *remontées*, c'est-à-dire dans les galeries tracées dans la pente du filon; c'était là qu'il fallait voir les *piqueurs* travailler à moitié nus à abattre le charbon, couchés sur le flanc ou accroupis sur les genoux. De ces *remontées* la houille descendait dans les niveaux d'où on la roulait jusqu'aux puits d'extraction.

C'était là l'aspect de la mine aux jours de travail, mais il y avait aussi les jours d'accidents. Deux semaines après son arrivée à Varses, Alexis avait été témoin d'un de ces accidents et en avait failli être victime; une explosion de *grisou*. Le *grisou* est un gaz qui se forme naturellement dans les houillères et qui éclate aussitôt qu'il est en contact avec une flamme.

Rien n'est plus terrible que cette explosion qui brûle et renverse tout sur son passage ; on ne peut lui comparer que l'explosion d'une poudrière pleine de poudre ; aussitôt que la flamme d'une lampe ou d'une allumette est en contact avec le gaz, l'inflammation éclate instantanément dans toutes les galeries, elle détruit tout dans la mine, même dans les puits d'extraction ou d'aérage dont elle enlève les toitures ; la température est quelquefois portée si haut que le charbon dans la mine se transforme en coke.

Une explosion de grisou avait ainsi tué six semaines auparavant une dizaine d'ouvriers ; et la veuve de l'un de ces ouvriers était devenue folle ; je compris que c'était celle qu'en arrivant j'avais rencontrée avec son enfant cherchant « un chemin frais ».

Contre ces explosions on employait toutes les précautions : il était défendu de fumer, et souvent les ingénieurs en faisant leur ronde forçaient les ouvriers à leur souffler dans le nez pour voir ceux qui avaient manqué à la défense. C'était aussi pour prévenir ces terribles accidents qu'on employait des lampes Davy, du nom d'un grand savant anglais qui les a inventées : ces lampes étaient entourées d'une toile métallique d'un tissu assez fin pour ne pas laisser passer la flamme à travers ses mailles, de sorte que la lampe portée dans une atmosphère explosive, le gaz brûle à l'intérieur de la lampe, mais l'explosion ne se propage point au dehors.

Tout ce qu'Alexis me raconta surexcita vivement ma curiosité, qui était déjà grande en arrivant à Varses, de descendre dans la mine, mais quand j'en parlai le lendemain à l'oncle Gaspard, il me répondit que c'était impossible, parce qu'on ne laissait pénétrer dans la mine que ceux qui y travaillent.

— Si tu veux te faire mineur, ajouta-t-il en riant, c'est facile, et alors tu pourras te satisfaire. Au reste, le métier n'est pas plus mauvais qu'un autre, et si tu as peur de la pluie et du tonnerre, c'est celui qui te convient; en tous cas il vaut mieux que celui de chanteur de chansons sur les grands chemins. Tu resteras avec Alexis. Est-ce dit, garçon? On trouvera aussi à employer Mattia, mais pas à jouer du cornet à piston par exemple!

Ce n'était pas pour rester à Varses que j'y étais venu, et je m'étais imposé une autre tâche, un autre but, que de pousser toute la journée une *benne* dans le deuxième ou le troisième niveau de la Truyère.

Il fallut donc renoncer à satisfaire ma curiosité, et je croyais que je partirais sans en savoir plus long que ne m'en avaient appris les récits d'Alexis ou les réponses arrachées tant bien que mal à l'oncle Gaspard, quand par suite de circonstances dues au hasard, je fus à même d'apprendre dans toutes leurs horreurs, de sentir dans toutes leurs épouvantes les dangers auxquels sont exposés les mineurs.

III

ROULEUR

Le métier de mineur n'est point insalubre, et à part quelques maladies causées par la privation de l'air et de la lumière, qui à la longue appauvrit le sang, le mineur est aussi bien portant que le paysan qui habite un pays sain ; encore a-t-il sur celui-ci l'avantage d'être à l'abri des intempéries des saisons, de la pluie, du froid ou de l'excès de chaleur.

Pour lui le grand danger se trouve dans les éboulements, les explosions et les inondations ; puis aussi dans les accidents résultant de son travail, de son imprudence ou de sa maladresse.

La veille du jour fixé pour mon départ, Alexis rentra avec la main droite fortement contusionnée par un gros bloc de charbon sous lequel il avait eu la maladresse de la laisser prendre : un doigt était à moitié écrasé ; la main entière était meurtrie.

Le médecin de la compagnie vint le visiter et le panser : son état n'était pas grave, la main guérirait, le doigt aussi ; mais il fallait du repos.

L'oncle Gaspard avait pour caractère de prendre la vie comme elle venait, sans chagrin comme sans colère, il n'y avait qu'une chose qui pouvait le faire se départir de sa bonhomie ordinaire : — un empêchement à son travail.

Quand il entendit dire qu'Alexis était condamné au repos pour plusieurs jours, il poussa les hauts cris : qui roulerait sa *benne* pendant ces jours de repos? il n'avait personne pour remplacer Alexis; s'il s'agissait de le remplacer tout à fait il trouverait bien quelqu'un, mais pendant quelques jours seulement cela était en ce moment impossible; on manquait d'hommes, ou tout au moins d'enfants.

Il se mit cependant en course pour chercher un rouleur, mais il rentra sans en avoir trouvé un.

Alors il recommença ses plaintes : il était véritablement désolé, car il se voyait, lui aussi, condamné au repos, et sa bourse ne lui permettait pas sans doute de se reposer.

Voyant cela et comprenant les raisons de sa désolation ; d'autre part, sentant que c'était presque un devoir en pareille circonstance de payer à ma manière l'hospitalité qui nous avait été donnée, je lui demandai si le métier de rouleur était difficile.

— Rien n'est plus facile; il n'y a qu'à pousser un wagon qui roule sur des rails.

— Il est lourd, ce wagon?

— Pas trop lourd, puisqu'Alexis le poussait bien.

— C'est juste! Alors si Alexis le poussait bien, je pourrais le pousser aussi.

— Toi, garçon?

Et il se mit à rire aux éclats; mais bientôt reprenant son sérieux :

— Bien sûr que tu le pourrais si tu le voulais.

— Je le veux, puisque cela peut vous servir.

— Tu es un bon garçon et c'est dit : demain tu descendras avec moi dans la mine ; c'est vrai que tu me rendras service ; mais cela te sera peut-être utile à toi-même ; si tu prenais goût au métier, cela vaudrait mieux que de courir les grands chemins; il n'y a a pas de loups à craindre dans la mine.

Que ferait Mattia pendant que je serais dans la mine? je ne pouvais pas le laisser à la charge de l'oncle Gaspard.

Je lui demandai s'il ne voulait pas s'en aller tout seul avec Capi donner des représentations dans les environs, et il accepta tout de suite.

— Je serai très-content de te gagner tout seul de l'argent pour la vache, dit-il en riant.

Depuis trois mois, depuis que nous étions ensemble et qu'il vivait en plein air, Mattia ne ressemblait plus au pauvre enfant chétif et chagrin que j'avais retrouvé appuyé contre l'église Saint-Médard, mourant de faim, et encore moins à l'avorton que j'avais vu pour la première fois dans le grenier de Garofoli, soignant le pot-au-feu et prenant de temps en temps sa tête endolorie dans ses deux mains.

Il n'avait plus mal à la tête, Mattia; il n'était plus chagrin, il n'était même plus chétif : c'était le grenier de la rue de Lourcine qui l'avait rendu triste, le soleil et le plein air, en lui donnant la santé, lui avaient donné la gaîté.

Pendant notre voyage il avait été la bonne humeur et le rire, prenant tout par le bon côté, s'amusant de tout, heureux d'un rien, tournant au bon ce qui était mauvais. Que serais-je devenu sans lui? Combien de fois la fatigue et la mélancolie ne m'eussent-elles pas accablé?

Cette différence entre nous deux tenait sans doute à notre caractère et à notre nature, mais aussi à notre origine, à notre race.

Il était Italien et il avait une insouciance, une amabilité, une facilité pour se plier aux difficultés sans se fâcher ou se révolter, que n'ont pas les gens de mon pays, plus disposés à la résistance et à la lutte.

— Quel est donc ton pays? me direz-vous, tu as donc un pays?

Il sera répondu à cela plus tard ; pour le moment j'ai voulu dire seulement que Mattia et moi nous ne nous ressemblions guère, ce qui fait que nous nous accordions si bien ; même quand je le faisais travailler pour apprendre ses notes et pour apprendre à lire. La leçon de musique, il est vrai, avait toujours marché facilement, mais pour la lecture il n'en avait pas été de même, et des difficultés auraient très-bien pu s'élever entre nous, car je n'avais ni la patience ni l'indulgence de ceux qui ont l'habitude de l'enseignement. Cependant ces difficultés ne surgirent jamais, et même quand je fus injuste, ce qui m'arriva plus d'une fois, Mattia ne se fâcha point.

Il fut donc entendu que pendant que je descendrais le lendemain dans la mine, Mattia s'en irait donner des représentations musicales et dramatiques, de manière à augmenter notre fortune; et Capi à qui j'expliquai cet arrangement, parut le comprendre.

Le lendemain matin on me donna les vêtements de travail d'Alexis.

Après avoir une dernière fois recommandé à Mattia et à Capi d'être bien sages dans leur expédition, je suivis l'oncle Gaspard.

— Attention, dit-il, en me remettant ma lampe, marche dans mes pas, et en descendant les échelles ne lâche jamais un échelon sans auparavant en bien tenir un autre.

Nous nous enfonçâmes dans la galerie; lui marchant le premier, moi sur ses talons.

— Si tu glisses dans les escaliers, continua-t-il, ne te laisse pas aller, retiens-toi, le fond est loin et dur.

Je n'avais pas besoin de ces recommandations pour être ému, car ce n'est pas sans un certain trouble qu'on quitte la lumière pour entrer dans la nuit, la surface de la terre pour ses profondeurs. Je me retournai instinctivement en arrière, mais déjà nous avions pénétré assez avant dans la galerie, et le jour au bout de ce long tube noir n'était plus qu'un globe blanc comme la lune dans un ciel sombre et sans étoiles. J'eus honte de ce mouvement machinal, qui n'eut que la durée d'un éclair, et je me remis bien vite à emboîter le pas.

— L'escalier, dit-il bientôt.

Nous étions devant un trou noir, et dans sa profondeur insondable pour mes yeux, je voyais des lumières se balancer, grandes à l'entrée, plus petites jusqu'à n'être plus que des points, à mesure qu'elles s'éloignaient. C'étaient les lampes des ouvriers qui étaient entrés avant nous dans la mine : le bruit de leur conversation, comme un sourd murmure, arrivait jusqu'à nous porté par un air tiède qui nous soufflait au visage : cet air avait une odeur que je respirais pour la première fois, c'était quelque chose comme un mélange d'éther et d'essence.

Après l'escalier, les échelles, après les échelles un autre escalier.

— Nous voilà au premier niveau, dit-il.

Nous étions dans une galerie en plein cintre, avec des murs droits; ces murs étaient en maçonnerie. La voûte était un peu plus élevée que la hauteur d'un homme ; cependant il y avait des endroits où il fallait se courber pour passer, soit que la voûte supérieure se fût abaissée, soit que le sol se fût soulevé.

— C'est la poussée du terrain, me dit-il. Comme la montagne a été partout creusée et qu'il y a des vides, les terres veulent descendre, et, quand elles pèsent trop, elles écrasent les galeries.

Sur le sol étaient des rails de chemins de fer et sur le côté de la galerie coulait un petit ruisseau.

— Ce ruisseau se réunit à d'autres qui, comme lui, reçoivent les eaux des infiltrations ; ils vont tous tomber dans un puisard. Cela fait mille ou douze cents mètres d'eau que la machine doit jeter tous les jours dans la Divonne. Si elle s'arrêtait, la mine ne tarderait pas à être inondée. Au reste en ce moment, nous sommes précisément sous la Divonne.

Et, comme j'avais fait un mouvement involontaire, il se mit à rire aux éclats.

— A cinquante mètres de profondeur, il n'y a pas de danger qu'elle te tombe dans le cou.

— S'il se faisait un trou?

— Ah bien! oui, un trou. Les galeries passent et repassent dix fois sous la rivière; il y a des mines où les inondations sont à craindre, mais ce n'est pas ici; c'est bien assez du *grisou* et des éboulements, des coups de mine.

Lorsque nous fûmes arrivés sur le lieu de notre travail, l'oncle Gaspard me montra ce que je devais faire, et lorsque notre *benne* fut pleine de charbon, il la poussa avec moi pour m'apprendre à la conduire jusqu'au puits et à me garer sur les voies de garage lorsque je rencontrerais d'autres rouleurs venant à ma rencontre.

Il avait eu raison de le dire, ce n'était pas là un métier bien difficile, et en quelques heures, si je n'y devins pas habile, j'y devins au moins suffisant. Il me manquait l'adresse et l'habitude, sans lesquelles on ne réussit jamais dans aucun métier, et j'étais obligé de les remplacer, tant bien que mal, par plus d'efforts, ce qui donnait pour résultat moins de travail utile et plus de fatigue.

Heureusement j'étais aguerri contre la fatigue par la vie que j'avais menée depuis plusieurs années et surtout par mon voyage de trois mois; je ne me plaignis donc pas, et l'oncle Gaspard déclara que j'étais un bon garçon qui ferait un jour un bon mineur.

Mais si j'avais eu grande envie de descendre dans la mine, je n'avais aucune envie d'y rester; j'avais eu la curiosité, je n'avais pas de vocation.

Il faut pour vivre de la vie souterraine, des qualités particulières que je n'avais pas ; il faut aimer le silence, la solitude, le recueillement. Il faut rester de longues heures, de longs jours l'esprit replié sur lui-même sans échanger une parole ou recevoir une distraction. Or j'étais très-mal doué de ce côté-là, ayant vécu de la vie vagabonde, toujours chantant et marchant ; je trouvais tristes et mélancoliques les heures pendant lesquelles je poussais mon wagon dans les galeries sombres, n'ayant d'autres lumière que celle de ma lampe, n'entendant d'autre bruit que le roulement lointain des *bennes*, le clapotement de l'eau dans les ruisseaux, et çà et là les coups de mine, qui en éclatant dans ce silence de mort, le rendaient plus lourd et plus lugubre encore.

Comme c'est déjà un travail de descendre dans la mine et d'en sortir, on y reste toute la journée de douze heures et l'on ne remonte pas pour prendre ses repas à la maison ; on mange sur le chantier.

A côté du chantier de l'oncle Gaspard j'avais pour voisin un rouleur qui, au lieu d'être un enfant comme moi et comme les autres rouleurs, était au contraire un vieux bonhomme à barbe blanche ; quand je parle de barbe blanche il faut entendre qu'elle l'était le dimanche, le jour du grand lavage, car pendant la semaine elle commençait par être grise le lundi pour devenir tout à fait noire le samedi. Enfin il avait près de soixante ans. Autrefois, au temps de sa jeunesse, il avait été boiseur, c'est-à-dire charpentier, chargé de poser et d'entretenir les bois qui forment les galeries ; mais dans un éboulement il avait eu trois doigts écrasés ce qui l'avait forcé de renoncer à son métier. La compagnie au service de laquelle il travaillait lui avait fait une petite pension, car cet accident lui était arrivé en sauvant trois de ses camarades. Pendant quelques années il avait vécu de cette pension. Puis la compagnie ayant fait faillite, il s'était trouvé sans ressources, sans état, et il était alors entré à la Truyère comme *rouleur*. On le nommait le *magister*, autrement dit le maître d'école, parce qu'il savait beaucoup de choses que les piqueurs et même les maîtres mineurs ne savent pas, et parce qu'il en parlait volontiers, tout fier de sa science.

Pendant les heures des repas nous fîmes connaissance, et bien vite, il me prit en amitié ; j'étais questionneur enragé, il était causeur ; nous devînmes inséparables. Dans la mine, où généralement on parle peu, on nous appela les bavards.

Les récits d'Alexis ne m'avaient pas appris tout ce que je voulais savoir, et les réponses de l'oncle Gaspard ne m'avaient pas non plus satisfait, car lorsque je lui demandais :

— Qu'est-ce que le charbon de terre ?

Il me répondait toujours :

— C'est du charbon qu'on trouve dans la terre.

Cette réponse de l'oncle Gaspard sur le charbon de terre et celles du même genre qu'il m'avait faites n'étaient point suffisantes pour moi, Vitalis m'ayant appris à me contenter moins facilement. Quand je posai la même question au magister il me répondit tout autrement.

— Le charbon de terre, me dit-il, n'est rien autre

chose que du charbon de bois : au lieu de mettre dans nos cheminées des arbres de notre époque que des hommes comme toi et moi ont transformés en charbon, nous y mettons des arbres poussés dans des forêts très-anciennes et qui ont été transformés en charbon par les forces de la nature, je veux dire par des incendies, des volcans, des tremblements de terre naturels.

Et comme je le regardais avec étonnement.

— Nous n'avons pas le temps de causer de cela aujourd'hui, dit-il, il faut pousser la *benne*, mais c'est demain dimanche, viens me voir; je t'expliquerai ça à la maison; j'ai là des morceaux de charbon et de roche que j'ai ramassés depuis trente ans et qui te feront comprendre par les yeux ce que tu entendras par les oreilles. Ils m'appellent en riant le magister, mais le magister, tu le verras, est bon à quelque chose; la vie de l'homme n'est pas toute entière dans ses mains, elle est aussi dans sa tête. Comme toi et à ton âge j'étais curieux; je vivais dans la mine, j'ai voulu connaître ce que je voyais tous les jours; j'ai fait causer les ingénieurs quand ils voulaient bien me répondre, et j'ai lu. Après mon accident j'avais du temps à moi, je l'ai employé à apprendre: quand on a des yeux pour regarder et que sur ces yeux on pose des lunettes que vous donnent les livres, on finit par voir bien des choses. Maintenant je n'ai pas grand temps pour lire et je n'ai pas d'argent pour acheter des livres, mais j'ai encore des yeux et je les tiens ouverts. Viens demain, je serais content de t'apprendre à regarder autour de toi. On ne sait pas ce qu'une parole qui tombe dans une oreille fertile peut faire germer. C'est pour avoir conduit dans les mines de Bessèges un grand savant nommé Brongniart et l'avoir entendu parler pendant ses recherches, que l'idée m'est venue d'apprendre et qu'aujourd'hui j'en sais un peu plus long que nos camarades. A demain.

Le lendemain j'annonçai à l'oncle Gaspard que j'allais voir le *magister*.

— Ah! ah! dit-il en riant, il a trouvé à qui causer; vas-y, mon garçon, puisque le cœur t'en dit; après tout, tu croiras ce que tu voudras; seulement, si tu apprends quelque chose avec lui, n'en sois pas plus fier pour ça; s'il n'était pas fier, le *magister* serait un bon homme.

Le magister ne demeurait point, comme la plupart des mineurs, dans l'intérieur de la ville, mais à une petite distance, à un endroit triste et pauvre qu'on appelle les *Espétagues*, parce qu'aux environs se trouvent de nombreuses excavations creusées par la nature dans le flanc de la montagne. Il habitait là chez une vieille femme, veuve d'un mineur tué dans un éboulement. Elle lui sous-louait une espèce de cave dans laquelle il avait établi son lit à la place la plus sèche, ce qui ne veut pas dire qu'elle le fût beaucoup, car sur les pieds du bois de lit poussaient des champignons; mais pour un mineur habitué à vivre les pieds dans l'humidité et à recevoir toute la journée sur le corps des gouttes d'eau, c'était là un détail sans importance. Pour lui, la grande affaire, en prenant ce logement, avait été d'être près des cavernes de la montagne dans lesquelles il allait faire des recherches, et surtout de pouvoir disposer à son gré sa collection de morceaux de houille, de pierres marquées d'empreintes, et de fossiles.

Il vint au-devant de moi quand j'entrai, et d'une voix heureuse :

— Je t'ai commandé une *biroulade,* dit-il, parce que si la jeunesse a des oreilles et des yeux, elle a aussi un gosier, de sorte que le meilleur moyen d'être de ses amis, c'est de satisfaire le tout en même temps.

La *biroulade* est un festin de châtaignes rôties qu'on mouille de vin blanc, et qui est en grand honneur dans les Cévennes.

— Après la *biroulade,* continua le *magister,* nous causerons et tout en causant je te montrerai ma collection.

Il dit ce mot *ma collection* d'un ton qui justifiait le reproche que lui faisaient ses camarades, et jamais assurément conservateur d'un muséum n'y mit plus de fierté. Au reste cette collection paraissait très-riche, au moins autant que j'en pouvais juger, et elle occupait tout le logement, rangée sur des planches et des tables pour les petits échantillons, posée sur le sol pour les gros. Depuis vingt ans, il avait réuni tout ce qu'il avait trouvé de curieux dans ses travaux, et comme les mines du bassin de la Cère et de la Divonne sont riches en végétaux fossiles, il avait là des exemplaires rares qui eussent fait le bonheur d'un géologue et d'un naturaliste.

Il avait au moins autant de hâte à parler que moi j'en avais à l'écouter ; aussi la *biroulade* fut-elle promptement expédiée.

— Puisque tu as voulu savoir, me dit-il, ce que c'était que le charbon de terre, écoute, je vais te l'expliquer à peu près et en peu de mots, pour que tu sois en état de regarder ma collection, qui te l'expliquera mieux que moi, car bien qu'on m'appelle le magister, je ne suis pas un savant, hélas! il s'en faut de tout. La terre que nous habitons n'a pas toujours été ce qu'elle est maintenant; elle a passé par plusieurs états qui ont été modifiés par ce qu'on nomme les révolutions du globe. Il y a eu des époques où notre pays a été couvert de plantes qui ne croissent maintenant que dans les pays chauds: ainsi les fougères en arbres. Puis il est venu une révolution, et cette végétation a été remplacée par une autre tout à fait différente, laquelle à son tour a été remplacée par une nouvelle; et ainsi de suite toujours pendant des milliers, des millions d'années peut-être. C'est cette accumulation de plantes et d'arbres, qui en se décomposant et en se superposant a produit les couches de houille. Ne sois pas incrédule, je vais te montrer tout à l'heure dans ma collection quelques morceaux de charbon, et surtout une grande quantité de morceaux de pierre pris aux bancs que nous nommons le mur ou le toit, et qui portent tous les empreintes de ces plantes, qui se sont conservées là comme les plantes se conservent entre les feuilles de papier d'un herbier. La houille est donc formée, ainsi que je te le disais, par une accumulation de plantes et d'arbres; ce n'est donc que du bois décomposé et comprimé. Comment s'est formée cette accumulation, vas tu me demander? Cela, c'est plus difficile à expliquer, et je crois même que les savants ne sont pas encore arrivés à l'expliquer très-bien, puisqu'ils ne sont pas d'accord entre eux. Les uns croient que toutes ces plantes charriées par les eaux ont formé d'immenses radeaux sur les mers qui sont venus s'échouer çà et là poussés par les courants. D'autres disent que les bancs de charbon sont dûs à l'accumulation paisible de végétaux qui, se succédant les uns aux autres, ont été enfouis au lieu même où ils avaient poussé. Et là-dessus, les savants ont fait des calculs qui donnent le vertige à l'esprit : ils ont trouvé qu'un hectare de bois en forêt étant coupé et étant étendu sur la terre ne donnait qu'une couche de bois ayant à peine huit millimètres d'épaisseur; transformée en houille, cette couche de bois ne donnerait que 2 millimètres. Or il y a enfouies dans la terre des couches de houille qui ont 20 et 30 mètres d'épaisseur. Combien a-t-il fallu de temps pour que ces couches se forment? Tu comprends bien, n'est-ce pas, qu'une futaie ne pousse pas en un jour; il lui faut environ une centaine d'années pour se développer. Pour former une couche de houille de 30 mètres d'épaisseur, il faut donc une succession de 5,000 futaies poussant à la même place, c'est-à-dire 500,000 ans. C'est déjà un chiffre bien étonnant, n'est-ce pas? cependant il n'est pas exact, car les arbres ne se succèdent pas avec cette régularité, ils mettent plus de cent ans à pousser et à mourir, et quand une espèce remplace une autre il faut une série de transformations et de révolutions pour que cette couche de plantes décomposées soit en état d'en nourrir une nouvelle. Tu vois donc que 500,000 années ne sont rien et qu'il en faut sans doute beaucoup plus encore. Combien? Je n'en sais rien, et ce n'est pas à un homme comme moi de le chercher. Tout ce que j'ai voulu, c'était te donner une idée de ce qu'est le charbon de terre afin que tu sois en état de regarder ma collection. Maintenant, allons la voir.

La visite dura jusqu'à la nuit, car à chaque morceau de pierre, à chaque empreinte de plante le magister recommença ses explications, si bien qu'à la fin je commençai à comprendre à peu près ce qui, tout d'abord, m'avait si fort étonné.

IV

L'INONDATION

Le lendemain matin, nous nous retrouvâmes dans la mine.

— Eh bien ! dit l'oncle Gaspard, as-tu été content du garçon, *magister*?

— Mais oui, il a des oreilles, et j'espère que bientôt il aura des yeux.

— En attendant, qu'il ait aujourd'hui des bras ! dit l'oncle Gaspard.

Et il me remit un coin pour l'aider à détacher un morceau de houille qu'il avait entamé par dessous ; car les *piqueurs* se font aider par les *rouleurs*.

Comme je venais de rouler ma *benne* au puits Sainte-Alphonsine pour la troisième fois, j'entendis du côté du puits un bruit formidable, un grondement épouvantable et tel que je n'avais jamais rien entendu de pareil depuis que je travaillais dans la mine. Etait-ce un éboulement, un effondrement général? J'écoutai ; le tapage continuait en se répercutant de tous côtés. Qu'est-ce que cela voulait dire? Mon premier sentiment fut l'épouvante, et je pensai à me sauver en gagnant les échelles ; mais on s'était déjà moqué de moi si souvent pour mes frayeurs, que la honte me fit rester. C'était une explosion de mine ; une benne qui tombait dans le puits ; peut-être tout simplement des remblais qui descendaient par les couloirs.

Tout à coup un peloton de rats me passa entre les jambes en courant comme un escadron de cavalerie qui se sauve ; puis il me sembla entendre un frôlement étrange contre le sol et les parois de la galerie avec un clapotement d'eau. L'endroit où je m'étais arrêté étant parfaitement sec, ce bruit d'eau était inexplicable.

Je pris ma lampe pour regarder, et la baissai sur le sol.

C'était bien l'eau ; elle venait du côté du puits, remontant la galerie. Ce bruit formidable, ce grondement, étaient donc produits par une chute d'eau qui se précipitait dans la mine.

Abandonnant ma benne sur les rails, je courus au chantier.

— Oncle Gaspard, l'eau est dans la mine !
— Encore des bêtises !
— Il s'est fait un trou sous la Divonne ; sauvons-nous !
— Laisse-moi tranquille !
— Ecoutez donc.

Mon accent était tellement ému que l'oncle Gaspard resta le pic suspendu pour écouter ; le même bruit continuait toujours plus fort, plus sinistre. Il n'y avait pas à s'y tromper, c'était l'eau qui se précipitait.

— Cours vite, me cria-t-il, l'eau est dans la mine.

Tout en criant : « l'eau est dans la mine », l'oncle Gaspard avait saisi sa lampe, car c'est toujours là le premier geste d'un mineur, il se laissa glisser dans la galerie.

Je n'avais pas fait dix pas que j'aperçus le *magister* qui descendait aussi dans la galerie pour se rendre compte du bruit qui l'avait frappé.

— L'eau dans la mine! cria l'oncle Gaspard.
— La Divonne a fait un trou, dis-je.
— Es-tu bête.
— Sauve-toi! cria le magister.

Le niveau de l'eau s'était rapidement élevé dans la galerie; elle montait maintenant jusqu'à nos genoux, ce qui ralentissait notre course.

Le magister se mit à courir avec nous et tous trois nous criions en passant devant les chantiers :

— Sauvez-vous! l'eau est dans la mine!

Le niveau de l'eau s'élevait avec une rapidité furieuse; heureusement nous n'étions pas très-éloignés des échelles, sans quoi nous n'aurions jamais pu les atteindre. Le magister y arriva le premier, mais il s'arrêta :

— Montez d'abord, dit-il, moi je suis le plus vieux, et puis j'ai la conscience tranquille.

Nous n'étions pas dans les conditions à nous faire des politesses; l'oncle Gaspard passa le premier, je le suivis, et le magister vint derrière, puis après lui, mais à un assez long intervalle, quelques ouvriers qui nous avaient rejoints.

Jamais les quarante mètres qui séparent le

deuxième niveau du premier, ne furent franchis avec pareille rapidité. Mais avant d'arriver au dernier échelon un flot d'eau nous tomba sur la tête et noya nos lampes. C'était une cascade.

— Tenez bon ! cria l'oncle Gaspard.

Lui, le magister et moi nous nous cramponnâmes assez solidement aux échelons pour résister, mais ceux qui venaient derrière nous furent entraînés, et bien certainement si nous avions eu plus d'une dizaine d'échelons à monter encore nous aurions, comme eux, été précipités, car instantanément la cascade était devenue une avalanche.

Arrivés au premier niveau nous n'étions pas sauvés, car nous avions encore cinquante mètres à franchir avant de sortir, et l'eau était aussi dans cette galerie ; nous étions sans lumière, nos lampes éteintes.

— Nous sommes perdus, dit le magister d'une voix presque calme, fais ta prière, Remi.

Mais au même instant, dans la galerie, parurent sept ou huit lampes qui accouraient vers nous ; l'eau nous arrivait déjà aux genoux, sans nous baisser nous la touchions de la main. Ce n'était pas une eau tranquille, mais un torrent, un tourbillon qui entraînait tout sur son passage et faisait tournoyer des pièces de bois comme des plumes.

Les hommes qui accouraient sur nous, et dont nous avions aperçu les lampes, voulaient suivre la galerie et gagner ainsi les échelles et les escaliers qui se trouvaient près de là ; mais devant pareil torrent c'était impossible : comment le refouler, comment même résister à son impulsion et aux pièces de boisage qu'il charriait.

Le même mot qui avait échappé au magister, leur échappa aussi :

— Nous sommes perdus !

Ils étaient arrivés jusqu'à nous.

— Par là, oui, cria le magister qui seul entre nous paraissait avoir gardé quelque raison, notre seul refuge est aux vieux travaux.

Les vieux travaux étaient une partie de la mine abandonnée depuis longtemps et où personne n'allait, mais que le magister, lui, avait souvent visitée lorsqu'il était à la recherche de quelque curiosité.

— Retournez sur vos pas, cria-t-il, et donnez-moi une lampe, que je vous conduise.

D'ordinaire quand il parlait on lui riait au nez ou bien on lui tournait le dos en haussant les épaules, mais les plus forts avaient perdu leur force, dont ils étaient si fiers, et à la voix de ce vieux bonhomme dont ils se moquaient cinq minutes auparavant, tous obéirent ; instinctivement toutes les lampes lui furent tendues.

Vivement il en saisit une d'une main, et m'entraînant de l'autre, il prit la tête de notre troupe. Comme nous allions dans le même sens que le courant nous marchions assez vite.

Je ne savais où nous allions, mais l'espérance m'était revenue.

Après avoir suivi la galerie pendant quelques instants, je ne sais si ce fut durant quelques minutes ou quelque secondes, car nous n'avions plus la notion du temps, il s'arrêta.

— Nous n'aurons pas le temps, cria-t-il, l'eau monte trop vite.

En effet, elle nous gagnait à grands pas : des genoux elle m'était arrivée aux hanches, des hanches à la poitrine.

— Il faut nous jeter dans une remontée, dit le magister.

— Et après?

— La remontée ne conduit nulle part.

Se jeter dans la remontée, c'était prendre en effet un cul-de-sac; mais nous n'étions pas en position d'attendre et de choisir; il fallait ou prendre la remontée et avoir ainsi quelques minutes devant soi, c'est-à-dire l'espérance de se sauver, ou continuer la galerie avec la certitude d'être engloutis, submergés avant quelques secondes.

Le magister à notre tête nous nous engageâmes donc dans la remontée. Deux de nos camarades voulurent pousser dans la galerie et ceux-là, nous ne les revîmes jamais.

Alors reprenant conscience de la vie, nous entendîmes un bruit qui assourdissait nos oreilles depuis que nous avions commencé à fuir et que cependant nous n'avions pas encore entendu : des éboulements, des tourbillonnements et des chutes d'eau, des éclats des boisages, des explosions d'air comprimé; c'était dans toute la mine un vacarme épouvantable qui nous anéantit.

— C'est le déluge.
— La fin du monde.
— Mon Dieu! ayez pitié de nous!

Depuis que nous étions dans la remontée, le magister n'avait pas parlé, car son âme était au-dessus des plaintes inutiles.

— Les enfants, dit-il, il ne faut pas nous fatiguer ; si nous restons ainsi cramponnés des pieds et des mains nous ne tarderons pas à nous épuiser ; il faut nous creuser des points d'appui dans le schiste.

Le conseil était juste, mais difficile à exécuter, car personne n'avait emporté un pic ; tous nous avions nos lampes, aucun de nous n'avait un outil.

— Avec les crochets de nos lampes, continua le magister.

Et chacun se mit à entamer le sol avec le crochet de sa lampe ; la besogne était malaisée, la remontée étant très-inclinée et glissante. Mais quand on sait que si l'on glisse on trouvera la mort au bas de la glissade, cela donne des forces et de l'adresse. En moins de quelques minutes nous eûmes tous creusé un trou de manière à y poser notre pied.

Cela fait, on respira un peu et l'on se reconnut. Nous étions sept : le magister, moi près de lui, l'oncle Gaspard, trois piqueurs nommés Pagès, Compeyrou et Bergounhoux, et un rouleur, Carrory ; les autres ouvriers avaient disparu dans la galerie.

Les bruits dans la mine continuaient avec la même violence : il n'y a pas de mots pour rendre l'intensité de cet horrible tapage, et les détonations du canon se mêlant au tonnerre et à des éboulements n'en eussent pas produit un plus formidable.

Effarés, affolés d'épouvante, nous nous regardions, cherchant dans les yeux de notre voisin des expli cations que notre esprit ne nous donnait pas.

— C'est le déluge, disait l'un.

— La fin du monde.

— Un tremblement de terre.

— Le génie de la mine, qui se fâche et veut se venger.

— Une inondation par l'eau amoncelée dans les vieux travaux.

— Un trou que s'est creusé la Divonne.

Cette dernière hypothèse était de moi. Je tenais à mon trou.

Le magister n'avait rien dit; et il nous regardait les uns après les autres, haussant les épaules, comme s'il eût discuté la question en plein jour, sous l'ombrage d'un mûrier en mangeant un oignon.

— Pour sûr c'est une inondation, dit-il enfin et le dernier, alors que chacun eut émis son avis.

— Causée par un tremblement de terre.

— Envoyée par le génie de la mine.

— Venue des vieux travaux.

— Tombée de la Divonne par un trou.

Chacun allait répéter ce qu'il avait déjà dit.

— C'est une inondation, continua le magister.

— Eh bien, après? d'où vient-elle, dirent en même temps plusieurs voix.

— Je n'en sais rien, mais quant au génie de la mine, c'est des bêtises; quant aux vieux travaux, ça ne serait possible que si le troisième niveau seul avait été inondé, mais le second l'est et le premier aussi : vous savez bien que l'eau ne remonte pas et qu'elle descend toujours.

— Le trou.

— Il ne se fait pas de trous comme ça, naturellement.

— Le tremblement de terre.

— Je ne sais pas.

— Alors si vous ne savez pas, ne parlez pas.

— Je sais que c'est une inondation et c'est déjà quelque chose, une inondation qui vient d'en haut.

— Pardi! ça se voit, l'eau nous a suivis.

Et comme une sorte de sécurité nous était venue depuis que nous étions à sec et que l'eau ne montait plus, on ne voulut plus écouter le magister.

— Ne fais donc pas le savant, puisque tu n'en sais pas plus que nous.

L'autorité que lui avait donnée sa fermeté dans le danger était déjà perdue. Il se tut sans insister.

Pour dominer le vacarme, nous parlions à pleine voix et cependant notre voix était sourde.

— Parle un peu, me dit le magister.

— Que voulez-vous que je dise?

— Ce que tu voudras, parle seulement, dis les premiers mots venus.

Je prononçai quelques paroles.

— Bon, plus doucement maintenant. C'est cela. Bien.

— Perds-tu la tête, eh magister! dit Pagès.

— Deviens-tu fou de peur?

— Crois-tu que tu es mort?

— Je crois que l'eau ne nous gagnera pas ici, et que si nous mourons, au moins nous ne serons pas noyés.

— Ça veut dire, magister?
— Regarde ta lampe.
— Eh bien, elle brûle.
— Comme d'habitude?
— Non; la flamme est plus vive, mais courte.
— Est-ce qu'il y a du grisou?
— Non, dit le magister, cela non plus n'est pas à craindre; pas plus de danger par le grisou que par l'eau qui maintenant ne montera pas d'un pied.
— Ne fais donc pas le sorcier.
— Je ne fais pas le sorcier : nous sommes dans une cloche d'air et c'est l'air comprimé qui empêche l'eau de monter; la remontée fermée à son extrémité fait pour nous ce que fait la cloche à plongeur : l'air refoulé par les eaux s'est amoncelé dans cette galerie et maintenant il résiste à l'eau et la refoule.

En entendant le magister nous expliquer que nous étions dans une sorte de cloche à plongeur où l'eau ne pouvait pas monter jusqu'à nous, parce que l'air l'arrêtait, il y eut des murmures d'incrédulité.

— En voilà une bêtise! est-ce que l'eau n'est pas plus forte que tout?

— Oui, dehors, librement; mais quand tu jettes ton verre, la gueule en bas, dans un seau plein, est-ce que l'eau va jusqu'au fond de ton verre? Non, n'est-ce pas, il reste un vide. Eh bien! ce vide est maintenu par l'air. Ici, c'est la même chose; nous sommes au fond du verre, l'eau ne viendra pas jusqu'à nous.

— Ça, je le comprends, dit l'oncle Gaspard, et j'ai dans l'idée, maintenant, que vous aviez tort, vous autres, de vous moquer si souvent du magister; il sait des choses que nous ne savons pas.

— Nous sommes donc sauvés! dit Carrory.

— Sauvés? je n'ai pas dit ça. Nous ne serons pas noyés, voilà ce que je vous promets. Ce qui nous sauve, c'est que la remontée étant fermée, l'air ne peut pas s'échapper; mais c'est précisément ce qui nous sauve qui nous perd en même temps; l'air ne peut pas sortir : il est emprisonné. Mais nous aussi nous sommes emprisonnés, nous ne pouvons pas sortir.

— Quand l'eau va baisser....

— Va-t-elle baisser? je n'en sais rien : pour savoir ça il faudrait savoir comment elle est venue, et qui est-ce qui peut le dire?

— Puisque tu dis que c'est une inondation?

— Eh bien! après? c'est une inondation, ça c'est sûr; mais d'où vient-elle? est-ce la Divonne qui a débordé jusqu'aux puits, est-ce un orage, est-ce une source qui a crevé, est-ce un tremblement de terre? Il faudrait être dehors, pour dire ça, et par malheur nous sommes dedans.

— Peut-être que la ville est emportée?

— Peut-être....

Il y eut un moment de silence et d'effroi.

Le bruit de l'eau avait cessé, seulement, de temps en temps, on entendait à travers la terre des détonations sourdes et l'on ressentait comme des secousses.

— La mine doit être pleine, dit le magister, l'eau ne s'y engouffre plus.

— Et Marius! s'écria Pagès avec désespoir.

Marius, c'était son fils, piqueur comme lui, qui travaillait à la mine, dans le troisième niveau. Jusqu'à ce moment, le sentiment de la conservation personnelle, toujours si tyrannique, l'avait empêché de penser à son fils; mais le mot du magister : « la mine est pleine » l'avait arraché à lui-même.

— Marius! Marius! cria-t-il avec un accent déchirant; Marius!

Rien ne répondit, pas même l'écho; la voix assourdie ne sortit pas de notre cloche.

— Il aura trouvé une remontée, dit le magister; cent cinquante hommes noyés, ce serait trop horrible; le bon Dieu ne le voudra pas.

Il me sembla qu'il ne disait pas cela d'une voix convaincue. Cent cinquante hommes au moins étaient descendus le matin dans la mine : combien avaient pu remonter par les puits ou trouver un refuge, comme nous! Tous nos camarades perdus, noyés, morts. Personne n'osa plus dire un mot.

Mais dans une situation comme la nôtre, ce n'est pas la sympathie et la pitié qui dominent les cœurs ou dirigent les esprits.

— Eh bien! et nous, dit Bergounhoux, après un moment de silence, qu'est-ce que nous allons faire?

— Que veux-tu faire?

— Il n'y a qu'à attendre, dit le magister.

— Attendre quoi?

— Attendre; veux-tu percer les quarante ou cinquante mètres qui nous séparent du jour avec ton crochet de lampe?

— Mais nous allons mourir de faim.

— Ce n'est pas là qu'est le plus grand danger.

— Voyons, magister, parle, tu nous fais peur ; où est le danger, le grand danger?

— La faim, on peut lui résister ; j'ai lu que des ouvriers, surpris comme nous par les eaux, dans une mine, étaient restés vingt-quatre jours sans manger : il y a bien des années de cela, c'était du temps des guerres de religion ; mais ce serait hier, ce serait la même chose. Non, ce n'est pas la faim qui me fait peur.

— Qu'est-ce qui te tourmente, puisque tu dis que les eaux ne peuvent pas monter?

— Vous sentez-vous des lourdeurs dans la tête, des bourdonnements ; respirez-vous facilement? moi, non.

— Moi, j'ai mal à la tête.

— Moi, le cœur me tourne.

— Moi, les tempes me battent.

— Moi, je suis tout bête.

— Eh bien! c'est là qu'est le danger présentement. Combien de temps pouvons-nous vivre dans cet air? Je n'en sais rien. Si j'étais un savant au lieu d'être un ignorant, je vous le dirais. Tandis que je ne le sais pas. Nous sommes à une quarantaine de mètres sous terre, et, probablement, nous avons trente-cinq ou quarante mètres d'eau au-dessus de nous : cela veut dire que l'air subit une pression de quatre ou cinq atmosphères. Comment vit-on dans cet air comprimé? voilà ce qu'il faudrait savoir et ce que nous allons apprendre à nos dépens, peut-être.

Je n'avais aucune idée de ce que c'était que l'air comprimé, et précisément pour cela, peut-être, je fus très-effrayé des paroles du magister; mes compagnons me parurent aussi très-affectés de ces paroles; ils n'en savaient pas plus que moi, et, sur eux comme sur moi, l'inconnu produisit son effet inquiétant.

Pour le magister, il ne perdait pas la conscience de notre situation désespérée, et quoiqu'il la vit nettement dans toute son horreur, il ne pensait qu'aux moyens à prendre pour organiser notre défense.

— Maintenant, dit-il, il s'agit de nous arranger pour rester ici sans danger de rouler à l'eau.

— Nous avons des trous.

— Croyez-vous que vous n'allez pas vous fatiguer de rester dans la même position?

— Tu crois donc que nous allons rester ici longtemps?

— Est-ce que je sais!

— On va venir à notre secours.

— C'est certain, mais pour venir à notre secours, il faut pouvoir. Combien de temps s'écoulera, avant qu'on commence notre sauvetage? Ceux-là seuls qui sont sur la terre, peuvent le dire. Nous qui sommes dessous, il faut nous arranger pour y être le moins mal possible, car si l'un de nous glisse, il est perdu.

— Il faut nous attacher tous ensemble.

— Et des cordes?

— Il faut nous tenir par la main.

— M'est avis que le mieux est de nous creuser des paliers comme dans un escalier; nous sommes sept, sur deux paliers nous pourrons tenir tous; quatre se placeront sur le premier, trois sur le second.

— Avec quoi creuser?

— Nous n'avons pas de pics.

— Avec nos crochets de lampes dans le poussier, avec nos couteaux dans les parties dures.

— Jamais nous ne pourrons.

— Ne dis donc pas cela, Pagès ; dans notre situation on peut tout pour sauver sa vie ; si le sommeil prenait l'un de nous comme nous sommes en ce moment, celui-là serait perdu.

Par son sang-froid et sa décision, le magister avait pris sur nous une autorité qui, d'instant en instant, devenait plus puissante ; c'est là ce qu'il y a de grand et de beau dans le courage, il s'impose ; d'instinct nous sentions que sa force morale luttait contre la catastrophe qui avait anéanti la nôtre, et nous attendions notre secours de cette force.

On se mit au travail, car il était évident que le creusement de ces deux paliers était la première chose à faire ; il fallait nous établir, sinon commodément, du moins de manière à ne pas rouler dans le gouffre qui était à nos pieds. Quatre lampes étaient allumées, elles donnaient assez de clarté pour nous guider.

— Choisissons des endroits où le creusement ne soit pas trop difficile, dit le magister.

— Écoutez, dit l'oncle Gaspard, j'ai une proposition à vous faire : si quelqu'un a la tête à lui, c'est le magister ; quand nous perdions la raison il a conservé la sienne ; c'est un homme, il a du cœur aussi. Il a été piqueur comme nous, et sur bien des choses il en sait plus que nous. Je demande qu'il soit chef de poste et qu'il dirige le travail.

— Le magister ! interrompit Carrory qui était une

espèce de brute, une bête de trait, sans autre intelligence que celle qui lui était nécessaire pour rouler sa *benne*, pourquoi pas moi? si on prend un rouleur, je suis rouleur comme lui.

— Ce n'est pas un rouleur qu'on prend, animal; c'est un homme; et, de nous tous, c'est lui qui est le plus homme.

— Vous ne disiez pas cela hier.

— Hier, j'étais aussi bête que toi et je me moquais du magister comme les autres, pour ne pas reconnaître qu'il en savait plus que nous. Aujourd'hui je lui demande de nous commander. Voyons, magister, qu'est-ce que tu veux que je fasse? J'ai de bons bras, tu sais bien. Et vous, les autres?

— Voyons, magister, on t'obéit.

— Et on t'obéira.

— Écoutez, dit le magister, puisque vous voulez que je sois chef de poste, je veux bien; mais c'est à condition qu'on fera ce que je dirai. Nous pouvons rester ici longtemps, plusieurs jours; je ne sais pas ce qui se passera : nous serons là comme des naufragés sur un radeau, dans une situation plus terrible même, car sur un radeau, au moins, on a l'air et le jour : on respire et l'on voit; quoi qu'il arrive il faut, si je suis chef de poste, que vous m'obéissiez.

— On obéira, dirent toutes les voix.

— Si vous croyez que ce que je demande est juste, oui, on obéira; mais si vous ne le croyez pas?

— On le croira.

— On sait bien que tu es un honnête homme, magister.

5.

— Et un homme de courage.

— Et un homme qui en sait long.

— Il ne faut pas te souvenir des moqueries, magister.

Je n'avais pas alors l'expérience que j'ai acquise plus tard, et j'étais dans un grand étonnement de voir combien ceux-là même qui, quelques heures auparavant, n'avaient pas assez de plaisanteries pour accabler le magister, lui reconnaissaient maintenant des qualités : je ne savais pas comme les circonstances peuvent tourner les opinions et les sentiments de certains hommes.

— C'est juré ? dit le magister.

— Juré, répondîmes-nous tous ensemble.

Alors on se mit au travail : tous, nous avions des couteaux dans nos poches, de bons couteaux, le manche solide, la lame résistante.

— Trois entameront la remontée, dit le magister, les trois plus forts; et les plus faibles : Remy, Carrory, Pagès et moi, nous rangerons les déblais.

— Non, pas toi, interrompit Compayrou qui était un colosse, il ne faut pas que tu travailles, magister, tu n'es pas assez solide; tu es l'ingénieur : les ingénieurs ne travaillent pas des bras.

Tout le monde appuya l'avis de Compayrou, disant que puisque le magister était notre ingénieur, il ne devait pas travailler; on avait si bien senti l'utilité de la direction du magister que volontiers on l'eût mis dans du coton pour le préserver des dangers et des accidents : c'était notre pilote.

Le travail que nous avions à faire eut été des plus simples si nous avions eu des outils, mais avec des couteaux il était long et difficile. Il fallait en effet établir deux paliers en les creusant dans le schiste, et afin de n'être pas exposés à dévaler sur la pente de la remontée, il fallait que ces paliers fussent assez larges pour donner de la place à quatre d'entre nous sur l'un, et à trois sur l'autre. Ce fut pour obtenir ce résultat que ces travaux furent entrepris.

Deux hommes creusaient le sol dans chaque chantier et le troisième faisait descendre les morceaux de schiste. Le magister, une lampe à la main, allait de l'un à l'autre chantier.

En creusant, on trouva dans la poussière quelques morceaux de boisage qui avaient été ensevelis là et qui furent très-utiles pour retenir nos déblais et les empêcher de rouler jusqu'en bas.

Après trois heures de travail sans repos, nous avions creusé une planche sur laquelle nous pouvions nous asseoir.

— Assez pour le moment, commanda le magister, plus tard nous élargirons la planche de manière à pouvoir nous coucher; il ne faut pas user inutilement nos forces, nous en aurons besoin.

On s'installa, le magister, l'oncle Gaspard, Carrory et moi sur le palier inférieur, les trois piqueurs sur le plus élevé.

— Il faut ménager nos lampes, dit le magister, qu'on les éteigne donc et qu'on n'en laisse brûler qu'une.

Les ordres étaient exécutés au moment même où ils étaient transmis. On allait donc éteindre les lampes inutiles lorsque le magister fit un signe pour qu'on s'arrêtât.

— Une minute, dit-il, un courant d'air peut éteindre notre lampe ; ce n'est guère probable, cependant il faut compter sur l'impossible, qu'est-ce qui a des allumettes pour la rallumer?

Bien qu'il soit sévèrement défendu d'allumer du feu dans la mine, presque tous les ouvriers ont des allumettes dans leurs poches ; aussi comme il n'y avait pas là d'ingénieur pour constater l'infraction au règlement, à la demande : « qui a des allumettes? » quatre voix répondirent : Moi.

— Moi aussi j'en ai, continua le magister, mais elles sont mouillées.

C'était le cas des autres, car chacun avait ses allumettes dans son pantalon et nous avions trempé dans l'eau jusqu'à la poitrine ou jusqu'aux épaules.

Carrory qui avait la compréhension lente et la parole plus lente encore répondit enfin :

— Moi aussi j'ai des allumettes.

— Mouillées?

— Je ne sais pas, elles sont dans mon bonnet.

— Alors, passe ton bonnet.

— Au lieu de passer son bonnet, comme on le lui demandait, un bonnet de loutre qui était gros comme un turban de turc de foire, Carrory nous passa une boîtes d'allumettes ; grâce à la position qu'elles avaient occupée pendant notre immersion elles avaient échappé à la noyade.

— Maintenant, soufflez les lampes, commanda le magister.

Une seule lampe resta allumée, qui éclaira à peine notre cage.

V

DANS LA REMONTÉE

Le silence s'était fait dans la mine ; aucun bruit ne parvenait plus jusqu'à nous ; à nos pieds l'eau était immobile, sans une ride ou un murmure ; la mine était pleine comme l'avait dit le magister, et l'eau, après avoir envahi toutes les galeries depuis le plancher jusqu'au toit, nous murait dans notre prison plus solidement, plus hermétiquement qu'un mur de pierre. Ce silence lourd, impénétrable, ce silence de mort était plus effrayant, plus stupéfiant que ne l'avait été l'effroyable vacarme que nous avions entendu au moment de l'irruption des eaux ; nous étions au tombeau, enterrés vifs, et trente ou quarante mètres de terre pesaient sur nos cœurs.

Le travail occupe et distrait : le repos nous donna la sensation de notre situation, et chez tous, même chez le magister, il y eut un moment d'anéantissement.

Tout à coup je sentis sur ma main tomber des

gouttes chaudes. C'était Carrory qui pleurait silencieusement.

Au même instant des soupirs éclatèrent sur le palier supérieur et une voix murmura à plusieurs reprises :

— Marius, Marius!

C'était Pagès qui pensait à son fils...

L'air était lourd à respirer ; j'étais oppressé et j'avais des bourdonnements dans les oreilles.

Soit que le magister sentît moins péniblement que nous cet anéantissement, soit qu'il voulût réagir contre et nous empêcher de nous y abandonner, il rompit le silence :

— Maintenant, dit-il, il faut voir un peu ce que nous avons de provisions.

— Tu crois donc que nous devons rester longtemps emprisonnés? interrompit l'oncle Gaspard.

—Non, mais il faut prendre ses précautions; qui est-ce qui a du pain?

Personne ne répondit.

— Moi, dis-je, j'ai une croûte dans ma poche.

— Quelle poche?

— La poche de mon pantalon.

— Alors ta croûte est de la bouillie. Montre cependant.

Je fouillai dans ma poche où j'avais mis le matin une belle croûte cassante et dorée; j'en tirai une espèce de panade que j'allais jeter avec désappointement quand le magister arrêta ma main.

— Garde ta soupe, dit-il, si mauvaise qu'elle soit, tu la trouveras bientôt bonne.

Ce n'était pas là un pronostic très-rassurant ; mais nous n'y fîmes pas attention ; c'est plus tard que ces paroles me sont revenues et m'ont prouvé que dès ce moment le magister avait pleine conscience de notre position, et que s'il ne prévoyait pas, par le menu, les horribles souffrances que nous aurions à supporter, au moins il ne se faisait pas illusion sur les facilités de notre sauvetage.

— Personne n'a plus de pain ? dit-il.

On ne répondit pas.

— Cela est fâcheux, continua-t-il.

— Tu as donc faim ? interrompit Compayrou.

— Je ne parle pas pour moi, mais pour Remy et Carrory : le pain aurait été pour eux.

— Et pourquoi ne pas le partager entre nous tous dit Bergounhoux, ce n'est pas juste : nous sommes tous égaux devant la faim.

— Pour lors s'il y avait eu du pain nous nous serions fâchés. Vous aviez promis pourtant de m'obéir ; mais je vois que vous ne m'obéirez qu'après discussion que si vous jugez que j'ai raison.

— Il aurait obéi !

— C'est-à-dire qu'il y aurait peut-être eu bataille. Eh bien ! il ne faut pas qu'il y ait bataille, et pour cela je vais vous expliquer pourquoi le pain aurait été pour Remy et pour Carrory. Ce n'est pas moi qui ai fait cette règle, c'est la loi : la loi qui a dit que quand plusieurs personnes mouraient dans un accident, c'était jusqu'à soixante ans la plus âgée qui serait présumée avoir survécu, ce qui revient à dire que Remy et Carrory, par leur jeunesse, doivent opposer moins de résistance à la mort que Pagès et Compayrou.

— Toi, magister, tu as plus de soixante ans.

— Oh ! moi je ne compte pas, d'ailleurs je suis habitué à ne pas me gaver de nourriture.

— Par ainsi, dit Carrory après un moment de réflexion, le pain aurait donc été pour moi si j'en avais eu?

— Pour toi et pour Remy.

— Si je n'avais pas voulu le donner?

— On te l'aurait pris, n'as-tu pas juré d'obéir?

Il resta assez longtemps silencieux, puis tout à coup sortant une miche de son bonnet :

— Tenez, en voilà un morceau.

— C'est donc le bonnet inépuisable que le bonnet de Carrory?

— Passez le bonnet, dit le magister.

Carrory voulut défendre sa coiffure ; on la lui enleva de force et on la passa au magister.

Celui-ci demanda la lampe et regarda ce qui se trouvait dans le retroussis du bonnet. Alors, quoique nous ne fussions assurément pas dans une situation gaie, nous eûmes une seconde de détente.

Il y avait dans ce bonnet : une pipe, du tabac, une clef, un morceau de saucisson, un noyau de pêche percé en sifflet, des osselets en os de mouton, trois noix fraîches, un oignon : c'est-à-dire que c'était un garde-manger et un garde-meuble.

— Le pain et le saucisson seront partagés entre toi et Remy, ce soir.

— Mais j'ai faim, répliqua Carrory d'une voix dolente ; j'ai faim tout de suite.

— Tu auras encore plus faim ce soir.

— Quel malheur que ce garçon n'ait pas eu de montre dans son garde-meuble ! Nous saurions l'heure ; la mienne est arrêtée.

— La mienne aussi, pour avoir trempé dans l'eau.

Cette idée de montre nous rappela à la réalité. Quelle heure était-il ? Depuis combien de temps étions-nous dans la remontée ? On se consulta, mais sans tomber d'accord. Pour les uns, il était midi ; pour les autres six heures du soir, c'est-à-dire que pour ceux-ci nous étions enfermés depuis plus de dix heures et pour ceux-là depuis moins de cinq. Ce fut là que commença notre différence d'appréciation, différence qui se renouvela souvent et arriva à des écarts considérables.

Nous n'étions pas en disposition de parler pour ne rien dire. Lorsque la discussion sur le temps fut épuisée, chacun se tut et parut se plonger dans ses réflexions.

Quelles étaient celles de mes camarades ? Je n'en sais rien ; mais si j'en juge par les miennes elles ne devaient pas être gaies.

Malgré l'esprit de décision du magister, je n'étais pas du tout rassuré sur notre délivrance. J'avais peur de l'eau, peur de l'ombre, peur de la mort ; le silence m'anéantissait ; les parois incertaines de la remontée m'écrasaient comme si de tout leur poids elles m'eussent pesé sur le corps. Je ne reverrais donc plus Lise, ni Etiennette, ni Alexis, ni Benjamin ? qui les rattacherait les uns aux autres après moi ? Je ne verrais donc plus Arthur, ni madame Milligan, ni Mattia? Pourrait-on jamais faire comprendre à Lise que j'étais mort pour elle ? Et mère Barberin, pauvre mère Barberin ! Mes pensées s'enchaînaient ainsi toutes plus lugubres les unes que les autres ; et quand je regardais mes camarades pour me distraire et que je les voyais tout aussi accablés, tout aussi anéantis que moi, je revenais à mes réflexions plus triste et plus sombre encore. Eux cependant ils étaient habitués à la vie de la mine, et par là, ils ne souffraient pas du manque d'air, de soleil, de liberté ; la terre ne pesait pas sur eux.

Tout à coup, au milieu du silence, la voix de l'oncle Gaspard s'éleva :

— M'est avis, dit-il, qu'on ne travaille pas à notre sauvetage.

— Pourquoi penses-tu ça ?

— Nous n'entendons rien.

— Toute la ville est détruite, c'était un tremblement de terre.

— Ou bien dans la ville on croit que nous sommes tous perdus et qu'il n'y a rien à faire pour nous.

— Alors nous sommes donc abandonnés ?

— Pourquoi pensez-vous cela de vos camarades ? interrompit le magister, ce n'est pas juste de les accuser. Vous savez bien que quand il y a des accidents les mineurs ne s'abandonnent pas les uns les autres ; et que vingt hommes, cent hommes se feraient plutôt tuer que de laisser un camarade sans secours. Vous savez cela, hein ?

— C'est vrai.

— Si c'est vrai, pourquoi voulez-vous qu'on nous abandonne ?

— Nous n'entendons rien.

— Il est vrai que nous n'entendons rien. Mais ici pouvons-nous entendre ? Qui sait cela ? pas moi. Et puis encore quand nous pourrions entendre, et qu'il serait prouvé qu'on ne travaille pas, cela prouverait-il en même temps qu'on nous abandonne ? Est-ce que nous savons comment la catastrophe est arrivée ? Si c'est un tremblement de terre, il y a du travail dans la ville pour ceux qui ont échappé. Si c'est seulement une inondation, comme j'en ai l'idée, il faut savoir dans quel état sont les puits. Peut-être se sont-ils effondrés ? la galerie de la lampisterie a pu s'écrouler. Il faut le temps d'organiser le sauvetage. Je ne dis pas que nous serons sauvés, mais je suis sûr qu'on travaille à nous sauver.

Il dit cela d'un ton énergique qui devait convaincre les plus incrédules et les plus effrayés.

Cependant Bergounhoux répliqua :

— Et si l'on nous croit tous morts ?

— On travaille tout de même, mais si tu as peur de cela, prouvons-leur que nous sommes vivants; frappons contre la paroi aussi fort que nous pourrons; vous savez comme le son se transmet à travers la terre; si l'on nous entend, on saura qu'il faut se hâter, et notre bruit servira à diriger les recherches.

Sans attendre davantage, Bergounhoux, qui était chaussé de grosses bottes, se mit à frapper avec force comme pour le rappel des mineurs, et ce bruit, l'idée surtout qu'il éveillait en nous, nous tira de notre engourdissement. Allait-on nous entendre ? Allait-on nous répondre ?

— Voyons, magister, dit l'oncle Gaspard, si l'on nous entend, qu'est-ce qu'on va faire pour venir à notre secours ?

— Il n'y a que deux moyens, et je suis sûr que les ingénieurs vont les employer tous deux : percer des descentes pour venir à la rencontre de notre remontée, et épuiser l'eau.

— Oh ! percer des descentes !

— Ah ! épuiser l'eau !

Ces deux interruptions ne déroutèrent pas le magister.

— Nous sommes à quarante mètres de profondeur, n'est-ce pas ? en perçant six ou huit mètres par jour, c'est sept ou huit jours pour arriver jusqu'à nous.

— On ne peut pas percer six mètres par jour.

— En travail ordinaire non, mais pour sauver des camarades on peut bien des choses.

— Jamais nous ne pourrions vivre huit jours : pensez donc, magister, huit jours !

— Eh bien, et l'eau ? Comment l'épuiser ?

— L'eau, je ne sais pas ; il faudrait savoir ce qu'il en est tombé dans la mine, 200,000 mètres cubes, 300,000 mètres, je n'en sais rien. Mais pour venir jusqu'à nous, il n'est pas nécessaire d'épuiser tout ce qui est tombé, nous sommes au premier niveau. Et comme on va organiser les trois puits à la fois avec deux *bennes*, cela fera six *bennes* de 25 hectolitres chaque, qui puiseront l'eau ; c'est-à-dire que 150 hectolitres d'un même coup seront versés dehors. Vous voyez que cela peut aller encore assez vite.

Une discussion confuse s'engagea sur les moyens les meilleurs à employer ; mais ce qui pour moi résulta de cette discussion, c'est qu'en supposant une réunion extraordinaire de circonstances favorables, nous devions rester au moins huit jours dans notre sépulcre.

Huit jours ! le magister nous avait parlé d'ouvriers qui étaient restés engloutis vingt-quatre jours. Mais c'était un récit, et nous c'était la réalité. Lorsque cette idée se fut emparée de mon esprit, je n'entendis plus un seul mot de la conversation. Huit jours !

Je ne sais depuis combien de temps j'étais accablé sous cette idée, lorsque la discussion s'arrêta.

— Ecoutez donc, dit Carrory, qui précisément par cela qu'il était assez près de la brute avait les facultés de l'animal plus développées que nous tous.

— Quoi donc ?
— On entend quelque chose dans l'eau.
— Tu auras fait rouler une pierre.
— Non, c'est un bruit sourd.

Nous écoutâmes.

J'avais l'oreille fine, mais pour les bruits de la vie et de la terre ; je n'entendis rien. Mes camarades qui, eux, avaient l'habitude des bruits de la mine furent plus heureux que moi.

— Oui, dit le magister, il se passe quelque chose dans l'eau.

— Quoi, magister ?
— Je ne sais pas.

— L'eau qui tombe.

— Non, le bruit n'est pas continuel, il est par secousse et régulier.

— Par secousses et régulier, nous sommes sauvés, enfants ! c'est le bruit des *bennes* d'épuisement dans les puits.

— Les *bennes* d'épuisement...

Tous en même temps, d'une même voix, nous répétâmes ces deux mots, et comme si nous avions été touchés par une commotion électrique, nous nous levâmes.

Nous n'étions plus à quarante mètres sous terre, l'air n'était plus comprimé, les parois de la remontée ne nous pressaient plus, nos bourdonnements d'oreilles avaient cessé, nous respirions librement, nos cœurs battaient dans nos poitrines.

Carrory me prit la main, et me la serrant fortement :
— Tu es un bon garçon, dit-il.
— Mais, non, c'est toi.
— Je te dis que c'est toi.
— Tu as le premier entendu les *bennes*.

Mais il voulut à toute force que je fusse un bon garçon ; il y avait en lui quelque chose comme l'ivresse du buveur. Et de fait n'étions-nous pas ivres d'espérance.

Hélas ! cette espérance ne devait pas se réaliser de sitôt, ni pour nous tous.

Avant de revoir la chaude lumière du soleil, avant d'entendre le bruit du vent dans les feuilles, nous devions rester là pendant de longues et cruelles journées, souffrant toutes les souffrances, nous demandant avec angoisse si jamais nous verrions cette lumière et si jamais il nous serait donné d'entendre cette douce musique.

Mais pour vous raconter cette effroyable catastrophe des mines de la Truyère, telle qu'elle a eu lieu, je dois vous dire maintenant comment elle s'était produite, et quels moyens les ingénieurs employaient pour nous sauver.

Lorsque nous étions descendus dans la mine, le lundi matin, le ciel était couvert de nuages sombres et tout annonçait un orage. Vers sept heures cet orage avait éclaté accompagné d'un véritable déluge : les nuages qui traînaient bas s'étaient engagés dans la vallée tortueuse de la Divonne et, pris dans ce cirque de collines, ils n'avaient pas pu s'élever au-dessus ; tout ce qu'ils renfermaient de pluie, ils l'avaient versé sur la vallée ; ce n'était pas une averse, c'était une cataracte, un déluge. En quelques minutes les eaux de la Divonne et des affluents avaient gonflé, ce qui se comprend facilement, car sur un sol de pierre, l'eau n'est pas absorbée, mais suivant la pente du terrain, elle roule jusqu'à la rivière. Subitement les eaux de la Divonne coulèrent à pleins bords dans son lit escarpé, et celles des torrents de Saint-Andéol et de la Truyère débordèrent. Refoulées par la crue de la Divonne, les eaux du ravin de la Truyère ne trouvèrent pas à s'écouler, et alors elles s'épanchèrent sur le terrain qui recouvre les mines. Ce débordement s'était fait d'une façon presque instantanée, mais les ouvriers du dehors occupés au lavage du minerai, forcés par l'orage de se mettre à l'abri, n'avaient couru aucun danger. Ce n'était pas la première fois qu'une inondation arrivait à la Truyère, et comme les ouvertures des trois puits étaient à des hauteurs où les eaux ne pouvaient pas monter, on n'avait d'autre inquiétude que de préserver les amas de bois qui se trouvaient préparés pour servir au boisage des galeries.

C'était à ce soin que s'occupait l'ingénieur de la mine, lorsque tout à coup il vit les eaux tourbillonner et se précipiter dans un gouffre qu'elles venaient de se creuser. Ce gouffre se trouvait sur l'affleurement d'une couche de charbon.

Il n'a pas besoin de longues réflexions pour comprendre ce qui vient de se passer : les eaux se sont précipitées dans la mine et le plan de la couche leur sert de lit ; elles baissent au dehors : la mine va être inondée, elle va se remplir ; les ouvriers vont être noyés.

Il court au puits Saint-Julien et donne des ordres pour qu'on le descende. Mais prêt à mettre le pied dans la *benne*, il s'arrête. On entend dans l'intérieur de la mine un tapage épouvantable : c'est le torrent des eaux.

— Ne descendez pas, disent les hommes qui l'entourent en voulant le retenir.

Mais il se dégage de leur étreinte, et prenant sa montre dans son gilet :

— Tiens, dit-il en la remettant à l'un de ces hommes, tu donneras ma montre à ma fille, si je ne reviens pas.

Puis, s'adressant à ceux qui dirigent la manœuvre des *bennes* :

— Descendez, dit-il.

La *benne* descend ; alors, levant la tête vers celui auquel il a remis sa montre :

— Tu lui diras que son père l'embrasse.

La *benne* est descendue. L'ingénieur appelle. Cinq mineurs arrivent. Il les fait monter dans la *benne*. Pendant qu'ils sont enlevés, il pousse de nouveaux cris, mais inutilement : ses cris sont couverts par le bruit des eaux et des effondrements.

Cependant les eaux arrivent dans la galerie et à ce moment l'ingénieur aperçoit des lampes. Il court vers elles ayant de l'eau jusqu'aux genoux et ramène trois hommes encore. La *benne* est redescendue, il les fait placer dedans et veux retourner au-devant des lumières qu'il aperçoit. Mais les hommes qu'il a sauvés l'enlèvent de force et le tirent avec eux dans la *benne* en faisant le signal de remonter. Il est temps, les eaux ont tout envahi.

Ce moyen de sauvetage est impossible. Il faut recourir à un autre. Mais lequel ? Autour de lui il n'a presque personne. Cent cinquante ouvriers sont descendus, puisque cent cinquante lampes ont été distribuées le matin ; trente lampes seulement ont été rapportées à la lampisterie, c'est cent vingt hommes qui sont restés dans la mine. Sont-ils morts, sont-ils vivants, ont-ils pu trouver un refuge ? Ces questions se posent avec une horrible angoisse dans son esprit épouvanté.

Au moment où l'ingénieur constate que cent-vingt hommes sont enfermés dans la mine, des explosions ont lieu au dehors à différents endroits ; des terres, des pierres sont lancées à une grande hauteur ; les maisons tremblent comme si elles étaient secouées par un tremblement de terre. Ce phénomène s'explique pour l'ingénieur : les gaz et l'air refoulés par les eaux se sont comprimés dans les remontées sans issues, et là où la charge de terre est trop faible, au-dessus des affleurements, ils font éclater l'écorce de la terre comme les parois d'une chaudière. La mine est pleine : la catastrophe est consommée.

Cependant la nouvelle s'est répandue dans Varses ; de tous côtés la foule arrive à la Truyère, des travailleurs, des curieux, les femmes, les enfants des ouvriers engloutis. Ceux-ci interrogent, cherchent, demandent. Et comme on ne peut rien leur répondre, la colère se mêle à la douleur. On cache la vérité. C'est la faute de l'ingénieur. A mort l'ingénieur, à mort ! Et l'on se prépare à envahir les bureaux où l'ingénieur penché sur le plan, sourd aux clameurs, cherche dans quels endroits les ouvriers ont pu se réfugier et par où il faut commencer le sauvetage.

Heureusement les ingénieurs des mines voisines sont accourus à la tête de leurs ouvriers, et avec eux les ouvriers de la ville. On peut contenir la foule, on lui parle. Mais que peut-on lui dire ? Cent-vingt hommes manquent. Où sont-ils ?

— Mon père ?

— Où est mon mari ?

— Rendez-moi mon fils ?

Les voix sont brisées, les questions sont étranglées par les sanglots. Que répondre à ces enfants, à ces femmes, à ces mères ?

Un seul mot ; celui des ingénieurs réunis en conseil : « Nous allons chercher, nous allons faire l'impossible. »

Et le travail de sauvetage commence. Trouvera-t-on un seul survivant parmi ces cent vingt hommes ? Le doute est puissant, l'espérance est faible. Mais peu importe. En avant !

Les travaux de sauvetage sont organisés comme le magister l'avait prévu. Des *bennes* d'épuisement sont installées dans les trois puits, et elles ne s'arrêteront plus ni jour ni nuit, jusqu'au moment où la dernière goutte d'eau sera versée dans la Divonne.

En même temps on commence à creuser des galeries. Où va-t-on ? on ne sait trop, un peu au hasard ; mais on va. Il y a eu divergence dans le conseil des ingénieurs sur l'utilité de ces galeries qu'on doit diriger à l'aventure, dans l'incertitude où l'on est sur la position des ouvriers encore vivants ; mais l'ingénieur de la mine espère que des hommes auront pu se réfugier dans les vieux travaux, où l'inondation n'aura pas pu les atteindre, et il veut qu'un percement direct, à partir du jour, soit conduit vers ces vieux travaux, ne dût-on sauver personne.

Ce percement est mené sur une largeur aussi étroite que possible, afin de perdre moins de temps, et un seul piqueur est à l'avancement ; le charbon qu'il abat est enlevé au fur et à mesure, dans des corbeilles qu'on se passe en faisant la chaîne ; aussitôt que le piqueur est fatigué il est remplacé par un autre.

Ainsi sans repos et sans relâche, le jour comme la

nuit, se poursuivent simultanément ces doubles travaux : l'épuisement et le percement.

Si le temps est long pour ceux qui du dehors travaillent à notre délivrance, combien plus long encore l'est-il pour nous, impuissants et prisonniers, qui n'avons qu'à attendre sans savoir si l'on arrivera à nous assez tôt pour nous sauver !

Le bruit des *bennes* d'épuisement ne nous maintint pas longtemps dans la fièvre de joie qu'il nous avait tout d'abord donnée. La réaction se fit avec la réflexion. Nous n'étions pas abandonnés, on s'occupait de notre sauvetage, c'était là l'espérance ; l'épuisement se ferait-il assez vite ? c'était là l'angoisse.

Aux tourments de l'esprit se joignaient d'ailleurs maintenant les tourments du corps. La position dans laquelle nous étions obligés de nous tenir sur notre palier était des plus fatigantes ; nous ne pouvions plus faire de mouvements pour nous dégourdir, et nos douleurs de tête étaient devenues vives et gênantes.

De nous tous Carrory était le moins affecté.

— J'ai faim, disait-il de temps en temps, magister, je voudrais bien le pain.

A la fin le magister se décida à nous passer un morceau de la miche sortie du bonnet de loutre.

— Ce n'est pas assez, dit Carrory.

— Il faut que la miche dure longtemps.

Les autres auraient partagé notre repas avec plaisir, mais ils avaient juré d'obéir, et ils tenaient leur serment.

— S'il nous est défendu de manger, il nous est permis de boire, dit Compayrou.

— Pour ça, tout ce que tu voudras, nous avons l'eau à discrétion.

— Epuise la galerie.

Pagès voulut descendre, mais le magister ne le permit pas.

— Tu ferais ébouler un déblai; Remi est plus léger et plus adroit, il descendra et nous passera l'eau.

— Dans quoi?

— Dans ma botte.

On me donna une botte et je me préparai à me laisser glisser jusqu'à l'eau.

— Attends un peu, dit le magister, que je te donne la main.

— N'ayez pas peur, quand je tomberais, cela ne ferait rien, je sais nager.

— Je veux te donner la main.

Au moment où le magister se penchait, il partit en avant, et soit qu'il eût mal calculé son mouvement, soit que son corps fût engourdi par l'inaction, soit enfin que le charbon eût manqué sous son poids, il glissa sur la pente de la remontée et s'engouffra dans l'eau sombre la tête la première. La lampe qu'il tenait pour m'éclairer roula après lui et disparut aussi. Instantanément nous fûmes plongés dans la nuit noire, et un cri s'échappa de toutes nos poitrines en même temps.

Par bonheur j'étais déjà en position de descendre, je me laissai aller sur le dos et j'arrivai dans l'eau une seconde à peine après le magister.

Dans mes voyages avec Vitalis j'avais appris assez à nager et à plonger pour me trouver aussi bien à mon

6.

aise dans l'eau que sur la terre ferme; mais comment se diriger dans ce trou sombre?

Je n'avais pas pensé à cela quand je m'étais laissé glisser, je n'avais pensé qu'au magister qui allait se noyer, et avec l'instinct du terre-neuve je m'étais jeté à l'eau.

Où chercher? De quel côté étendre le bras? Comment plonger?

C'était ce que je me demandais quand je me sentis saisir à l'épaule par une main crispée et je fus entraîné sous l'eau. Un bon coup de pied me fit remonter à la surface : la main ne m'avait pas lâché.

— Tenez-moi bien, magister, et appuyez en levant la tête, vous êtes sauvé.

Sauvés! nous ne l'étions ni l'un ni l'autre, car je ne savais de quel côté nager : une idée me vint.

— Parlez donc, vous autres, m'écriai-je.

— Où es-tu, Remi?

C'était la voix de l'oncle Gaspard; elle m'indiqua ma direction. Il fallait se diriger sur la gauche.

— Allumez une lampe.

Presque aussitôt une flamme parut; je n'avais que le bras à allonger pour toucher le bord, je me cramponnai d'une main à un morceau de charbon, et j'attirai le magister.

Pour lui il était grand temps, car il avait bu et la suffocation commençait déjà : je lui maintins la tête hors de l'eau et il revint bien vite à lui.

L'oncle Gaspard et Carrory, penchés en avant, tendaient vers nous leurs bras, tandis que Pagès, descendu de son palier sur le nôtre, nous éclairait. Le magister pris d'une main par l'oncle Gaspard, de l'autre par Carrory fut hissé jusqu'au palier, pendant que je le poussais par derrière. Puis quand il fut arrivé, je remontai à mon tour.

Déjà il avait retrouvé sa pleine connaissance.

— Viens ici, me dit-il, que je t'embrasse, tu m'as sauvé la vie.

— Vous avez déjà sauvé la nôtre.

— Avec tout ça, dit Carrory, qui n'était point de nature à se laisser prendre par les émotions pas plus qu'à oublier ses petites affaires, — ma botte est perdue, et je n'ai pas bu.

— Je vais te la chercher, ta botte.

Mais on m'arrêta.

— Je te le défends, dit le magister.

— Eh bien! qu'on m'en donne une autre, que je rapporte à boire, au moins.

— Je n'ai plus soif, dit Compayrou.

— Pour boire à la santé du magister.

Et je me laissai glisser une seconde fois, mais moins vite que la première et avec plus de précaution.

Echappés à la noyade, nous eûmes le désagrément, le magister et moi, d'être mouillés des pieds à la tête. Tout d'abord nous n'avions pas pensé à cet ennui, mais le froid de nos vêtements trempés nous le rappela bientôt.

— Il faut passer une veste à Remi, dit le magister.

Mais personne ne répondit à cet appel, qui, s'adressant à tous, n'obligeait ni celui-ci, ni celui-là.

— Personne ne parle?

— Moi, j'ai froid, dit Carrory.

— Eh bien, et nous qui sommes mouillés, nous avons chaud !

— Il ne fallait pas tomber à l'eau, vous autres.

— Puisqu'il en est ainsi, dit le magister, on va tirer au sort qui donnera une partie de ses vêtements. Je voulais bien m'en passer. Mais maintenant je demande l'égalité.

Comme nous avions déjà été tous mouillés, moi jusqu'au cou et les plus grands jusqu'aux hanches, changer de vêtements n'était pas une grande faveur ; cependant le magister tint à ce que ce changement s'exécutât, et favorisé par le sort, j'eus la veste de Compayrou ; or, Compayrou ayant des jambes aussi longues que tout mon corps, sa veste était sèche. Enveloppé dedans, je ne tardai pas à me réchauffer.

Après cet incident désagréable qui nous avait un moment secoués, l'anéantissement nous reprit bientôt, et avec lui les idées de mort.

Sans doute ces idées pesaient plus lourdement sur mes camarades que sur moi, car tandis qu'ils restaient éveillés, dans un anéantissement stupide, je finis par m'endormir.

Mais la place n'était pas favorable et j'étais exposé à rouler dans l'eau. Alors le magister voyant le danger que je courais, me prit la tête sous son bras. Il ne me tenait pas serré bien fort, mais assez pour m'empêcher de tomber, et j'étais là comme un enfant sur les genoux de sa mère. C'était non-seulement un homme à la tête solide, mais encore un bon cœur. Quand je m'éveillais à moitié, il changeait seulement de position son bras engourdi, puis aussitôt il reprenait son immobilité, et à mi-voix il me disait :

— Dors, garçon, n'aie pas peur, je te tiens ; dors, petit.

Et je me rendormais sans avoir peur, car je sentais bien qu'il ne me lâcherait pas.

Le temps s'écoulait et toujours régulièrement nous entendions les *bennes* plonger dans l'eau.

VI

SAUVETAGE

Notre position était devenue insupportable sur notre palier trop étroit; il fut décidé qu'on élargirait ce palier, et chacun se mit à la besogne. A coups de couteau on recommença à fouiller dans le charbon et à faire descendre les déblais.

Comme nous avions maintenant un point d'appui solide sous les pieds, ce travail fut plus facile, et l'on arriva à entamer assez la veine pour agrandir notre prison.

Ce fut un grand soulagement quand nous pûmes nous étendre de tout notre long sans rester assis, les jambes ballantes.

Bien que la miche de Carrory nous eût été étroitement mesurée, nous en avions vu le bout. Au reste, le dernier morceau nous avait été distribué à temps pour venir jusqu'à nous. Car, lorsque le magister nous l'avait donné, il avait été facile de comprendre, aux regards des piqueurs, qu'ils ne souffriraient pas une nouvelle distribution sans demander, et, si on ne la leur donnait pas, sans prendre leur part.

On en vint à ne plus parler pour ainsi dire, et autant nous avions été loquaces au commencement de notre captivité, autant nous fûmes silencieux quand elle se prolongea.

Les deux seuls sujets de nos conversations roulaient éternellement sur les deux mêmes questions : quels moyens on employait pour venir à nous, et depuis combien de temps nous étions emprisonnés.

Mais ces conversations n'avaient plus l'ardeur des premiers moments ; si l'un de nous disait un mot, souvent ce mot n'était pas relevé, ou alors qu'il l'était, c'était simplement en quelques paroles brèves ; on pouvait varier du jour à la nuit, du blanc au noir, sans pour cela susciter la colère ou la simple contradiction.

— C'est bon, on verra.

Etions-nous ensevelis depuis deux jours ou depuis six ? On verrait quand le moment de la délivrance serait venu. Mais ce moment viendrait-il ? Pour moi, je commençais à en douter fortement.

Au reste je n'étais pas le seul, et parfois, il échappait des observations à mes camarades, qui prouvaient que le doute les envahissait aussi.

— Ce qui me console, si je reste ici, dit Bergounhoux, c'est que la compagnie fera une rente à ma femme et à mes enfants ; au moins ils ne seront pas à la charité.

Assurément, le magister s'était dit qu'il entrait dans ses fonctions de chef non-seulement de nous défendre contre les accidents de la catastrophe, mais encore de nous protéger contre nous-mêmes. Aussi, quand l'un de nous paraissait s'abandonner, intervenait-il aussitôt par une parole réconfortante.

— Tu ne resteras pas plus que nous ici : les *bennes* fonctionnent, l'eau baisse.

— Où baisse-t-elle?

— Dans les puits.

— Et dans la galerie?

— Ça viendra; il faut attendre.

— Dites donc, Bergounhoux, interrompit Carrory avec l'à-propos et la promptitude qui caractérisaient toutes ses observations, si la compagnie fait faillite comme celle du magister, c'est votre femme qui sera volée !

— Veux-tu te taire, imbécile, la compagnie est riche.

— Elle était riche quand elle avait la mine, mais maintenant que la mine est sous l'eau. Tout de même si j'étais dehors, au lieu d'être ici, je serais content.

— Parce que?

— Pourquoi donc qu'ils étaient fiers, les directeurs et les ingénieurs? ça leur apprendra. Si l'ingénieur était descendu, ça serait drôle, pas vrai? monsieur l'ingénieur, faut-il porter votre boussole?

— Si l'ingénieur était descendu, tu resterais ici, grande bête, et nous aussi.

— Ah ! vous autres, vous savez, il ne faut pas vous gêner, mais moi, j'ai autre chose à faire ; mes *châtaignons*, qui est-ce qui les sècherait? Je demande que l'ingénieur remonte alors ; c'était pour rire. Salut, monsieur l'ingénieur !

A l'exception du magister qui cachait ses sentiments et de Carrory qui ne sentait pas grand'chose, nous ne parlions plus de délivrance, et c'étaient toujours les mots de mort et d'abandon qui du cœur nous montaient aux lèvres.

— Tu as beau dire, magister, les *bennes* ne tireront jamais assez d'eau.

— Je vous ai pourtant déjà fait le calcul plus de vingt fois; un peu de patience.

— Ce n'est pas le calcul qui nous tirera d'ici.

Cette réflexion était de Pagès.

— Qui alors?

— Le bon Dieu.

— Possible; puisque c'est lui qui nous y a mis, répliqua le magister, il peut bien nous en tirer.

— Lui et la sainte Vierge; c'est sur eux que je compte et pas sur les ingénieurs. Tout à l'heure en priant la sainte Vierge, j'ai senti comme un souffle à l'oreille et une voix qui me disait : « Si tu veux vivre en bon chrétien à l'avenir, tu seras sauvé. » Et j'ai promis.

— Est-il bête avec sa sainte Vierge, s'écria Bergounhoux en se soulevant.

Pagès était catholique, Bergounhoux était calviniste; si la sainte Vierge a toute puissance pour des catholiques elle n'est rien pour les calvinistes, qui ne la reconnaissent point, pas plus qu'ils ne reconnaissent les autres intermédiaires qui se placent entre Dieu et l'homme, le pape, les saints et les anges.

Dans tout autre pays l'observation de Pagès n'eût pas soulevé de discussion, mais en pleines Cévennes, dans une ville où les querelles religieuses ont toutes les violences qu'elles avaient au dix-septième siècle, alors que la moitié des habitants se battait contre l'autre moitié, — cette observation, pas plus que la réponse de Bergounhoux, ne pouvaient passer sans querelles.

Tous deux en même temps s'étaient levés, et sur leur étroit palier, ils se défiaient, prêts à en venir aux mains.

Mettant son pied sur l'épaule de l'oncle Gaspard, le magister escalada la remontée et se jeta entre eux.

— Si vous voulez vous battre, dit-il, attendez que vous soyez sortis.

— Et si nous ne sortons pas? répliqua Bergounhoux.

— Alors il sera prouvé que tu avais raison et que Pagès avait tort, puisque à sa prière il a été répondu qu'il sortirait.

Cette réponse avait le mérite de satisfaire les deux adversaires.

— Je sortirai, dit Pagès.

— Tu ne sortiras pas, répondit Bergounhoux.

— Ce n'est pas la peine de vous quereller, puisque bientôt vous saurez à quoi vous en tenir.

— Je sortirai.

— Tu ne sortiras pas.

La dispute heureusement apaisée par l'adresse du magister se calma, mais nos idées avaient pris une teinte sombre que rien ne pouvait éclaircir.

— Je crois que je sortirai, dit Pagès, après un moment de silence, mais si nous sommes ici c'est bien sûr parce qu'il y a parmi nous des méchants que Dieu veut punir.

Disant cela il lança un regard significatif à Bergounhoux, mais celui-ci au lieu de se fâcher confirma les paroles de son adversaire.

— Cela c'est certain, dit-il, Dieu veut donner à l'un de nous l'occasion d'expier et de racheter une faute. Est-ce Pagès, est-ce moi? je ne sais pas. Pour moi tout ce que je peux dire, c'est que je paraîtrais devant Dieu la conscience plus tranquille si je m'étais conduit en meilleur chrétien en ces derniers temps; je lui demande pardon de mes fautes de tout mon cœur.

Et se mettant à genoux il se frappa la poitrine.

— Pour moi, s'écria Pagès, je ne dis pas que je n'ai pas des péchés sur la conscience et je m'en confesse à vous tous; mais mon bon ange et saint Jean, mon patron, savent bien que je n'ai jamais péché volontairement, je n'ai jamais fait de tort à personne.

Je ne sais si c'était l'influence de cette prison sombre, la peur de la mort, la faiblesse du jeûne, la clarté mystérieuse de la lampe qui éclairait à peine cette scène étrange, mais j'éprouvais une émotion profonde en écoutant cette confession publique, et comme Pagès et Bergounhoux j'étais prêt à me mettre à genoux pour me confesser avec eux.

Tout à coup derrière moi un sanglot éclata et m'étant retourné, je vis l'immense Compayrou qui se jetait à deux genoux sur la terre. Depuis quelques heures il avait abandonné le palier supérieur pour prendre sur le nôtre, la place de Carrory, et il était mon voisin.

— Le coupable, s'écria-t-il, n'est ni Pagès ni Bergounhoux; c'est moi. C'est moi que le bon Dieu punit, mais je me repens, je me repens. Voilà la vérité, écoutez-la : si je sors, je jure de réparer le mal, si je ne sors pas, vous le réparerez, vous autres. Il y a un an, Rouquette a été condamné à cinq ans de prison pour avoir volé une montre dans la chambre de la mère Vidal. Il est innocent. C'est moi qui ai fait le coup. La montre est cachée sous mon lit, en levant le troisième carreau à gauche on la trouvera.

— A l'eau ! à l'eau ! s'écrièrent en même temps Pagès et Bergounhoux.

Assurément s'ils avaient été sur notre palier ils auraient poussé Compayrou dans le gouffre ; mais avant qu'il leur fût possible de descendre le magister eut le temps d'intervenir encore.

— Voulez-vous donc qu'il paraisse devant Dieu avec ce crime sur la conscience? s'écria-t-il, laissez-le se repentir.

— Je me repens, je me repens, répéta Compayrou, plus faible qu'un enfant malgré sa force d'hercule.

— A l'eau ! répétèrent Bergounhoux et Pagès.

— Non ! s'écria le magister.

Et alors il se mit à leur parler, en leur disant des paroles de justice et de modération. Mais eux sans vouloir rien entendre menaçaient toujours de descendre.

— Donne-moi ta main, dit le magister en s'approchant de Compayrou.

— Ne le défends pas, magister.

— Je le défendrai ; et si vous voulez le jeter à l'eau, vous m'y jetterez avec lui.

— Eh bien, non ! dirent-ils enfin, nous ne le pousserons pas à l'eau ; mais c'est à une condition : tu vas le laisser dans le coin; personne ne lui parlera, personne ne fera attention à lui.

— Ça, c'est juste, dit le magister, il n'a que ce qu'il mérite.

Après ces paroles du magister qui étaient pour ainsi dire un jugement condamnant Compayrou, nous nous tassâmes tous les trois les uns contre les autres, l'oncle Gaspard, le magister et moi, laissant un vide entre nous et le malheureux affaissé sur le charbon.

Pendant plusieurs heures, je pense, il resta là accablé, sans faire un mouvement, répétant seulement de temps en temps :

— Je me repens.

Et alors Pagès ou Bergounhoux lui criaient :

— Il est trop tard : tu te repens parce que tu as peur, lâche. C'était il y a six mois, il y a un an que tu devais te repentir.

Il haletait péniblement, et sans leur répondre d'une façon directe, il répétait :

— Je me repens, je me repens.

La fièvre l'avait pris, car tout son corps tressautait et l'on entendait ses dents claquer.

— J'ai soif, dit-il, donnez-moi la botte.

Il n'y avait plus d'eau dans la botte; je me levai pour en aller chercher; mais Pagès qui m'avait vu, me cria d'arrêter, et au même instant l'oncle Gaspard me retint par le bras.

— On a juré de ne pas s'occuper de lui.

Pendant quelques instants, il répéta encore qu'il avait soif; puis, voyant que nous ne voulions pas lui donner à boire, il se leva pour descendre lui-même.

— Il va entraîner le déblais, cria Pagès.

— Laissez-lui au moins sa liberté, dit le magister.

Il m'avait vu descendre en me laissant glisser sur le dos ; il voulut en faire autant ; mais j'étais léger, tandis qu'il était lourd ; souple, tandis qu'il était une masse inerte. A peine se fut-il mis sur le dos que le charbon s'effondra sous lui, et sans qu'il pût se retenir de ses jambes écartées et de ses bras qui battaient le vide, il glissa dans le trou noir. L'eau jaillit jusqu'à nous, puis elle se referma et ne se rouvrit plus.

Je me penchai en avant, mais l'oncle Gaspard et le magister me retinrent chacun par un bras.

— Nous sommes sauvés, s'écrièrent Bergounhoux et Pagès, nous sortirons d'ici.

Tremblant d'épouvante, je me rejetai en arrière ; j'étais glacé d'horreur, à moitié mort.

— Ce n'était pas un honnête homme, dit l'oncle Gaspard.

Le magister ne parlait pas, mais bientôt il murmura entre ses dents :

— Après tout il nous diminuait notre portion d'oxygène.

Ce mot que j'entendais pour la première fois me frappa, et après un moment de réflexion, je demandai au magister ce qu'il avait voulu dire :

— Une chose injuste et égoïste, garçon, et que je regrette.

— Mais quoi ?

— Nous vivons de pain et d'air ; le pain, nous n'en avons pas ; l'air, nous n'en sommes guère plus riches, car celui que nous consommons ne se renouvelle pas ;

j'ai dit en le voyant disparaître qu'il ne nous mangerait plus une partie de notre air respirable; et cette parole, je me la reprocherai toute ma vie.

— Allons donc, dit l'oncle Gaspard, il n'avait pas volé son sort.

— Maintenant, tout va bien marcher, dit Pagès en frappant avec ses deux pieds contre la paroi de la remontée.

Si tout ne marcha pas bien et vite comme l'espérait Pagès, ce ne fut pas la faute des ingénieurs et des ouvriers qui travaillaient à notre sauvetage.

La descente qu'on avait commencé à creuser avait été continuée sans une minute de repos. Mais le travail était difficile.

Le charbon à travers lequel on se frayait un passage était ce que les mineurs appellent *nerveux*, c'est-à-dire très-dur, et comme un seul piqueur pouvait travailler à cause de l'étroitesse de la galerie, on était obligé de relayer souvent ceux qui prenaient ce poste, tant ils mettaient d'ardeur à la besogne les uns et les autres.

En même temps l'aérage de cette galerie se faisait mal : on avait, à mesure qu'on avançait, placé des tuyaux en fer-blanc dont les joints étaient lutés avec de la terre glaise, mais bien qu'un puissant ventilateur à bras envoyât de l'air dans ces tuyaux les lampes ne brûlaient que devant l'orifice du tuyau.

Tout cela retardait le percement, et le septième jour depuis notre engloutissement on n'était encore arrivé qu'à une profondeur de vingt mètres. Dans les conditions ordinaires, cette percée eût demandé plus d'un mois, mais avec les moyens dont on disposait et l'ardeur déployée, c'était peu.

Il fallait d'ailleurs tout le noble entêtement de l'ingénieur pour continuer ce travail, car de l'avis unanime il était malheureusement inutile. Tous les mineurs engloutis avaient péri. Il n'y avait désormais qu'à continuer l'épuisement au moyen des *bennes*, et un jour ou l'autre on retrouverait tous les cadavres. Alors de quelle importance était-il d'arriver quelques heures plus tôt ou quelques heures plus tard?

C'était là l'opinion des gens compétents aussi bien que du public ; les parents eux-mêmes, les femmes, les mères avaient pris le deuil. Personne ne sortirait plus vivant de la Truyère.

Sans ralentir les travaux d'épuisement qui marchaient sans autres interruptions que celles qui résultaient des avaries dans les appareils, l'ingénieur, en dépit des critiques universelles et des observations de ses confrères ou de ses amis, faisait continuer la descente.

Il y avait en lui l'obstination qui fit trouver un nouveau monde à Colomb.

— Encore un jour, mes amis, disait-il aux ouvriers, et, si demain nous n'avons rien de nouveau, nous renoncerons; je vous demande pour vos camarades ce que je demanderais pour vous, si vous étiez à leur place.

La foi qui l'animait passait dans le cœur de ses ouvriers, qui arrivaient ébranlés par les bruits de la ville et qui partaient partageant ses convictions.

Et avec un ensemble, une activité admirables la descente se creusait.

D'un autre côté, il fallait boiser le passage de la lampisterie qui s'était éboulé dans plusieurs endroits, et ainsi, par tous les moyens possibles, il s'efforçait d'arracher à la mine son terrible secret et ses victimes, si elle en renfermait encore de vivantes.

Le septième jour, dans un changement de poste, le piqueur qui arrivait pour entamer le charbon crut entendre un léger bruit, comme des coups frappés faiblement; au lieu d'abaisser son pic il le tint levé et colla son oreille au charbon. Puis croyant se tromper, il appela un de ses camarades pour écouter avec lui. Tous deux restèrent silencieux et après un moment, un son faible, répété à intervalles réguliers, parvint jusqu'à eux.

Aussitôt la nouvelle courut de bouche en bouche, rencontrant plus d'incrédulité que de foi, et parvint à l'ingénieur, qui se précipita dans la galerie.

Enfin, il avait donc eu raison ! il y avait là des hommes vivants que sa foi allait sauver.

Plusieurs personnes l'avaient suivi, il écarta les mineurs et il écouta, mais il était si ému, si tremblant qu'il n'entendit rien.

— Je n'entends pas, dit-il, désespérément.

— C'est l'esprit de la mine, dit un ouvrier, il veut nous jouer un mauvais tour et il frappe pour nous tromper.

Mais les deux piqueurs qui avaient entendu les premiers soutinrent qu'ils ne s'étaient pas trompés et que des coups avaient répondu à leurs coups. C'étaient des hommes d'expérience vieillis dans le travail des mines et dont la parole avait de l'autorité.

L'ingénieur fit sortir ceux qui l'avaient suivi et même

tous les ouvriers qui faisaient la chaîne pour porter les déblais, ne gardant auprès de lui que les deux piqueurs.

Alors il frappèrent un appel à coups de pic fortement assénés et également espacés, puis retenant leur respiration ils se collèrent contre le charbon.

Après un moment d'attente, ils reçurent dans le cœur une commotion profonde : des coups faibles, précipités, rhythmés avaient répondu aux leurs.

— Frappez encore à coups espacés pour être bien certains que ce n'est point la répercution de vos coups.

Les piqueurs frappèrent, et aussitôt les mêmes coups rhythmés qu'ils avaient entendus, c'est-à-dire le rappel des mineurs, répondirent aux leurs.

Le doute n'était plus possible : des hommes étaient vivants, et l'on pouvait les sauver.

La nouvelle traversa la ville comme une traînée de poudre et la foule accourut à la Truyère, plus grande encore peut-être, plus émue que le jour de la catastrophe. Les femmes, les enfants, les mères, les parents des victimes arrivèrent tremblants, rayonnants d'espérance dans leurs habits de deuil.

Combien étaient vivants? Beaucoup peut-être. Le vôtre sans doute, le mien assurément.

On voulait embrasser l'ingénieur.

Mais lui impassible contre la joie comme il l'avait été contre le doute et la raillerie, ne pensait qu'au sauvetage; et pour écarter les curieux aussi bien que les parents, il demandait des soldats à la garnison pour défendre les abords de la galerie et garder la liberté du travail.

Les sons perçus étaient si faibles qu'il était impossible de déterminer la place précise d'où ils venaient. Mais l'indication cependant était suffisante pour dire que des ouvriers échappés à l'inondation se trouvaient dans une des trois remontées de la galerie plate des vieux travaux. Ce n'est plus une descente qui ira au devant des prisonniers, mais trois, de manière à arriver aux trois remontées. Lorsqu'on sera plus avancé et qu'on entendra mieux, on abandonnera les descentes inutiles pour concentrer tous les efforts sur la bonne.

Le travail reprend avec plus d'ardeur que jamais, et c'est à qui des compagnies voisines enverra à la Truyère ses meilleurs piqueurs.

A l'espérance résultant du creusement des descentes se joint celle d'arriver par la galerie, car l'eau baisse dans le puits.

Lorsque dans notre remontée nous entendîmes l'appel frappé par l'ingénieur, l'effet fut le même que lorsque nous avions entendu les *bennes* d'épuisement tomber dans les puits.

— Sauvés!

Ce fut un cri de joie qui s'échappa de nos bouches, et sans réfléchir nous crûmes qu'on allait nous donner la main.

Puis, comme pour les *bennes* d'épuisement, après l'espérance revint le désespoir.

Le bruit des pics annonçait que les travailleurs étaient bien loin encore. Vingt mètres, trente mètres peut-être. Combien faudrait-il pour percer ce massif? Nos évaluations variaient : un mois, une semaine, six jours. Comment attendre un mois, une semaine, six jours? Lequel d'entre nous vivrait encore dans six jours? Combien de jours déjà avions-nous vécu sans manger?

Seul, le magister parlait encore avec courage, mais à la longue notre abattement le gagnait, et à la longue aussi la faiblesse abattait sa fermeté.

Si nous pouvions boire à satiété, nous ne pouvions pas manger, et la faim était devenue si tyrannique, que nous avions essayé de manger du bois pourri émiété dans l'eau.

Carrory, qui était le plus affamé d'entre nous, avait coupé la botte qui lui restait, et continuellement il mâchait des morceaux de cuir.

En voyant jusqu'où la faim pouvait entraîner mes camarades, j'avoue que je me laissai aller à un sentiment de peur, qui, s'ajoutant à mes autres frayeurs, me mettait mal à l'aise. J'avais entendu Vitalis raconter souvent des histoires de naufrage, car il avait beaucoup voyagé sur mer, au moins autant que sur terre, et parmi ces histoires, il y en avait une qui, depuis que la faim nous tourmentait, me revenait sans cesse pour s'imposer à mon esprit : dans cette histoire, des matelots avaient été jetés sur un îlot de sable où ne se trouvait pas la moindre nourriture, et ils avaient tué le mousse pour le manger. Je me demandais, en entendant mes compagnons crier la faim, si pareil sort ne m'était pas réservé, et si, sur notre îlot de charbon, je ne serais pas tué aussi pour être mangé. Dans le magister et l'oncle Gaspard, j'étais sûr de trouver des défenseurs; mais Pagès, Bergounhoux et Carrory, Carrory surtout, avec ses grandes dents blanches qu'il aiguisait sur ses morceaux de bottes, ne m'inspiraient aucune confiance.

Sans doute, ces craintes étaient folles; mais dans la situation où nous étions, ce n'était pas la sage et froide raison qui dirigeait notre esprit ou notre imagination.

Ce qui augmentait encore nos terreurs, c'était l'absence de lumière. Successivement, nos lampes étaient arrivées à la fin de leur huile. Et lorsqu'il n'en était plus resté que deux, le magister avait décidé qu'elles ne seraient allumées que dans les circonstances où la lumière serait indispensable. Nous passions donc maintenant tout notre temps dans l'obscurité.

Non-seulement cela était lugubre, mais encore cela était dangereux, car si nous faisions un mouvement maladroit, nous pouvions rouler dans l'eau.

Depuis la mort de Compayrou nous n'étions plus que trois sur chaque palier et cela nous donnait un peu plus de place : l'oncle Gaspard était à un coin, le magister à un autre et moi au milieu d'eux.

A un certain moment, comme je sommeillais à moitié, je fus tout surpris d'entendre le magister parler à mi-voix comme s'il rêvait haut.

Je m'éveillai et j'écoutai.

— Il y des nuages, disait-il, c'est une belle chose que les nuages. Il y a des gens qui ne les aiment pas; moi je les aime. Ah! ah! nous aurons du vent, tant mieux, j'aime aussi le vent.

Rêvait-il? Je le secouai par le bras, mais il continua :

— Si vous voulez me donner une omelette de six œufs, non de huit; mettez-en douze, je la mangerai bien en rentrant.

— L'entendez-vous, oncle Gaspard?
— Oui, il rêve.
— Mais non, il est éveillé.
— Il dit des bêtises.
— Je vous assure qu'il est éveillé.
— Hé ! magister?
— Tu veux venir souper avec moi, Gaspard? Viens, seulement je t'annonce un grand vent.
— Il perd la tête, dit l'oncle Gaspard ; c'est la faim et la fièvre.
— Non, il est mort, dit Bergounhoux, c'est son âme qui parle; vous voyez bien qu'il est ailleurs. Où est le vent, magister, est-ce le mistral?
— Il n'y a pas de mistral dans les enfers, s'écria Pagès, et le magister est aux enfers ; tu ne voulais pas me croire quand je te disais que tu irais.

Qui les prenait donc, avaient-ils tous perdu la raison? Devenaient-ils fous ? Mais alors ils allaient se battre, se tuer. Que faire?

— Voulez-vous boire, magister ?
— Non, merci, je boirai en mangeant mon omelette.

Pendant assez longtemps ils parlèrent tous les trois ensemble sans se répondre, et, au milieu de leurs paroles incohérentes, revenaient toujours les mots « manger, sortir, ciel, vent. »

Tout à coup l'idée me vint d'allumer la lampe. Elle était posée à côté du magister avec les allumettes, je la pris.

A peine eut-elle jeté sa flamme qu'ils se turent.

Puis après un moment de silence ils demandèrent ce

qui se passait exactement, comme s'ils sortaient d'un rêve.

— Vous aviez le délire, dit l'oncle Gaspard.
— Qui ça ?
— Toi, magister, Pagès et Bergounhoux ; vous disiez que vous étiez dehors et qu'il faisait du vent.

De temps en temps nous frappions contre la paroi pour dire à nos sauveurs que nous étions vivants, et nous entendions leurs pics saper sans repos le charbon. Mais c'était bien lentement que leurs coups augmentaient de puissance, ce qui disait qu'ils étaient encore loin.

Quand la lampe fut allumée je descendis chercher de l'eau dans la botte, et il me sembla que les eaux avaient baissé dans le trou de quelques centimètres.

— Les eaux baissent.
— Mon Dieu !

Et une fois encore nous eûmes un transport d'espérance.

On voulait laisser la lampe allumée pour voir la marche de l'abaissement, mais le magister s'y opposa.

Alors je crus qu'une révolte allait éclater. Mais le magister ne demandait jamais rien sans nous donner de bonnes raisons.

— Nous aurons besoin des lampes plus tard ; si nous les usons tout de suite pour rien, comment ferons-nous quand elles nous seront nécessaires ? Et puis croyez-vous que vous ne mourrez pas d'impatience à voir l'eau baisser insensiblement ? Car il ne faut pas vous attendre à ce qu'elle va baisser tout d'un coup. Nous serons sauvés, prenez donc courage. Nous avons encore treize allumettes. On s'en servira toutes les fois que vous le demanderez.

La lampe fut éteinte. Nous avions tous bu abondamment; le délire ne nous reprit pas. Et pendant de longues heures, des journées peut-être, nous restâmes immobiles, n'ayant pour soutenir notre vie que le bruit des pics qui creusaient la descente et celui des *bennes* dans les puits.

Insensiblement, ces bruits devenaient de plus en plus forts; l'eau baissait, et l'on se rapprochait de nous. Mais arriverait-on à temps? Si le travail de nos sauveurs augmentait utilement d'instant en instant, notre faiblesse d'instant en instant aussi devenait plus grande, plus douloureuse : faiblesse de corps, faiblesse d'esprit. Depuis le jour de l'inondation, mes camarades n'avaient pas mangé. Et ce qu'il y avait de plus terrible encore, nous n'avions respiré qu'un air qui ne se renouvelant pas devenait de jour en jour moins respirable et plus malsain. Heureusement, à mesure que les eaux avaient baissé, la pression atmosphérique avait diminué, car si elle était restée celle des premières heures, nous serions morts assurément asphyxiés. Aussi de toutes les manières si nous avons été sauvés, l'avons-nous dû à la promptitude avec laquelle le sauvetage a été commandé et organisé.

Le bruit des pics et des *bennes* était d'une régularité absolue comme celle d'un balancier d'horloge; et chaque interruption de poste nous donnait de fiévreuses émotions. Allait-on nous abandonner, ou rencontrait-on des difficultés insurmontables? Pendant une de ces interruptions un bruit formidable s'éleva, un ronflement, un soufflement puissant.

— Les eaux tombent dans la mine, s'écria Carrory.
— Ce n'est pas l'eau, dit le magister.
— Qu'est-ce?
— Je ne sais pas; mais ce n'est pas l'eau.

Bien que le magister nous eût donné de nombreuses preuves de sa sagacité et de sa sûreté d'intuition, on ne le croyait que s'il appuyait ses paroles de raisons démonstratives. Avouant qu'il ne connaissait pas la cause de ce bruit (qui, nous l'avons su plus tard, était celui d'un ventilateur à engrenages, monté pour envoyer de l'air aux travailleurs), on revint avec une épouvante folle à l'idée de l'inondation.

— Allume la lampe.
— C'est inutile.
— Allume, allume!

Il fallut qu'il obéît, car toutes les voix s'étaient réunies dans cet ordre.

La clarté de la lampe nous fit voir que l'eau n'avait pas monté et qu'elle descendait plutôt.

— Vous voyez bien, dit le magister.
— Elle va monter; cette fois il faut mourir.
— Eh bien, autant en finir tout de suite, je n'en peux plus.
— Donne la lampe, magister, je veux écrire un papier pour ma femme et les enfants.
— Ecris pour moi.
— Pour moi aussi.

C'était Bergounhoux qui avait demandé la lampe pour écrire avant de mourir à sa femme et à ses enfants; il avait dans sa poche un morceau de papier et un bout crayon; il se prépara à écrire.

— Voilà ce que je veux dire:

« Nous Gaspard, Pagès, le magister, Carrory et Remi » enfermés dans la remontée, nous allons mourir.

» Moi, Bergounhoux, je demande à Dieu qu'il serve » d'époux à la veuve et de père aux orphelins : je leur » donne ma bénédiction. »

— Toi, Gaspard?

« Gaspard donne ce qu'il a à son neveu Alexis. »

» Pagès recommande sa femme et ses enfants au » bon Dieu, à la sainte Vierge et à la compagnie. »

— Toi, magister?

— Je n'ai personne, dit le magister tristement, personne ne me pleurera.

— Toi, Carrory?

— Moi, s'écria Carrory, je recommande qu'on vende mes châtaignes avant de les roussir.

— Notre papier n'est pas pour ces bêtises-là.

— Ce n'est pas une bêtise.

— N'as-tu personne à embrasser? ta mère?

— Ma mère, elle héritera de moi.

— Et toi, Remi?

» Remi donne Capi et sa harpe à Mattia; il em- » brasse Alexis et lui demande d'aller trouver Lise, et, » en l'embrassant, de lui rendre une rose séchée qui » est dans sa veste. »

— Nous allons tous signer.

— Moi, je vais faire une croix, dit Pagès.

— Maintenant, dit Bergounhoux, quand le papier eût été signé par tous, je demande qu'on me laisse mourir tranquille, sans me parler. Adieu, les camarades.

Et quittant son palier, il vint sur le nôtre nous embrasser tous les trois, remonta sur le sien, embrassa Pagès et Carrory, puis, ayant fait un amas de poussier, il posa sa tête dessus, s'étendit tout de son long et ne bougea plus.

Les émotions de la lettre et cet abandon de Bergounhoux ne nous mirent pas le courage au cœur.

Cependant les coups de pic étaient devenus plus distincts, et bien certainement on s'était approché de nous de manière à nous atteindre bientôt peut-être.

Ce fut ce que le magister nous expliqua pour nous rendre un peu de force.

— S'ils étaient si près que tu crois, on les entendrait crier, et on ne les entend pas, pas plus qu'ils ne nous entendent nous-mêmes.

— Ils peuvent être à quelques mètres à peine et ne pas entendre nos voix ; cela dépend de la nature du massif qu'elles ont à traverser.

— Ou de la distance.

Cependant les eaux baissaient toujours, et nous eûmes bientôt une preuve qu'elles n'atteignaient plus le toit des galeries.

Nous entendîmes un grattement sur le schiste de la remontée et l'eau clapota comme si des petits morceaux de charbon avaient tombé dedans.

On alluma la lampe, et nous vîmes des rats qui couraient au bas de la remontée. Comme nous ils avaient trouvé un refuge dans une cloche d'air, et lorsque les eaux avaient baissé, ils avaient abandonné leur abri pour chercher de la nourriture. S'ils avaient pu venir jusqu'à nous c'est que l'eau n'emplissait plus les galeries dans toute leur hauteur.

Ces rats furent pour notre prison ce qu'a été la colombe pour l'arche de Noé : la fin du déluge.

— Bergounhoux, dit le magister en se haussant jusqu'au palier supérieur, reprends courage.

Et il lui expliqua comment les rats annonçaient notre prochaine délivrance.

Mais Bergounhoux ne se laissa pas entraîner.

— S'il faut passer encore de l'espérance au désespoir, j'aime mieux ne pas espérer ; j'attends la mort, si c'est le salut qui vient, béni soit Dieu.

Je voulus descendre au bas de notre remontée pour bien voir les progrès de la baisse des eaux. Ces progrès étaient sensibles et maintenant il y avait un grand vide entre l'eau et le toit de la galerie.

— Attrape-nous des rats, me cria Carrory, que nous les mangions.

Mais pour attraper les rats il eût fallu plus agile que moi.

Pourtant l'espérance m'avait ranimé et le vide dans la galerie m'inspirait une idée qui me tourmentait. Je remontai à notre palier.

— Magister, j'ai une idée : puisque les rats circulent dans la galerie, c'est qu'on peut passer; je vais aller en nageant jusqu'aux échelles et appeler : on viendra nous chercher; ce sera plus vite fait que par la descente.

— Je te le défends!

— Mais, magister, je nage comme vous marchez et suis dans l'eau comme une anguille

— Et le mauvais air?

— Puisque les rats passent, l'air ne sera pas plus mauvais pour moi qu'il n'est pour eux.

— Vas-y, Remi, cria Pagès, je te donnerai ma montre.

— Gaspard, qu'est-ce que vous en dites? demanda le magister.

— Rien; s'il croit pouvoir aller aux échelles qu'il y aille, je n'ai pas le droit de l'en empêcher.

— Et s'il se noie?

— Et s'il se sauve au lieu de mourir ici en attendant?

Un moment le magister resta à réfléchir, puis me prenant la main:

— Tu as du cœur, petit, fais comme tu veux; je crois que c'est l'impossible que tu essayes, mais ce n'est pas la première fois que l'impossible réussit. Embrasse-nous.

Je l'embrassai ainsi que l'oncle Gaspard, puis ayant quitté mes vêtements, je descendis dans l'eau.

— Vous crierez toujours, dis-je avant de me mettre à nager, votre voix me guidera.

Quel était le vide sous le toit de la galerie? Etait-il assez grand pour me mouvoir librement? C'était là la question.

Après quelqeus brasses, je trouvai que je pouvais nager en allant doucement de peur de me cogner la tête: l'aventure que je tentais était donc possible. Au bout, était-ce la délivrance, était-ce la mort?

Je me retournai et j'aperçus la lueur de la lampe que reflétaient les eaux noires: là j'avais un phare.

— Vas-tu bien? criait le magister.
— Oui.
Et j'avançais avec précaution.

De notre remontée aux échelles la difficulté était dans la direction à suivre, car je savais qu'à un endroit, qui n'était pas bien éloigné, il y avait une rencontre de galeries. Il ne fallait pas se tromper dans l'obscurité, sous peine de se perdre. Pour me diriger, le toit et les parois de la galerie n'étaient pas suffisants, mais j'avais sur le sol un guide plus sûr, c'étaient les rails. En les suivant, j'étais certain de trouver les échelles.

De temps en temps, je laissais descendre mes pieds, et après avoir rencontré les tiges de fer, je me redressais doucement. Les rails sous mes pieds, les voix de mes camarades derrière moi, je n'étais pas perdu.

L'affaiblissement des voix d'un côté, le bruit plus fort des *bennes* d'épuisement d'un autre me disaient que j'avançais. Enfin je reverrais donc la lumière du jour, et par moi mes camarades allaient être sauvés ! Cela soutenait mes forces.

Avançant droit au milieu de la galerie, je n'avais qu'à me mettre droit pour rencontrer le rail, et le plus souvent je me contentais de le toucher du pied. Dans un de ces mouvements ne l'ayant pas trouvé avec le pied, je plongeai pour le chercher avec les mains, mais inutilement; j'allai d'une paroi à l'autre de la galerie, je ne trouvai rien.

Je m'étais trompé.

Je restai immobile pour me reconnaître et réfléchir; les voix de mes camarades ne m'arrivaient plus que comme un très-faible murmure à peine perceptible. Lorsque j'eus respiré et pris une bonne provision d'air, je plongeai de nouveau, mais sans être plus heureux que la première fois. Pas de rails.

J'avais pris la mauvaise galerie sans m'en apercevoir, il fallait revenir en arrière.

Mais comment? mes camarades ne criaient plus, ou ce qui était la même chose, je ne les entendais pas.

Je restai un moment paralysé par une poignante angoisse, ne sachant de quel côté me diriger. J'étais donc perdu, dans cette nuit noire, sous cette lourde voûte, dans cette eau glacée.

Mais tout à coup le bruit des voix reprit et je sus par où je devais me tourner.

Après être revenu d'une douzaine de brasses en arrière, je plongeai et retrouvai le rail. C'était donc là qu'était la bifurcation. Je cherchai la plaque, je ne la trouvai pas; je cherchai les ouvertures qui devaient être dans la galerie; à droite comme à gauche je rencontrai la paroi. Où était le rail?

Je le suivis jusqu'au bout; il s'interrompait brusquement.

Alors je compris que le chemin de fer avait été arraché, bouleversé par le tourbillon des eaux et que je n'avais plus de guide.

Dans ces conditions, mon projet devenait impossible, et je n'avais plus qu'à revenir sur mes pas.

J'avais déjà parcouru la route, je savais qu'elle était sans danger, je nageai rapidement pour regagner la remontée : les voix me guidaient.

A mesure que je me rapprochais il me semblait que ces voix étaient plus assurées, comme si mes camarades avaient pris de nouvelles forces.

Je fus bientôt à l'entrée de la remontée et je criai à mon tour.

— Arrive, arrive, me dit le magister.

— Je n'ai pas trouvé le passage.

— Cela ne fait rien ; la descente avance, ils entendent nos cris, nous entendons les leurs ; nous allons nous parler bientôt.

Rapidement j'escaladai la remontée et j'écoutai. En effet les coups de pic étaient beaucoup plus forts ; et les cris de ceux qui travaillaient à notre délivrance nous arrivaient faibles encore, mais cependant déjà bien distincts.

Après le premier mouvement de joie, je m'aperçus que j'étais glacé, mais, comme il n'y avait pas de vêtements chauds à me donner pour me sécher on m'enterra jusqu'au cou dans le charbon menu, qui conserve toujours une certaine chaleur, et l'oncle Gaspard avec le magister se serrèrent contre moi. Alors je leur racontai mon exploration et comment j'avais perdu les rails.

— Tu as osé plonger ?

— Pourquoi pas ? malheureusement, je n'ai rien trouvé.

Mais, ainsi que l'avait dit le magister cela importait peu maintenant ; car, si nous n'étions pas sauvés par la galerie nous allions l'être par la descente.

Les cris devinrent assez distincts pour espérer qu'on allait entendre les paroles.

En effet, nous entendîmes bientôt ces trois mots prononcés lentement :

— Combien êtes-vous ?

De nous tous c'était l'oncle Gaspard qui avait la parole la plus forte et la plus claire. On le chargea de répondre.

— Six !

Il y eut un moment de silence. Sans doute au dehors ils avaient espéré un plus grand nombre

— Dépêchez-vous, cria l'oncle Gaspard, nous sommes à bout.

— Vos noms ?

Il dit nos noms :

— Bergounhoux, Pagès, le magister, Carrory, Remi, Gaspard.

Dans notre sauvetage, ce fut là, pour ceux qui étaient au dehors, le moment le plus poignant. Quand ils avaient su qu'on allait bientôt communiquer avec nous, tous les parents, tous les amis des mineurs engloutis étaient accourus, et les soldats avaient grand'-peine à les contenir au bout de la galerie.

Quand l'ingénieur annonça que nous n'étions que six, il y eut un douloureux désappointement, mais avec une espérance encore pour chacun, car parmi ces six pouvait, devait se trouver celui qu'on attendait.

Il répéta nos noms.

Hélas ! sur cent vingt mères ou femmes, il y en eut quatre seulement qui virent leurs espérances réalisées. Que de douleurs, que de larmes !

Nous de notre côté nous pensions aussi à ceux qui avaient dû être sauvés.

— Combien ont été sauvés ? demanda l'oncle Gaspard.

On ne répondit pas.

— Demande où est Marius, dit Pagès.

La demande fut faite ; comme la première, elle resta sans réponse.

— Ils n'ont pas entendu.

— Dis plutôt qu'ils ne veulent pas répondre.

Il y avait une question qui me tourmentait.

— Demandez donc depuis combien de temps nous sommes là.

— Depuis quatorze jours.

Quatorze jours ! Celui de nous qui dans ses évaluations avait été le plus haut avait parlé de cinq ou six jours.

— Vous ne resterez pas longtemps maintenant. Prenez courage. Ne parlons plus, cela retarde le travail. Encore quelques heures.

Ce furent, je crois, les plus longues de notre captivité, en tous cas de beaucoup les plus douloureuses. Chaque coup de pic nous semblait devoir être le dernier ; puis, après ce coup, il en venait un autre, et après cet autre un autre encore.

De temps en temps les questions reprenaient.

— Avez-vous faim ?

— Oui, très-faim.

— Pouvez-vous attendre ? si vous êtes trop faibles, on va faire un trou de sonde et vous envoyer du bouillon, mais cela va retarder votre délivrance ; si vous pouvez attendre vous serez plus promptement en liberté.

— Nous attendrons, dépêchez-vous.

Le fonctionnement des *bennes* ne s'était pas arrêté

une minute, et l'eau baissait, toujours régulièrement.

— Annonce que l'eau baisse, dit le magister.

— Nous le savons; soit par la descente, soit par la galerie; on va venir à vous... bientôt.

Les coups de pic devinrent moins forts. Evidemment on s'attendait d'un moment à l'autre à faire une percée, et comme nous avions expliqué notre position, on craignait de causer un éboulement qui, nous tombant sur la tête, pourrait nous blesser, nous tuer, ou nous précipiter dans l'eau, pêle-mêle avec les déblais.

Le magister nous explique qu'il y a aussi à craindre l'expansion de l'air, qui, aussitôt qu'un trou sera percé, va se précipiter comme un boulet de canon et tout renverser. Il faut donc nous tenir sur nos gardes et veiller sur nous comme les piqueurs veillent sur eux.

L'ébranlement causé au massif par les coups de pic détachait dans le haut de la remontée des petits morceaux de charbon qui roulaient sur la pente et allaient tomber dans l'eau.

Chose bizarre, plus le moment de notre délivrance approchait, plus nous étions faibles: pour moi je ne pouvais pas me soutenir, et couché dans mon charbon menu, il m'était impossible de me soulever sur le bras; je tremblais et cependant je n'avais plus froid.

Enfin, quelques morceaux plus gros se détachèrent et roulèrent entre nous: l'ouverture était faite au haut de la remontée: nous fûmes aveuglés par la clarté des lampes.

Mais instantanément, nous retombâmes dans l'obscurité; le courant d'air, un courant d'air terrible, une trombe entraînant avec elle des morceaux de charbon et des débris de toutes sortes, les avait soufflées.

— C'est le courant d'air, n'ayez pas peur, on va les rallumer au dehors. Attendez un peu.

Attendre ! Encore attendre !

Mais au même instant un grand bruit se fit dans l'eau de la galerie, et m'étant retourné, j'aperçus une forte clarté qui marchait sur l'eau clapoteuse.

— Courage ! courage ! criait-on.

Et pendant que par la descente on arrivait à donner la main aux hommes du palier supérieur, on venait à nous par la galerie.

L'ingénieur était en tête ; ce fut lui qui le premier escalada la remontée, et je fus dans ses bras avant d'avoir pu dire un mot.

Il était temps, le cœur me manqua.

Cependant j'eus conscience qu'on m'emportait ; puis, quand nous fûmes sortis de la galerie plate, qu'on m'enveloppait dans des couvertures.

Je fermai les yeux, mais bientôt j'éprouvai comme un éblouissement qui me força à les ouvrir.

C'était le jour. Nous étions en plein air.

En même temps, un corps blanc se jeta sur moi : c'était Capi, qui, d'un bond, s'était élancé dans les bras de l'ingénieur et me léchait la figure. En même temps, je sentis qu'on me prenait la main droite et qu'on m'embrassait. — Remi ! dit une voix faible (c'était celle de Mattia). Je regardai autour de moi, et alors j'aperçus une foule immense qui s'était tassée sur deux rangs, laissant un passage au milieu de la masse. Toute cette foule était silencieuse, car on avait recommandé de ne pas nous émouvoir par des cris ; mais son attitude, ses regards parlaient pour ses lèvres.

Au premier rang, il me sembla apercevoir des surplis blancs et des ornements dorés qui brillaient au soleil. C'était le clergé de Varses qui était venu à l'entrée de la mine prier pour notre délivrance.

Quand nous parûmes, il se mit à genoux sur la poussière, car pendant ces quatorze jours, la terre mouillée par l'orage avait eu le temps de sécher.

Vingt bras se tendirent pour me prendre, mais l'ingénieur ne voulut pas me céder et, fier de son triomphe, heureux et superbe, il me porta jusqu'aux bureaux où des lits avaient été préparés pour nous recevoir.

Deux jours après je me promenais dans les rues de Varses suivi de Mattia, d'Alexis, de Capi, et tout le monde sur mon passage s'arrêtait pour me regarder.

Il y en avait qui venaient à moi et me serraient la main avec des larmes dans les yeux.

Et il y en avait d'autres qui détournaient la tête. Ceux-là étaient en deuil et se demandaient amèrement pourquoi c'était l'enfant orphelin qui avait été sauvé, tandis que le père de famille, le fils étaient encore dans la mine, misérables cadavres charriés, ballottés par les eaux.

Mais parmi ceux qui m'arrêtaient ainsi il y en avait qui étaient tout à fait gênants, ils m'invitaient à dîner ou bien à entrer au café.

— Tu nous raconteras ce que tu as éprouvé, disaient-ils.

Et je remerciais sans accepter, car il ne me convenait point d'aller ainsi raconter mon histoire à des indifférents, qui croyaient me payer avec un dîner ou un verre de bière.

D'ailleurs j'aimais mieux écouter que raconter, et j'écoutais Alexis, j'écoutais Mattia qui me disaient ce qui s'était passé sur terre pendant que nous étions sous terre.

— Quand je pensais que c'était pour moi que tu étais mort, disait Alexis, ça me cassait bras et jambes, car je te croyais bien mort.

— Moi, je n'ai jamais cru que tu étais mort, disait Mattia, je ne savais pas si tu sortirais vivant de la mine et si l'on arriverait à temps pour te sauver, mais je croyais que tu ne t'étais pas laissé noyer, de sorte que si les travaux de sauvetage marchaient assez vite on te trouverait quelque part. Alors, tandis qu'Alexis se désolait et te pleurait, moi je me donnais la fièvre en me disant : « Il n'était pas mort, mais il va peut-être mourir. » Et j'interrogeais tout le monde : « Combien peut-on vivre de temps sans manger ? Quand aura-t-on épuisé l'eau ? Quand la galerie sera-t-elle percée ? » Mais personne ne me répondait comme je voulais. Quand on vous a demandé vos noms et que l'ingénieur après Carrrory, a crié Remi, je me suis laissé aller sur la terre en pleurant, et alors on m'a un peu marché sur le corps, mais je ne l'ai pas senti tant j'étais heureux.

Je fus très-fier de voir que Mattia avait une telle confiance en moi qu'il ne voulait pas croire que je pouvais mourir.

VII

UNE LEÇON DE MUSIQUE

Je m'étais fait des amis dans la mine : de pareilles angoisses supportées en commun unissent les cœurs ; on souffre, on espère ensemble, on ne fait qu'un.

L'oncle Gaspard ainsi que le magister particulièrement m'avaient pris en grande affection; et bien que l'ingénieur n'eût point partagé notre emprisonnement, il s'était attaché à moi comme à un enfant qu'on a arraché à la mort; il m'avait invité chez lui et, pour sa fille, j'avais dû faire le récit de tout ce qui nous était arrivé pendant notre long ensevelissement dans la remontée.

Tout le monde voulait me garder à Varses.

— Je te trouverai un piqueur, me disait l'oncle Gaspard, et nous ne nous quitterons plus.

— Si tu veux un emploi dans les bureaux, me disait l'ingénieur, je t'en donnerai un.

L'oncle Gaspard trouvait tout naturel que je retournasse dans la mine, où il allait bientôt redescendre lui-même avec l'insouciance de ceux qui sont habitués à braver chaque jour le danger, mais moi qui n'avais pas son insouciance ou son courage, je n'étais nullement disposé à reprendre le métier de rouleur. C'était très-beau une mine, très-curieux, j'étais heureux d'en avoir vu une, mais je l'avais assez vue, et je ne me sentais pas la moindre envie de retourner dans une remontée.

A cette pensée seule, j'étouffais. Je n'étais décidément pas fait pour le travail sous terre ; la vie en plein air, avec le ciel sur la tête, même un ciel neigeux, me convenait mieux. Ce fut ce que j'expliquai à l'oncle Gaspard et au magister, qui furent, celui-ci surpris, celui-là peiné de mes mauvaises dispositions à l'égard du travail des mines ; Carrory, que je rencontrai, me dit que j'étais un capon.

Avec l'ingénieur, je ne pouvais pas répondre que je ne voulais plus travailler sous terre, puisqu'il m'offrait de m'employer dans ses bureaux et de m'instruire si je voulais être attentif à ses leçons ; j'aimai mieux lui raconter la vérité entière, ce que je fis.

— Et puis, tu aimes la vie en plein air, dit-il, l'aventure et la liberté ; je n'ai pas le droit de te contrarier, mon garçon, suis ton chemin.

Cela était vrai que j'aimais la vie en plein air, je ne l'avais jamais mieux senti que pendant mon emprisonnement dans la remontée : ce n'est pas impunément qu'on s'habitue à aller où l'on veut, à faire ce que l'on veut, à être son maître.

Pendant qu'on essayait de me retenir à Varses, Mattia avait paru sombre et préoccupé ; je l'avais questionné; il m'avait toujours répondu qu'il était comme à son ordinaire; et ce ne fut que quand je lui dis que nous partirions dans trois jours qu'il m'avoua la cause de cette tristesse en me sautant au cou.

— Alors tu ne m'abandonneras pas? s'écria-t-il.

Sur ce mot je lui allongeai une bonne bourrade, pour lui apprendre à douter de moi, et aussi un peu pour cacher l'émotion qui m'avait étreint le cœur en entendant ce cri d'amitié.

Car c'était l'amitié seule qui avait provoqué ce cri et non l'intérêt. Mattia n'avait pas besoin de moi pour gagner sa vie, il était parfaitement capable de la gagner tout seul.

A vrai dire même, il avait pour cela des qualités natives que je ne possédais pas au même degré que lui, il s'en fallait de beaucoup. D'abord il était bien plus apte que moi à jouer de tous les instruments, à chanter, à danser, à remplir tous les rôles. Et puis il savait encore bien mieux que moi engager « l'honorable société, » comme disait Vitalis, à mettre la main à la poche. Rien que par son sourire, ses yeux doux, ses dents blanches, son air ouvert, il touchait les cœurs les moins sensibles à la générosité, et sans rien demander il inspirait aux gens l'envie de donner; on avait plaisir à lui faire plaisir. Cela était si vrai que, pendant sa courte expédition avec Capi, tandis que je me faisais rouleur, il avait trouvé le moyen d'amasser dix-huit francs, ce qui était une somme considérable.

Cent vingt-huit francs que nous avions en caisse et dix-huit francs gagnés par Mattia, cela faisait un total de cent quarante-six francs; il ne manquait donc plus que quatre francs pour acheter la vache du prince.

Bien que je ne voulusse pas travailler aux mines, ce ne fut pas sans chagrin que je quittai Varses, car il fallut me séparer d'Alexis, de l'oncle Gaspard et du magister; mais c'était ma destinée de me séparer de ceux que j'aimais et qui me témoignaient de l'affection.

En avant!

La harpe sur l'épaule et le sac au dos, nous voilà de nouveau sur les grands chemins avec Capi joyeux qui se roule dans la poussière.

J'avoue que ce ne fut pas sans un sentiment de satisfaction, lorsque nous fûmes sortis de Varses, que je frappai du pied le route sonore, qui retentissait autrement que le sol boueux de la mine : le bon soleil, les beaux arbres!

Avant notre départ, nous avions, Mattia et moi, longuement discuté notre itinéraire, car je lui avais appris à lire sur les cartes et il ne s'imaginait plus que les distances n'étaient pas plus longues pour les jambes qui font une route, que pour le doigt qui sur une carte va d'une ville à une autre. Après avoir bien pesé le pour et le contre, nous avions décidé qu'au lieu de nous diriger directement sur Ussel et de là sur Chavanon, nous passerions par Clermont, ce qui n'allongerait pas beaucoup notre route et ce qui nous donnerait l'avantage d'exploiter les villes d'eaux, à ce moment pleines de malades, Saint-Nectaire, le Mont-Dore, Royat, la Bourboule. Pendant que je faisais le métier de rouleur, Mattia dans son excursion avait rencontré un montreur d'ours qui se rendait à ces villes d'eaux, où, avait-il dit, on pouvait gagner de l'argent. Or Mattia voulait gagner de l'argent, trouvant que cent cinquante francs pour acheter une vache, ce n'était pas assez. Plus nous aurions d'argent, plus la vache serait belle, plus la vache serait belle, plus mère Barberin serait contente, et plus mère Barberin serait contente, plus nous serions heureux de notre côté.

Il fallait donc nous diriger vers Clermont.

En venant de Paris à Varses, j'avais commencé l'instruction de Mattia, lui apprenant à lire et lui enseignant aussi les premiers éléments de la musique ; de Varses à Clermont, je continuai mes leçons.

Soit que je ne fusse pas un très-bon professeur, — ce qui est bien possible, — soit que Mattia ne fût pas un bon élève, — ce qui est possible aussi, — toujours est-il qu'en lecture les progrès furent lents et difficiles, ainsi que je l'ai déjà dit.

Mattia avait beau s'appliquer et coller ses yeux sur le livre, il lisait toutes sortes de choses fantaisistes qui faisaient plus d'honneur à son imagination qu'à son attention.

Alors quelquefois l'impatience me prenait et, frappant sur le livre, je m'écriais avec colère que décidément il avait la tête trop dure.

Sans se fâcher, il me regardait avec ses grands yeux doux, et souriant :

— C'est vrai, disait-il, je ne l'ai tendre que quand on cogne dessus : Garofoli, qui n'était pas bête, avait tout de suite trouvé cela.

Comment rester en colère devant une pareille réponse ? Je riais et nous reprenions la leçon.

Mais en musique les mêmes difficultés ne s'étaient pas présentées, et dès le début Mattia avait fait des progrès étonnants, et si remarquables, que bien vite il en était arrivé à m'étonner par ses questions : puis après m'avoir étonné, il m'avait embarrassé, et enfin il m'avait plus d'une fois interloqué au point que j'étais resté court.

Et j'avoue que cela m'avait vexé et mortifié ; je prenais au sérieux mon rôle de professeur, et je trouvais humiliant que mon élève m'adressât des questions auxquelles je ne savais que répondre ; il me semblait que c'était jusqu'à un certain point tricher.

Et il ne me les épargnait pas les questions, mon élève :

— Pourquoi n'écrit-on pas la musique sur la même clef ?

— Pourquoi emploie-t-on les dièzes en montant et les bémols en descendant ?

— Pourquoi la première et la dernière mesure d'un morceau ne contiennent-elles pas toujours le nombre de temps régulier ?

— Pourquoi accorde-t-on un violon sur certaines notes plutôt que sur d'autres ?

A cette dernière question j'avais dignement répondu que le violon n'étant pas mon instrument, je ne m'étais jamais occupé de savoir comment on devait ou l'on ne devait pas l'accorder, et Mattia n'avait eu rien à répliquer.

Mais cette manière de me tirer d'affaire n'avait pas

été de mise avec des questions comme celles qui se rapportaient aux clefs ou aux bémols : cela s'appliquait tout simplement à la musique, à la théorie de la musique ; j'étais professeur de musique, professeur de solfége, je devais répondre ou je perdais, je le sentais bien, mon autorité et mon prestige ; or, j'y tenais beaucoup à mon autorité et à mon prestige.

Alors, quand je ne savais pas ce qu'il y avait à répondre, je me tirais d'embarras comme l'oncle Gaspard, quand lui demandant ce que c'était que le charbon de terre, il me disait avec assurance : C'est du charbon qu'on trouve dans la terre.

Avec non moins d'assurance, je répondais à Mattia, lorsque je n'avais rien à lui répondre :

— Cela est ainsi, parce que cela doit être ainsi ; c'est une loi.

Mattia n'était pas d'un caractère à s'insurger contre une loi, seulement il avait une façon de me regarder en ouvrant la bouche et en écarquillant les yeux, qui ne me rendait pas du tout fier de moi.

Il y avait trois jours que nous avions quitté Varses, lorsqu'il me posa précisément une question de ce genre : au lieu de répondre à son pourquoi : « Je ne sais pas, » je répondis noblement : « Parce que cela est. »

Alors il parut préoccupé, et de toute la journée je ne pus pas lui tirer une parole, ce qui avec lui était bien extraordinaire, car il était toujours disposé à bavarder et à rire.

Je le pressai si bien qu'il finit par parler.

— Certainement, dit-il, tu es un bon professeur,

et je crois bien que personne ne m'aurait enseigné comme toi ce que j'ai appris ; cependant...

Il s'arrêta.

— Quoi cependant?

— Cependant, il y a peut-être des choses que tu ne sais pas ; cela arrive aux plus savants, n'est-ce pas? Ainsi, quand tu me réponds : « Cela est, parce que cela est, » il y aurait peut-être d'autres raisons à donner que tu ne donnes pas parce qu'on ne te les a pas données à toi-même. Alors, raisonnant de cette façon, je me suis dit que si tu voulais, nous pourrions peut-être acheter, oh! pas cher, un livre où se trouveraient les principes de la musique.

— Cela est juste.

— N'est-ce pas ? Je pensais bien que cela te paraîtrait juste, car enfin tu ne peux pas savoir tout ce qu'il y a dans les livres, puisque tu n'as pas appris dans les livres.

— Un bon maître vaut mieux que le meilleur livre.

— Ce que tu dis là m'amène à te parler de quelque chose encore : si tu voulais, j'irais demander une leçon à un vrai maître, une seule, et alors il faudrait bien qu'il me dise tout ce que je ne sais pas.

— Pourquoi n'as-tu pas pris cette leçon auprès d'un vrai maître pendant que tu étais seul ?

— Parce que les vrais maîtres se font payer et je n'aurais pas voulu prendre le prix de cette leçon sur ton argent.

J'étais blessé que Mattia me parlât ainsi d'un vrai maître, mais ma sotte vanité ne tint pas contre ces derniers mots.

— Tu es un trop bon garçon, lui dis-je, mon argent est ton argent, puisque tu le gagnes comme moi, mieux que moi, bien souvent ; tu prendras autant de leçons que tu voudras, et je les prendrai avec toi.

Puis j'ajoutai bravement cet aveu de mon ignorance :

— Comme cela je pourrai, moi aussi, apprendre ce que je ne sais pas.

Le maître, le vrai maître qu'il nous fallait, ce n'était pas un ménétrier de village, mais un artiste, un grand artiste, comme on en trouve seulement dans les villes importantes. La carte me disait qu'avant d'arriver à Clermont, la ville la plus importante qui se trouvait sur notre route était Mende. Mende était-il vraiment une ville importante, c'était ce que je ne savais pas, mais comme le caractère dans lequel son nom était écrit sur la carte lui donnait cette importance, je ne pouvais que croire ma carte.

Il fut donc décidé que ce serait à Mende que nous ferions la grosse dépense d'une leçon de musique ; car bien que nos recettes fussent plus que médiocres dans ces tristes montagnes de la Lozère, où les villages sont rares et pauvres, je ne voulais pas retarder davantage la joie de Mattia.

Après avoir traversé dans toute son étendue le *causse* Méjean, qui est bien le pays le plus désolé et le plus misérable du monde, sans bois, sans eaux, sans cultures, sans villages, sans habitants, sans rien de ce qui est la vie, mais avec d'immenses et mornes solitudes qui ne peuvent avoir de charmes que pour ceux qui les parcourent rapidement en voiture, nous arrivâmes enfin à Mende.

Comme il était nuit depuis quelques heures déjà, nous ne pouvions aller ce soir-là même prendre notre leçon ; d'ailleurs nous étions morts de fatigue.

Cependant Mattia était si pressé de savoir si Mende, qui ne lui avait nullement paru la ville importante dont je lui avais parlé, possédait un maître de musique, que tout en soupant je demandai à la maîtresse de l'auberge où nous étions descendus, s'il y avait dans la ville un bon musicien qui donnât des leçons de musique.

Elle nous répondit qu'elle était bien surprise de notre question ; nous ne connaissions donc pas M. Espinassous ?

— Nous venons de loin, dis-je.

— De bien loin, alors ?

— De l'Italie, répondit Mattia.

Alors son étonnement se dissipa, et elle parut admettre que, venant de si loin, nous pussions ne pas connaître M. Espinassous ; mais bien certainement si nous étions venus seulement de Lyon ou de Marseille, elle n'aurait pas continué de répondre à des gens assez mal éduqués pour n'avoir pas entendu parler de M. Espinassous.

— J'espère que nous sommes bien tombés, dis-je à Mattia en italien.

Et les yeux de mon associé s'allumèrent. Assurément, M. Espinassous allait répondre le pied levé à toutes ses questions ; ce ne serait pas lui qui resterait embarrassé pour expliquer les raisons qui voulaient qu'on employât les bémols en descendant et les dièzes en montant.

Une crainte me vint : un artiste aussi célèbre consentirait-il à donner une leçon à de pauvres misérables tels que nous?

— Et il est très-occupé, M. Espinassous? dis-je.

— Oh! oui! je le crois bien qu'il est occupé; comment ne le serait-il pas?

— Croyez-vous qu'il voudra nous recevoir demain matin?

— Bien sûr; il reçoit tout le monde, quand on a de l'argent dans la poche, s'entend.

Comme c'était ainsi que nous l'entendions nous aussi, nous fûmes rasusrés, et avant de nous endormir nous discutâmes longuement, malgré la fatigue, toutes les questions que nous poserions le lendemain à cet illustre professeur.

— Après avoir fait une toilette soignée, c'est-à-dire une toilette de propreté, la seule que nous pussions nous permettre puisque nous n'avions pas d'autres vêtements que ceux que nous portions sur notre dos, nous prîmes nos instruments, Mattia son violon, moi ma harpe, et nous nous mîmes en route pour nous rendre chez M. Espinassous.

Capi avait, comme de coutume, voulu venir avec nous, mais nous l'avions attaché dans l'écurie de l'aubergiste, ne croyant pas qu'il était convenable de se présenter avec un chien chez le célèbre musicien de Mende.

Quand nous fûmes arrivés devant la maison qui nous avait été indiquée comme étant celle du professeur, nous crûmes que nous nous étions trompés, car à la devanture de cette maison se balançaient deux petits plats à barbe en cuivre, ce qui n'a jamais été l'enseigne d'un maître de musique.

Comme nous restions à regarder cette devanture qui avait tout l'air d'être celle d'un barbier, une personne vint à passer, et nous l'arrêtâmes pour lui demander où demeurait M. Espinassous.

— Là, dit-elle, en nous indiquant la boutique du barbier.

Après tout, pourquoi un professeur de musique n'aurait-il pas demeuré chez un barbier?

Nous entrâmes : la boutique était divisée en deux parties égales ; dans celle de droite, sur des planches, se trouvaient des brosses, des peignes, des pots de pommade, des savons ; dans celle de gauche, sur un établi et contre le mur étaient posés ou accrochés des instruments de musique, des violons, des cornets à piston, des trompettes à coulisse.

— Monsieur Espinassous ? demanda Mattia.

Un petit homme vif et frétillant comme un oiseau, qui était en train de raser un paysan assis dans un fauteuil, répondit d'une voix de basse-taille :

— C'est moi.

Je lançai un coup d'œil à Mattia pour lui dire que le barbier-musicien n'était pas l'homme qu'il nous fallait pour nous donner notre leçon, et que ce serait jeter notre argent par la fenêtre que de s'adresser à lui ; mais au lieu de me comprendre et de m'obéir, Mattia alla s'asseoir sur une chaise, et d'un air délibéré :

— Est-ce que vous voudrez bien me couper les cheveux quand vous aurez rasé monsieur ? dit-il.

— Certainement, jeune homme, et je vous raserai aussi si vous voulez.

— Je vous remercie, dit Mattia, pas aujourd'hui, quand je repasserai.

J'étais ébahi de l'assurance de Mattia ; il me lança un coup d'œil à la dérobée pour me dire d'attendre un moment avant de me fâcher.

Bientôt Espinassous eut fini de raser son paysan, et, la serviette à la main, il vint pour couper les cheveux de Mattia.

— Monsieur, dit Mattia pendant qu'on lui nouait la serviette autour du cou, nous avons une discussion, mon camarade et moi, et comme nous savons que vous êtes un célèbre musicien, nous pensons que vous voudrez bien nous donner votre avis sur ce qui nous embarrasse.

— Dites un peu ce qui vous embarrasse, jeunes gens.

Je compris où Mattia tendait à arriver : d'abord il voulait voir si ce perruquier-musicien était capable de répondre à ses questions, puis au cas où ses réponses seraient satisfaisantes, il voulait se faire donner sa leçon de musique pour le prix d'une coupe de cheveux ; décidement il était malin, Mattia.

— Pourquoi, demanda Mattia, accorde-t-on un violon sur certaines notes et pas sur d'autres ?

Je crus que ce perruquier, qui précisément à ce moment même était en train de passer le peigne dans la longue chevelure de Mattia, allait faire une réponse dans le genre des miennes : et je riais déjà tout bas quand il prit la parole :

— La seconde corde à gauche de l'instrument devant donner le *la* au diapason normal, les autres cordes doivent être accordées de façon à ce qu'elles donnent les notes de quinte en quinte, c'est-à-dire *sol*, quatrième corde ; *ré*, troisième corde ; *la*, deuxième corde ; *mi*, première corde ou chanterelle.

Ce ne fut pas moi qui ris, ce fut Mattia ; se moquait-il de ma mine ébahie ? était-il simplement joyeux de savoir ce qu'il avait voulu apprendre ? toujours est-il qu'il riait aux éclats.

Pour moi je restais bouche ouverte à regarder ce perruquier qui tout en tournant autour de Mattia et faisant claquer ses ciseaux, débitait ce petit discours, qui me paraissait prodigieux.

— Eh bien, dit-il en s'arrêtant tout à coup devant moi, je crois bien que ce n'était pas mon petit client qui avait tort.

Tant que dura la coupe de ses cheveux Mattia ne tarit pas en questions, et à tout ce qu'on lui demanda le barbier répondit avec la même facilité et la même sûreté que pour le violon.

Mais après avoir ainsi répondu, il en vint à interroger lui-même et bientôt il sut à quelle intention nous étions venu chez lui.

Alors il se mit à rire aux éclats :

— Voilà de bons petits gamins, disait-il, sont-ils drôles.

Puis il voulut que Mattia, qui évidemment était bien plus drôle que moi, lui jouât un morceau ; et Mattia prenant bravement son violon se mit à exécuter une valse.

— Et tu ne sais pas une note de musique ! s'écriait le perruquier en claquant des mains et en tutoyant Mattia comme s'il le connaissait depuis longtemps.

J'ai dit qu'il y avait des instruments posés sur un établi et d'autres qui étaient accrochés contre le mur. Mattia ayant terminé son morceau de violon prit une clarinette.

— Je joue aussi de la clarinette, dit-il, et du cornet à piston.

— Allons, joue, s'écria Espinassous.

Et Mattia joua ainsi un morceau sur chacun de ces instruments.

— Ce gamin est un prodige, criait Espinassous ; si tu veux rester avec moi, je ferai de toi un grand musicien ; tu entends, un grand musicien ! le matin, tu raseras la pratique avec moi, et tout le reste de la journée je te ferai travailler ; et ne crois pas que je ne sois pas un maître capable de t'instruire parce que je suis perruquier ; il faut vivre, manger, boire, dormir, et voilà à quoi le rasoir est bon ; pour faire la barbe aux gens, Jasmin n'en est pas moins le plus grand poëte de France ; Agen a Jasmin, Mende a Espinassous.

En entendant la fin de ce discours, je regardai Mattia. Qu'allait-il répondre ? Est-ce que j'allais perdre mon ami, mon camarade, mon frère, comme j'avais perdu successivement tous ceux que j'avais aimés ? Mon cœur se serra. Cependant je ne m'abandonnai pas à ce sentiment. La situation ressemblait jusqu'à un certain point à celle où je m'étais trouvé avec Vitalis quand madame Milligan avait demandé à me garder près d'elle : je ne voulus pas avoir à m'adresser les mêmes reproches que Vitalis.

— Ne pense qu'à toi, Mattia, dis-je d'une voix émue.

Mais il vint vivement à moi et me prenant la main :

— Quitter mon ami ! je ne pourrais jamais. Je vous remercie, monsieur.

Espinassous insista en disant que quand Mattia aurait fait sa première éducation, on trouverait le moyen de l'envoyer à Toulouse, puis à Paris au Conservatoire ; mais Mattia répondit toujours :

— Quitter Remi, jamais !

— Eh bien, gamin, je veux faire quelque chose pour toi, dit Espinassous, je veux te donner un livre où tu apprendras ce que tu ignores.

Et il se mit à chercher dans des tiroirs : après un temps assez long, il trouva ce livre qui avait pour titre : *Théorie de la musique ;* il était bien vieux, bien usé, bien fripé, mais qu'importait.

Alors, prenant une plume, il écrivit sur la première page : « Offert à l'enfant qui, devenu un artiste, se souviendra du perruquier de Mende. »

Je ne sais s'il y avait alors à Mende d'autres professeurs de musique que le barbier Espinassous, mais voilà celui que j'ai connu et que nous n'avons jamais oublié, Mattia ni moi.

VIII

LA VACHE DU PRINCE

J'aimais bien Mattia quand nous arrivâmes à Mende ; mais quand nous sortîmes de cette ville, je l'aimais encore plus. Est-il rien de meilleur, rien de plus doux pour l'amitié que de sentir avec certitude que l'on est aimé de ceux qu'on aime?

Et quelle plus grande preuve Mattia pouvait-il me donner de son affection que de refuser, comme il l'avait fait, la proposition d'Espinassous, c'est-à-dire la tranquillité, la sécurité, le bien-être, l'instruction dans le présent et la fortune dans l'avenir, pour partager mon existence aventureuse et précaire, sans avenir et peut-être même sans lendemain.

Je n'avais pas pu lui dire devant Espinassous l'émotion que son cri : « Quitter mon ami ! » avait provoquée en moi ; mais quand nous fûmes sortis, je lui pris la main et, la lui serrant :

— Tu sais, lui dis-je, que c'est entre nous à la vie et à la mort?

Il se mit à sourire en me regardant avec ses grands yeux.

— Je savais ça avant aujourd'hui, dit-il.

Mattia, qui jusqu'alors avait très-peu mordu à la lecture, fit des progrès surprenants le jour où il lut dans la *Théorie de la musique* de Kuhn. Malheureusement je ne pus pas le faire travailler autant que j'aurais voulu et qu'il le désirait lui-même, car nous étions obligés de marcher du matin au soir, faisant de longues étapes pour traverser au plus vite ces pays de la Lozère et de l'Auvergne, qui sont peu hospitaliers pour des chanteurs et des musiciens. Sur ces pauvres terres, le paysan qui gagne peu n'est pas disposé à mettre la main à la poche; il écoute avec un air placide tant qu'on veut bien jouer; mais quand il prévoit que la quête va commencer, il s'en va ou il ferme sa porte.

Enfin, par Saint-Flour et Issoire, nous arrivâmes aux villages d'eaux qui étaient le but de notre expédition, et il se trouva par bonheur que les renseignements du montreur d'ours étaient vrais : à la Bourboule, au Mont-Dore surtout, nous fîmes de belles recettes.

Pour être juste, je dois dire que ce fut surtout à Mattia que nous les dûmes, à son adresse, à son tact. Pour moi, quand je voyais des gens assemblés, je prenais ma harpe et me mettais à jouer de mon mieux, il est vrai, mais avec une certaine indifférence. Mattia ne procédait pas de cette façon primitive ; quant à lui, il ne suffisait pas que des gens fussent rassemblés pour qu'il se mît tout de suite à jouer. Avant de prendre son violon ou son cornet à piston, il étudiait son public et il ne lui fallait pas longtemps pour voir s'il jouerait ou s'il ne jouerait pas, et surtout ce qu'il devait jouer.

A l'école de Garofoli, qui exploitait en grand la charité publique, il avait appris dans toutes ses finesses l'art si difficile de forcer la générosité ou la sympathie des gens ; et la première fois que je l'avais rencontré dans son grenier de la rue de Lourcine, il m'avait bien étonné en m'expliquant les raisons pour lesquelles les passants se décident à mettre la main à la poche ; mais il m'étonna bien plus encore quand je le vis à l'œuvre.

Ce fut dans les villes d'eaux qu'il déploya toute son adresse, et pour le public parisien, son ancien public qu'il avait appris à connaître et qu'il retrouvait là.

— Attention, me disait-il, quand nous voyions venir à nous une jeune dame en deuil dans les allées du Capucin, c'est du triste qu'il faut jouer, tâchons de l'attendrir et de la faire penser à celui qu'elle a perdu : si elle pleure, notre fortune est faite.

Et nous nous mettions à jouer avec des mouvements si ralentis, que c'était à fendre le cœur.

Il y a dans les promenades aux environs du Mont-Dore des endroits qu'on appelle des salons, ce sont des groupes d'arbres, des quinconces sous l'ombrage desquels les baigneurs vont passer quelques heures en plein air ; Mattia étudiait le public de ces salons, et c'était d'après ses observations que nous arrangions notre répertoire.

Quand nous apercevions un malade assis mélancoliquement sur une chaise, pâle, les yeux vitreux, les joues caves, nous nous gardions bien d'aller nous camper brutalement devant lui, pour l'arracher à ses tristes pensées. Nous nous mettions à jouer loin de lui comme si nous jouions pour nous seuls et en nous appliquant consciencieusement; du coin de l'œil nous l'observions; s'il nous regardait avec colère, nous nous en allions; s'il paraissait nous écouter avec plaisir, nous nous rapprochions, et Capi pouvait présenter hardiment sa sébile, il n'avait pas à craindre d'être renvoyé à coup de pied.

Mais c'était surtout près des enfants que Mattia obtenait ses succès les plus fructueux; avec son archet il leur donnait des jambes pour danser et avec son sourire il les faisait rire même quand ils étaient de mauvaise humeur. Comment s'y prenait-il? Je n'en sais rien. Mais les choses étaient ainsi : il plaisait, on l'aimait.

Le résultat de notre campagne fut vraiment merveilleux ; toutes nos dépenses payées, nous eûmes assez vite gagné soixante-huit francs.

Soixante-huit francs et cent-quarante-six que nous avions en caisse cela faisait deux cent quatorze francs; l'heure était venue de nous diriger sans plus tarder vers Chavanon en passant par Ussel où, nous avait-on dit, devait se tenir une foire importante pour les bestiaux.

Une foire, c'était notre affaire; nous allions pouvoir acheter enfin cette fameuse vache dont nous parlions si souvent et pour laquelle nous avions fait de si rudes économies.

Jusqu'à ce moment, nous n'avions eu que le plaisir de caresser notre rêve et de le faire aussi beau que notre imagination nous le permettait : notre vache serait blanche, c'était le souhait de Mattia ; elle serait rousse, c'était le mien en souvenir de notre pauvre *Roussette*; elle serait douce, elle aurait plusieurs seaux de lait ; tout cela était superbe et charmant.

Mais maintenant, il fallait de la rêverie passer à l'exécution et c'était là que l'embarras commençait.

Comment choisir notre vache avec la certitude qu'elle aurait réellement toutes les qualités dont nous nous plaisions à la parer? Cela était grave. Quelle responsabilité! Je ne savais pas à quels signes on reconnaît une bonne vache, et Mattia était aussi ignorant que moi.

Ce qui redoublait notre inquiétude c'étaient les histoires étonnantes dont nous avions entendu le récit dans les auberges, depuis que nous nous étions mis en tête la belle idée d'acheter une vache. Qui dit maquignon de chevaux ou de vaches, dit artisan de ruses et de tromperies. Combien de ces histoires nous étaient restées dans la mémoire pour nous effrayer : un paysan achète à la foire une vache qui a la plus belle queue que jamais vache ait eue, avec une pareille queue elle pourra s'émoucher jusqu'au bout du nez, ce qui, tout le monde le sait, est un grand avantage; il rentre chez lui triomphant, car il n'a pas payé cher cette vache extraordinaire; le lendemain matin il va la voir, elle n'a plus de queue du tout; celle qui pendait derrière elle si noblement avait été collée à un moignon; c'était un chignon, une queue postiche. Un autre en achète une qui a des cornes fausses ; un autre quand il veut traire sa vache s'aperçoit qu'elle a eu la mamelle soufflée et qu'elle ne donnera pas deux verres de lait en vingt-quatre heures. Il ne faut pas que pareilles mésaventures nous arrivent.

Pour la fausse queue, Mattia ne craint rien; il se suspendra de tout son poids à la queue de toutes les vaches dont nous aurons envie, et il tirera si fort sur ces queues que si elles sont collées elles se détacheront. Pour les mamelles soufflées, il a aussi un moyen tout aussi sûr, qui est de les piquer avec une grosse et longue épingle.

Sans doute cela serait infaillible, surtout si la queue était fausse et si la mamelle était soufflée ; mais si sa queue était vraie, ne serait-il pas à craindre qu'elle envoyât un bon coup de pied dans le ventre ou dans la tête de celui qui tirerait dessus; et n'agirait-elle pas encore de même sous une piqûre s'enfonçant dans sa chair ?

L'idée de recevoir un coup de pied calme l'imagination de Mattia, et nous restons livrés à nos incertitudes : ce serait vraiment terrible d'offrir à mère Barberin une vache qui ne donnerait pas de lait ou qui n'aurait pas de cornes.

Dans les histoires qui nous avaient été contées, il y en avait une dans laquelle un vétérinaire jouait un rôle terrible, au moins à l'égard du marchand de vaches. Si nous prenions un vétérinaire pour nous aider, sans doute cela nous serait une dépense, mais combien elle nous rassurerait.

Au milieu de notre embarras, nous nous arrêtâmes à

ce parti, qui, sous tous les rapports, paraissait le plus sage, et nous continuâmes alors gaiement notre route.

La distance n'est pas longue du Mont-Dore à Ussel ; nous mîmes deux jours à faire la route, encore arrivâmes-nous de bonne heure à Ussel.

J'étais là dans mon pays pour ainsi dire : c'était à Ussel que j'avais paru pour la première fois en public dans le *Domestique de M. Joli-Cœur*, ou le *Plus bête des deux n'est pas celui qu'on pense*, et c'était à Ussel aussi que Vitalis m'avait acheté ma première paire de souliers, ces souliers à clous qui m'avaient rendu si heureux.

Pauvre Joli-Cœur, il n'était plus là avec son bel habit rouge de général anglais, et Zerbino avec la gentille Dolce manquaient aussi.

Pauvre Vitalis, je l'avais perdu et je ne le reverrais plus marchant la tête haute, la poitrine cambrée, marquant le pas des deux bras et des deux pieds en jouant une valse sur son fifre perçant.

Sur six que nous étions alors deux seulement restaient debout : Capi et moi ; cela rendit mon entrée à Ussel toute mélancolique ; malgré moi je m'imaginais que j'allais apercevoir le feutre de Vitalis au coin de chaque rue et que j'allais entendre l'appel qui tant de fois avait retenti à mes oreilles : « En avant ! »

La boutique du fripier où Vitalis m'avait conduit pour m'habiller en artiste vint heureusement chasser ces tristes pensées : je la retrouvai telle que je l'avais vue lorsque j'avais descendu ses trois marches glissantes. A la porte se balançait le même habit galonné sur les coutures, qui m'avait ravi d'admiration, et dans la montre je retrouvai les mêmes vieux fusils avec les mêmes vieilles lampes.

Je voulus aussi montrer la place où j'avais débuté, en jouant le rôle du domestique de M. Joli-Cœur, c'est-à-dire le plus bête des deux : Capi se reconnut et frétilla de la queue.

Après avoir déposé nos sacs et nos instruments à l'auberge où j'avais logé avec Vitalis, nous nous mîmes à la recherche d'un vétérinaire.

Quand celui-ci eut entendu notre demande il commença par nous rire au nez.

— Mais il n'y a pas de vaches savantes dans le pays, dit-il.

— Ce n'est pas une vache qui sache faire des tours qu'il nous faut, c'en est une qui donne du bon lait.

— Et qui ait une vraie queue, ajouta Mattia, que l'idée d'une queue collée tourmentait beaucoup.

— Enfin, monsieur le vétérinaire, nous venons vous demander de nous aider de votre science pour nous empêcher d'être volés par les marchands de vaches.

Je dis cela en tâchant d'imiter les airs nobles que Vitalis prenait si bien lorsqu'il voulait faire la conquête des gens.

— Et pourquoi diable voulez-vous une vache ? demanda le vétérinaire.

En quelques mots, j'expliquai ce que je voulais faire de cette vache.

— Vous êtes de bons garçons, dit-il, je vous accompagnerai demain matin sur le champ de foire, et je vous promets que la vache que je vous choisirai n'aura pas une queue postiche.

— Ni des cornes fausses ? dit Mattia.

— Ni des cornes fausses.

— Ni la mamelle soufflée?

— Ce sera une belle et bonne vache ; mais pour acheter il faut être en état de payer ?

Sans répondre, je dénouai un mouchoir dans lequel était enfermé notre trésor.

— C'est parfait, venez me prendre demain matin à sept heures.

— Et combien vous devrons-nous, monsieur le vétérinaire ?

— Rien du tout ; est-ce que je veux prendre de l'argent à de bons enfants comme vous !

Je ne savais comment remercier ce brave homme, mais Mattia eut une idée.

— Monsieur, est-ce que vous aimez la musique ? demanda-t-il.

— Beaucoup, mon garçon.

— Et vous vous couchez de bonne heure ?

Cela était assez incohérent, cependant le vétérinaire voulut bien répondre :

— Quand neuf heures sonnent.

— Merci, monsieur, à demain matin sept heures.

J'avais compris l'idée de Mattia.

— Tu veux donner un concert au vétérinaire ? dis-je.

— Justement : une sérénade quand il va se coucher; ça se fait pour ceux qu'on aime.

— Tu as eu là une bonne idée, rentrons à l'auberge

et travaillons les morceaux de notre concert ; on peut ne pas se gêner avec le public qui paye, mais quand on paye soi-même il faut faire de son mieux.

A neuf heures moins deux ou trois minutes nous étions devant la maison du vétérinaire, Mattia avec son violon, moi avec ma harpe : la rue était sombre, car la lune devant se lever vers neuf heures on avait jugé bon de ne pas allumer les réverbères, les boutiques étaient déjà fermées, et les passants étaient rares.

Au premier coup de neuf heures nous partîmes en mesure : et dans cette rue étroite, silencieuse, nos instruments résonnèrent comme dans la salle la plus sonore : les fenêtres s'ouvrirent et nous vîmes apparaitre des têtes encapuchonnées de bonnets, de mouchoirs et de foulards : d'une fenêtre à l'autre on s'interpellait avec surprise.

Notre ami le vétérinaire demeurait dans une maison qui, à l'un de ses angles, avait une gracieuse tourelle : une des fenêtres de cette tourelle s'ouvrit et il se pencha pour voir qui jouait ainsi.

Sans doute il nous reconnut et il comprit notre intention, car de sa main il nous fit signe de nous taire :

— Je vais vous ouvrir la porte, dit-il, vous jouerez dans le jardin.

Et presque aussitôt cette porte nous fut ouverte.

— Vous êtes de braves garçons, dit-il en nous donnant à chacun une bonne poignée de main, mais vous êtes aussi des étourdis ; vous n'avez donc point pensé que le sergent de ville pouvait vous arrêter pour tapage nocturne sur la voie publique !

Notre concert recommença dans le jardin qui n'était pas bien grand, mais très-coquet avec un berceau couvert de plantes grimpantes.

Comme le vétérinaire était marié et qu'il avait plusieurs enfants, nous eûmes bientôt un public autour de nous ; on alluma des chandelles sous le berceau et nous jouâmes jusqu'après dix heures ; quand un morceau était fini, on nous applaudissait, et on nous en demandait un autre.

Si le vétérinaire ne nous avait pas mis à la porte, je crois bien, que sur la demande des enfants, nous aurions joué une bonne partie de la nuit.

— Laissez-les aller au lit, dit-il, il faut qu'ils soient ici demain matin à sept heures.

Mais il ne nous laissa pas aller sans nous offrir une collation qui nous fut très-agréable ; alors, pour remercîments, Capi joua quelques-uns de ses tours les plus drôles, ce qui fit la joie des enfants ; il était près de minuit quand nous partîmes.

La ville d'Ussel si tranquille le soir était le lendemain matin pleine de tapage et de mouvement ; avant le lever du jour nous avions entendu dans notre chambre un bruit incessant de charrettes roulant sur le pavé et se mêlant aux hennissements des chevaux, aux meuglements des vaches, aux bêlements des moutons, aux cris des paysans qui arrivaient pour la foire.

Quand nous descendîmes, la cour de notre auberge était déjà encombrée de charrettes enchevêtrées les unes dans les autres, et des voitures qui arrivaient descendaient des paysans endimanchés qui prenaient leurs femmes dans leurs bras pour les mettre à terre ;

alors tout le monde se secouait, les femmes défripaient leurs jupes.

Dans la rue tout un flot mouvant se dirigeait vers le champ de foire; comme il n'était encore que six heures, nous eûmes envie d'aller passer en revue les vaches qui étaient déjà arrivées et de faire notre choix à l'avance.

Ah! les belles vaches! Il y en avait de toutes les couleurs et de toutes les tailles, les unes grasses, les autres maigres, celles-ci avec leurs veaux, celles-là traînant à terre leur mamelle pleine de lait; sur le champ de foire se trouvaient aussi des chevaux qui hennissaient, des juments qui léchaient leurs poulains, des porcs gras qui se creusaient des trous dans la terre, des cochons de lait qui hurlaient comme si on les écorchait vifs, des moutons, de poules, des oies ; mais que nous importait! nous n'avions d'yeux que pour les vaches qui subissaient notre examen en clignant les paupières et en remuant lentement la machoire, ruminant placidement leur repas de la nuit, sans se douter qu'elles ne mangeraient plus l'herbe des pâturages où elles avaient été élevées.

Après une demi-heure de promenade, nous en avions trouvé dix-sept qui nous convenaient tout à fait, celle-ci pour telle qualité, celle-là pour telle autre, trois parce qu'elles étaient rousses, deux parce qu'elles étaient blanches ; ce qui bien entendu souleva une discussion entre Mattia et moi.

A sept heures nous trouvâmes le vétérinaire qui nous attendait et nous revînmes avec lui au champ de foire en lui expliquant de nouveau quelles qualités nous exigions dans la vache que nous allions acheter.

Elles se résumaient en deux mots: donner beaucoup de lait et manger peu.

— En voici une qui doit être bonne, dit Mattia en désignant une vache blanchâtre.

— Je crois que celle-là est meilleure, dis-je en montrant une rousse.

Le vétérinaire nous mit d'accord en ne s'arrêtant ni à l'une ni à l'autre, mais en allant à une troisième : c'était une petite vache aux jambes grêles, rouge de poil, avec les oreilles et les joues brunes, les yeux bordés de noir et un cercle blanchâtre autour du mufle.

— Voilà une vache du Rouergue qui est justement ce qu'il vous faut, dit-il.

Un paysan à l'air chétif la tenait par la longe; ce fut à lui que le vétérinaire s'adressa pour savoir combien il voulait vendre sa vache.

— Trois cents francs.

Déjà cette petite vache alerte et fine, maligne de physionomie avait fait notre conquête, les bras nous tombèrent du corps.

Trois cents francs: ce n'était pas du tout notre affaire ; je fis un signe au vétérinaire pour lui dire que nous devions passer à une autre ; il m'en fit un pour me dire au contraire que nous devions persévérer.

Alors une discussion s'engagea entre lui et le paysan : il offrit 150 francs; le paysan diminua 10 francs. Le vétérinaire monta à 170; le paysan descendit à 280.

Mais arrivées à ce point, les choses ne continuèrent

pas ainsi, ce qui nous avait donné bonne espérance : au lieu d'offrir, le vétérinaire commença à examiner la vache en détail : elle avait les jambes faibles, le cou trop court, les cornes trop longues ; elle manquait de poumons, la mamelle n'était pas bien conformée.

Le paysan répondit que, puisque nous nous y connaissions si bien, il nous donnerait sa vache pour deux cent cinquante francs, afin quelle fût en bonnes mains.

Là-dessus la peur nous prit, nous imaginant tous deux que c'était une mauvaise vache.

— Allons-en voir d'autres, dis-je.

Sur ce mot le paysan faisant un effort, diminua de nouveau dix francs.

Enfin, de diminution en diminution il arriva à deux cent dix francs, mais il y resta.

D'un coup de coude le vétérinaire nous avait fait comprendre que tout ce qu'il disait n'était pas sérieux et que la vache, loin d'être mauvaise, était excellente ; mais deux cent dix francs, c'était une grosse somme pour nous.

Pendant ce temps Mattia tournant par derrière la vache lui avait arraché un long poil à la queue et la vache lui avait détaché un coup de pied.

Cela me décida.

— Va pour deux cent dix francs, dis-je, croyant tout fini.

Et j'étendis la main pour prendre la longe, mais le paysan ne me la céda pas.

— Et les épingles de la bourgeoise ? dit-il.

Une nouvelle discussion s'engagea et finalement

nous tombâmes d'accord sur vingt sous d'épingles. Il nous restait donc trois francs.

De nouveau j'avançai la main, le paysan me la prit et me la serra fortement en ami.

Justement parce que j'étais un ami, je n'oublierais pas le vin de la fille.

Le vin de la fille nous coûta dix sous.

Pour la troisième fois je voulus prendre la longe, mais mon ami le paysan m'arrêta :

— Vous avez apporté un licou? me dit-il, je vends la vache, je ne vends pas son licou.

Cependant comme nous étions amis il voulait bien me céder ce licou pour trente sous, ce n'était pas cher.

Il nous fallait un licou pour conduire notre vache, j'abandonnai les trente sous, calculant qu'il nous en resterait encore vingt.

Je comptai donc les deux cent treize francs et pour la quatrième fois j'étendis la main.

— Où donc est votre longe? demanda le paysan, je vous ai vendu le licou, je vous ai pas vendu la longe.

La longe nous coûta vingt sous, nos vingt derniers sous.

Et lorsqu'ils furent payés la vache nous fut enfin livrée avec son licou et sa longe.

Nous avions une vache, mais nous n'avions plus un sou, pas un seul pour la nourrir et nous nourrir nous-mêmes.

— Nous allons travailler, dit Mattia, les cafés sont pleins de monde, en nous divisant nous pouvons jouer dans tous, nous aurons une bonne recette ce soir.

Et après avoir conduit notre vache dans l'écurie de

notre auberge où nous l'attachâmes avec plusieurs nœuds, nous nous mîmes à travailler chacun de notre côté, et le soir quand nous fîmes le compte de notre recette, je trouvai que celle de Mattia était de quatre francs cinquante centimes et la mienne de trois francs.

Avec sept francs cinquante centimes nous étions riches.

Mais la joie d'avoir gagné ces sept francs cinquante était bien petite comparée à la joie que nous éprouvions d'en avoir dépensé deux cent quatorze.

Nous décidâmes la fille de cuisine à traire notre vache, et nous soupâmes avec son lait: jamais nous n'en avions bu d'aussi bon, Mattia déclara qu'il était sucré et qu'il sentait la fleur d'oranger, comme celui qu'il avait bu à l'hôpital, mais bien meilleur.

Et dans notre enthousiasme nous allâmes embrasser notre vache sur son mufle noir; sans doute elle fut sensible à cette caresse, car elle nous lécha la figure de sa langue rude.

— Tu sais qu'elle embrasse, s'écria Mattia ravi.

Pour comprendre le bonheur que nous éprouvions à embrasser notre vache et à être embrassés par elle, il faut se rappeler que ni Mattia ni moi, nous n'étions gâtés par les embrassades : notre sort n'était pas celui des enfants choyés, qui ont à se défendre contre les caresses de leurs mères; et tous deux cependant nous aurions bien aimé à nous faire caresser.

Le lendemain matin nous étions levés avec le soleil, et tout de suite nous nous mettions en route pour Chavanon.

Comme j'étais reconnaissant à Mattia du concours

qu'il m'avait prêté, car sans lui je n'aurais jamais amassé cette grosse somme de deux cent quatorze francs, j'avais voulu lui donner le plaisir de conduire notre vache, et il n'avait pas été médiocrement heureux de la tirer par la longe, tandis que je marchais derrière elle. Ce fut seulement quand nous fûmes sortis de la ville que je vins prendre place à côté de lui, pour causer comme à l'ordinaire et surtout pour regarder ma vache : jamais je n'en avais vu une aussi belle.

Et de vrai elle avait fort bon air, marchant lentement en se balançant, en se prélassant comme une bête qui a conscience de sa valeur.

Maintenant je n'avais plus besoin de regarder ma carte à chaque instant comme je le faisais depuis notre départ de Paris : je savais où j'allais, et bien que plusieurs années se fussent écoulées depuis que j'avais passé là avec Vitalis, je retrouvais tous les accidents de la route.

Mon intention, pour ne pas fatiguer notre vache, et aussi pour ne pas arriver trop tard à Chavanon, était d'aller coucher dans le village où j'avais passé ma première nuit de voyage avec Vitalis, dans ce lit de fougère, où le bon Capi voyant mon chagrin était venu s'allonger près de moi et avait mis sa patte dans ma main pour me dire qu'il serait mon ami. De là nous partirions le lendemain matin pour arriver de bonne heure chez mère Barberin.

Mais le sort qui, jusque-là nous avait été si favorable, se mit contre nous et changea nos dispositions.

Nous avions décidé de partager notre journée de marche en deux parts, et de la couper par notre déjeuner, surtout par le déjeuner de notre vache qui consisterait en herbe des fossés de la route qu'elle paîtrait.

Vers dix heures, ayant trouvé un endroit où l'herbe était verte et épaisse, nous mîmes les sacs à bas, et nous fîmes descendre notre vache dans le fossé.

Tout d'abord je voulus la tenir par la longe, mais elle se montra si tranquille, et surtout si appliquée à paître, que bientôt je lui entortillai la longe autour des cornes, et m'assis près d'elle pour manger mon pain.

Naturellement nous eûmes fini de manger bien avant elle; alors après l'avoir admirée pendant assez longtemps, ne sachant plus que faire, nous nous mîmes à jouer aux billes Mattia et moi, car il ne faut pas croire que nous étions deux petits bonshommes graves et sérieux, ne pensant qu'à gagner de l'argent : si nous menions une vie qui n'est point ordinairement celle des enfants de notre âge, nous n'en avions pas moins les goûts et les idées de notre jeunesse, c'est-à-dire que nous aimions à jouer aux jeux des enfants, et que nous ne laissions point passer une journée sans faire une partie de billes, de balle ou de saut de mouton. Tout à coup, sans raison bien souvent, Mattia me disait : « Jouons-nous? » Alors, en un tour de main, nous nous débarrassions de nos sacs, de nos instruments, et sur la route nous nous mettions à jouer ; et plus d'une fois, si je n'avais pas eu ma montre pour me rappeler l'heure, nous aurions joué jusqu'à la nuit; mais elle me disait que j'étais chef de troupe, qu'il fallait travailler, gagner de l'argent pour vivre; et alors je repassais sur mon épaule endolorie la bretelle de ma harpe : en avant !

Nous eûmes fini de jouer avant que la vache eût fini de paître, et quand elle nous vit venir à elle, elle se mit à tondre l'herbe à grands coups de langue, comme pour nous dire qu'elle avait encore faim.

— Attendons un peu, dit Mattia.

— Tu ne sais donc pas qu'une vache mange toute la journée?

— Un tout petit peu.

Tout en attendant, nous reprîmes nos sacs et nos instruments.

— Si je lui jouais un petit air de cornet à piston? dit Mattia qui restait difficilement en repos ; nous avions une vache dans le cirque Gassot, et elle aimait la musique.

Et sans en demander davantage, Mattia se mit à jouer une fanfare de parade.

Aux premières notes, notre vache leva la tête ; puis tout à coup, avant que j'eusse pu me jeter à ses cornes pour prendre sa longe, elle partit au galop.

Et aussitôt nous partîmes après elle, galopant aussi de toutes nos forces en l'appelant.

Je criai à Capi de l'arrêter, mais on ne peut pas avoir tous les talents : un chien de conducteur de bestiaux eût sauté au nez de notre vache ; Capi, qui était un savant, lui sauta aux jambes.

Bien entendu cela ne l'arrêta pas, tout au contraire, et nous continuâmes notre course, elle en avant, nous en arrière.

Tout en courant j'appelais Mattia : « Stupide bête » ; et lui, sans s'arrêter, me criait d'une voix haletante : « Tu cogneras, je l'ai mérité. »

10.

C'était deux kilomètres environ avant d'arriver à un gros village que nous nous étions arrêtés pour manger, et c'était vers ce village que notre vache galopait. Elle entra dans ce village naturellement avant nous, et comme la route était droite, nous pûmes voir, malgré la distance, que des gens lui barraient le passage et s'emparaient d'elle.

Alors nous ralentîmes un peu notre course : notre vache ne serait pas perdue ; nous n'aurions qu'à la réclamer aux braves gens qui l'avaient arrêtée, et ils nous la rendraient.

A mesure que nous avancions, le nombre des gens augmentait autour de notre vache, et quand nous arrivâmes enfin près d'elle, il y avait là une vingtaine d'hommes, de femmes ou d'enfants qui discutaient en nous regardant venir.

Je m'étais imaginé que je n'avais qu'à réclamer ma vache, mais au lieu de me la donner, on nous entoura et l'on nous posa question sur question : « D'où venions-nous, où avions-nous eu cette vache ? »

Nos réponses étaient aussi simples que faciles ; cependant elles ne persuadèrent pas ces gens, et deux ou trois voix s'élevèrent pour dire que nous avions volé cette vache qui nous avait échappé, et qu'il fallait nous mettre en prison en attendant que l'affaire s'éclaircît.

L'horrible frayeur que le mot de prison m'inspirait me troubla et nous perdit : je pâlis, je balbutiai, et comme notre course avait rendu ma respiration haletante, je fus incapable de me défendre.

Sur ces entrefaites, un gendarme arriva ; en quelques mots on lui conta notre affaire, et comme elle ne lui parut pas nette, il déclara qu'il allait mettre notre vache en fourrière et nous en prison : on verrait plus tard.

Je voulus protester, Mattia voulut parler, le gendarme nous imposa durement silence; et me rappelant la scène de Vitalis avec l'agent de police de Toulouse, je dis à Mattia de se taire et de suivre monsieur le gendarme.

Tout le village nous fit cortége jusqu'à la mairie où se trouvait la prison: on nous entourait, on nous pressait, on nous poussait, on nous bourrait, on nous injuriait, et je crois bien que sans le gendarme, qui nous protégeait, on nous aurait lapidés comme si nous étions de grands coupables, des assassins ou des incendiaires. Et cependant nous n'avions commis aucun crime. Mais les foules sont souvent ainsi, elles ont un plaisir sauvage à se ruer sur les malheureux, sans savoir ce qu'ils ont fait, s'ils sont coupables ou innocents.

En arrivant à la prison, j'eus un moment d'espérance : le gardien de la mairie qui était aussi geôlier et garde champêtre, ne voulut pas tout d'abord nous recevoir. Je me dis que c'était là un brave homme. Mais le gendarme insista, et le geôlier céda; passant devant nous, il ouvrit une porte qui fermait en dehors avec une grosse serrure et deux verrous : je vis alors pourquoi il avait fait difficulté pour nous recevoir tout d'abord : c'était parce qu'il avait mis sa provision d'oignons sécher dans la prison, en les étalant sur le plancher. On nous fouilla; on nous prit notre argent, nos couteaux, nos allumettes, et pendant ce temps, le geôlier amassa vivement tous ses oignons dans un coin. Alors on nous laissa et la porte se referma sur nous avec un bruit de ferraille vraiment tragique.

Nous étions en prison. Pour combien de temps?

Comme je me posais cette question, Mattia vint se mettre devant moi et baissant la tête:

— Cogne, dit-il, cogne sur la tête, tu ne frapperas jamais assez fort pour ma bêtise.

— Tu as fait la bêtise, et j'ai laissé la faire, j'ai été aussi bête que toi.

— J'aimerais mieux que tu cognes, j'aurais moins de chagrin : notre pauvre vache, la vache du prince!

Et il se mit à pleurer.

Alors ce fut à moi de le consoler en lui expliquant que notre position n'était pas bien grave, nous n'avions rien fait, et il ne nous serait pas difficile de prouver que nous avions acheté notre vache, le bon vétérinaire d'Ussel serait notre témoin.

— Et si l'on nous accuse d'avoir volé l'argent avec lequel nous avons payé notre vache, comment prouverons-nous que nous l'avons gagné? tu vois bien que quand on est malheureux, on est coupable de tout.

Mattia avait raison, je ne savais que trop bien qu'on est dur aux malheureux; les cris qui venaient de nous accompagner jusqu'à la prison ne le prouvaient-ils pas encore?

— Et puis, dit Mattia en continuant de pleurer, quand nous sortirons de cette prison, quand on nous rendrait notre vache, est-il certain que nous trouverons mère Barberin?

— Pourquoi ne la trouverions-nous pas?

— Depuis le temps que tu l'as quittée, elle a pu mourir.

Je fus frappé au cœur par cette crainte: c'était vrai que mère Barberin avait pu mourir, car bien que n'étant pas d'un âge où l'on admet facilement l'idée de la mort, je savais par expérience qu'on peut perdre ceux qu'on aime; n'avais-je pas perdu Vitalis? Comment cette idée ne m'était-elle pas venue déjà.

— Pourquoi ne m'as-tu pas dit cela plus tôt? demandai-je.

— Parce que, quand je suis heureux, je n'ai que des idées gaies dans ma tête stupide, tandis que quand je suis malheureux je n'ai que des idées tristes. Et j'étais si heureux à la pensée d'offrir ta vache à ta mère Barberin que je ne voyais que le contentement de mère Barberin, je ne voyais que le nôtre et j'étais ébloui, comme grisé.

— Ta tête n'est pas plus stupide que la mienne, mon pauvre Mattia, car je n'ai pas eu d'autres idées que les tiennes; comme toi aussi j'ai été ébloui et grisé.

— Ah! ah! la vache du prince! s'écria Mattia en pleurant, il est beau le prince!

Puis tout à coup se levant brusquement en gesticulant:

— Si mère Barberin était morte, et si l'affreux Barberin était vivant, s'il nous prenait notre vache, s'il te prenait toi-même?

Assurément c'était l'influence de la prison qui nous inspirait ces tristes pensées, c'étaient les cris de la foule, c'était le gendarme, c'était le bruit de la serrure et des verrous quand on avait fermé la porte sur nous.

Mais ce n'était pas seulement à nous que Mattia pensait, c'était aussi à notre vache.

— Qui va lui donner à manger? qui va la traire?

Plusieurs heures se passèrent dans ces tristes pensées, et plus le temps marchait, plus nous nous désolions.

J'essayai cependant de réconforter Mattia en lui expliquant qu'on allait venir nous interroger.

— Eh bien; que dirons-nous?

— La vérité.

— Alors on va te remettre entre les mains de Barberin, ou bien si mère Barberin est seule chez elle, on va l'interroger aussi pour savoir si nous ne mentons pas, nous ne pourrons donc plus lui faire notre surprise.

Enfin notre porte s'ouvrit avec un terrible bruit de ferraille et nous vîmes entrer un vieux monsieur à cheveux blancs dont l'air ouvert et bon nous rendit tout de suite l'espérance.

— Allons, coquins, levez-vous, dit le geôlier, et répondez à M. le juge de paix.

— C'est bien, c'est bien, dit le juge de paix en faisant signe au geôlier de le laisser seul, je me charge d'interroger celui-là, — il me désigna du doigt, — emmenez l'autre et gardez-le; je l'interrogerai ensuite.

Je crus que dans ces conditions je devais avertir Mattia de ce qu'il avait à répondre.

— Comme moi, monsieur le juge de paix, dis-je, il vous racontera la vérité, toute la vérité.

— C'est bien, c'est bien, interrompit vivement le juge de paix comme s'il voulait me couper la parole.

Mattia sortit, mais avant il eut le temps de me lancer un rapide coup d'œil pour me dire qu'il m'avait compris.

— On vous accuse d'avoir volé une vache, me dit le juge de paix en me regardant dans les deux yeux.

Je répondis que nous avions acheté cette vache à la foire d'Ussel, et je nommai le vétérinaire qui nous avait assistés dans cet achat.

— Cela sera vérifié.

— Je l'espère, car ce sera cette vérification qui prouvera notre innocence.

— Et dans quelle intention avez-vous acheté une vache?

— Pour la conduire à Chavanon et l'offrir à la femme qui a été ma mère nourrice, en reconnaissance de ses soins et en souvenir de mon affection pour elle.

— Et comment se nomme cette femme?

— Mère Barberin.

— Est-ce la femme d'un ouvrier maçon qui, il y a quelques années, a été estropié à Paris?

— Oui, monsieur le juge de paix.

— Cela aussi sera vérifié.

Mais je ne répondis pas à cette parole comme je l'avais fait pour le vétérinaire d'Ussel.

Voyant mon embarras, le juge de paix me pressa de questions et je dus répondre que s'il interrogeait mère Barberin le but que nous nous étions proposé se trouvait manqué: il n'y avait plus de surprise.

Cependant au milieu de mon embarras j'éprouvais une vive satisfaction : puisque le juge de paix connaissait mère Barberin et qu'il s'informerait auprès d'elle de la vérité ou de la fausseté de mon récit, cela prouvait que mère Barberin était toujours vivante.

J'en éprouvai bientôt une plus grande encore ; au milieu de ces questions le juge de paix me dit que Barberin était retourné à Paris depuis quelque temps.

Cela me rendit si joyeux que je trouvai des paroles persuasives pour le convaincre que la déposition du vétérinaire devait suffire pour prouver que nous n'avions pas volé notre vache.

— Et où avez-vous eu l'argent nécessaire pour acheter cette vache ?

C'était là la question qui avait si fort effrayé Mattia quand il avait prévu qu'elle nous serait adressée.

— Nous l'avons gagné.

— Où ? Comment ?

J'expliquai comment, depuis Paris jusqu'à Varses et depuis Varses jusqu'au Mont-Dore, nous l'avions gagné et amassé sou à sou.

— Et qu'alliez-vous faire à Varses ?

Cette question m'obligea à un nouveau récit ; quand le juge de paix entendit que j'avais été enseveli dans la mine de la Truyère, il m'arrêta et d'une voix toute adoucie, presque amicale :

— Lequel de vous deux est Rémi ? dit-il.

— Moi, monsieur le juge de paix.

— Qui le prouve ? Tu n'as pas de papiers, m'a dit le gendarme.

— Non, monsieur le juge de paix.

— Allons, raconte-moi comment est arrivée la catastrophe de Varses; j'en ai lu le récit dans les journaux, si tu n'es pas vraiment Remi tu ne me tromperas pas; je t'écoute, fais donc attention.

Le tutoiement du juge de paix m'avait donné du courage : je voyais bien qu'il ne nous était pas hostile.

Quand j'eus achevé mon récit, le juge de paix me regarda longuement avec des yeux doux et attendris. Je m'imaginais qu'il allait me dire qu'il nous rendait la liberté, mais il n'en fut rien: sans m'adresser la parole, il me laissa seul. Sans doute il allait interroger Mattia pour voir si nos deux récits s'accorderaient.

Je restai assez longtemps livré à mes réflexions, mais à la fin le juge de paix revint avec Mattia.

— Je vais faire prendre des renseignements à Ussel, dit-il, et si comme je l'espère ils confirment vos récits, demain on vous mettra en liberté.

— Et notre vache? demanda Mattia.

— On vous la rendra.

— Ce n'est pas cela que je voulais dire, répliqua Mattia, qui va lui donner à manger, qui va la traire?

— Sois tranquille, gamin.

Mattia aussi était rassuré.

— Si on trait notre vache, dit-il en souriant, est-ce qu'on ne pourrait pas nous donner le lait? cela serait bien bon pour notre souper.

Aussitôt que le juge de paix fut parti, j'annonçai à Mattia les deux grandes nouvelles qui m'avaient fait oublier que nous étions en prison : mère Barberin vivante, et Barberin à Paris.

— La vache du prince fera son entrée triomphale, dit Mattia.

Et dans sa joie il se mit à danser en chantant ; je lui pris les mains, entraîné par sa gaîté, et Capi qui jusqu'alors était resté dans un coin triste et inquiet, vint se placer au milieu de nous debout sur ses deux pattes de derrière ; alors nous nous livrâmes à une si belle danse que le concierge effrayé, — pour ses oignons probablement, — vint voir si nous ne nous révoltions pas.

Il nous engagea à nous taire, mais il ne nous adressa pas la parole brutalement comme lorsqu'il était entré avec le juge de paix.

Par là nous comprîmes que notre position n'était pas mauvaise, et bientôt nous eûmes la preuve que nous ne nous étions pas trompés, car il ne tarda pas à rentrer nous apportant une grande terrine toute pleine de lait, — le lait de notre vache, — mais ce n'était pas tout, avec la terrine, il nous donna un gros pain blanc et un morceau de veau froid qui, nous dit-il, nous était envoyé par M. le juge de paix.

Jamais prisonniers n'avaient été si bien traités ; alors en mangeant le veau et en buvant le lait je revins de mes idées sur les prisons ; décidément elles valaient mieux que je ne me l'étais imaginé.

Ce fut aussi le sentiment de Mattia :

— Dîner et coucher sans payer, dit-il en riant, en voilà une chance !

Je voulus lui faire une peur.

— Et si le vétérinaire était mort tout à coup, lui dis-je, qui témoignerait pour nous?

— On n'a de ces idées là que quand on est malheureux, dit-il sans se fâcher, et ce n'est vraiment pas le moment.

IX

MÈRE BARBERIN

Notre nuit sur le lit de camp ne fut pas mauvaise, nous en avions passé de moins agréables à la belle étoile.

— J'ai rêvé de l'entrée de la vache, me dit Mattia.
— Et moi aussi.

A huit heures du matin notre porte s'ouvrit, et nous vîmes entrer le juge de paix, suivi de notre ami le vétérinaire qui avait voulu venir lui-même nous mettre en liberté.

Quant au juge de paix, sa sollicitude pour deux prisonniers innocents ne se borna pas seulement au dîner qu'il nous avait offert la veille; il me remit un beau papier timbré :

— Vous avez été des fous, me dit-il amicalement, de vous embarquer ainsi sur les grands chemins; voici un passe-port que je vous ai fait délivrer par le maire, ce sera votre sauvegarde désormais. Bon voyage, les enfants.

Et il nous donna une poignée de main ; quant au vétérinaire il nous embrassa.

Nous étions entrés misérablement dans ce village, nous en sortîmes triomphalement, menant notre vache par la longe et marchant la tête haute, en regardant par-dessus nos épaules les paysans qui se tenaient sur leurs portes.

— Je ne regrette qu'une chose, dit Mattia, c'est que le gendarme qui a jugé bon de nous arrêter ne soit pas là pour nous voir passer.

— Le gendarme a eu tort, mais nous aussi nous avons eu tort de croire que ceux qui étaient malheureux n'avaient rien à attendre de bon.

— C'est parce que nous n'étions pas tout à fait malheureux que nous avons eu du bon ; quand on a cinq francs dans sa poche, on n'est pas tout à fait malheureux.

— Tu pouvais dire cela hier, aujourd'hui cela ne t'est pas permis ; tu vois qu'il y a de braves gens en ce monde.

Nous avions reçu une trop belle leçon pour avoir l'idée d'abandonner la longe de notre vache ; elle était douce, notre vache, cela était vrai, mais aussi peureuse.

Nous ne tardâmes pas à atteindre le village où j'avais couché avec Vitalis ; de là nous n'avions plus qu'une grande lande à traverser pour arriver à la côte qui descend à Chavanon.

En passant par la rue de ce village et justement devant la maison où Zerbino avait volé une croûte, une idée me vint que je m'empressai de communiquer à Mattia.

— Tu sais que je t'ai promis des crêpes chez mère Barberin ; mais, pour faire des crêpes, il faut du beurre, de la farine et des œufs.

— Cela doit être joliment bon.

— Je crois bien que c'est bon, tu verras ; ça se roule et on s'en met plein la bouche ; mais il n'y a peut-être pas de beurre, ni de farine chez mère Barberin, car elle n'est pas riche ; si nous lui en portions ?

— C'est une fameuse idée.

— Alors, tiens la vache, surtout ne la lâche pas ; je vais entrer chez cet épicier et acheter du beurre et de la farine. Quant aux œufs, si la mère Barberin n'en a pas, elle en empruntera ; car nous pourrions les casser en route.

J'entrai dans l'épicerie où Zerbino avait volé sa croûte et j'achetai une livre de beurre, ainsi que deux livres de farine ; puis nous reprîmes notre marche.

J'aurais voulu ne pas presser notre vache, mai j'avais si grande hâte d'arriver que malgré moi j'allongeais le pas.

Encore dix kilomètres, encore huit, encore six : chose curieuse, la route me paraissait plus longue en me rapprochant de mère Barberin, que le jour où je m'étais éloigné d'elle, et cependant, ce jour-là, il tombait une pluie froide dont j'avais gardé le souvenir.

Mais j'étais tout ému, tout fiévreux, et à chaque instant je regardais l'heure à ma montre.

— N'est-ce pas un beau pays ? disais-je à Mattia.

— Ce ne sont pas les arbres qui gênent la vue.

— Quand nous descendrons la côte vers Chavanon,

tu en verras des arbres, et des beaux, des chênes, des châtaigniers.

— Avec des châtaignes?

— Parbleu! Et puis, dans la cour de mère Barberin il y a un poirier crochu sur lequel on joue au cheval, qui donne des poires grosses comme ça; et bonnes : tu verras.

Et pour chaque chose que je lui décrivais, c'était là mon refrain : Tu verras. De bonne foi je m'imaginais que je conduisais Mattia dans un pays de merveilles. Après tout, n'en était-ce pas un pour moi? C'était là que mes yeux s'étaient ouverts à la lumière. C'était là que j'avais eu le sentiment de la vie, là que j'avais été si heureux; là que j'avais été aimé. Et toutes ces impressions de mes premières joies, rendues plus vives par le souvenir des souffrances de mon existence aventureuse, me revenaient, se pressant tumultueusement dans mon cœur et dans ma tête à mesure que nous approchions de mon village. Il semblait que l'air natal avait un parfum qui me grisait : je voyais tout en beau.

Et, gagné par cette griserie, Mattia retournait aussi, mais en imagination seulement, hélas! dans le pays où il était né.

— Si tu venais à Lucca, disait-il, je t'en montrerais aussi des belles choses; tu verrais.

— Mais nous irons à Lucca quand nous aurons vu Étiennette, Lise et Benjamin.

— Tu veux bien venir à Lucca?

— Tu es venu avec moi chez mère Barberin, j'irai avec toi voir ta mère et ta petite sœur Cristina, que je porterai dans mes bras si elle n'est pas trop grande ; elle sera ma sœur aussi.

— Oh ! Remi !

Et il n'en put pas dire davantage tant il était ému.

En parlant ainsi et en marchant toujours à grands pas, nous étions arrivés au haut de la colline où commence la côte qui par plusieurs lacets conduit à Chavanon, en passant devant la maison de mère Barberin.

Encore quelques pas, et nous touchions à l'endroit où j'avais demandé à Vitalis la permission de m'asseoir sur le parapet pour regarder la maison de mère Barberin, que je pensais ne jamais revoir.

— Prends la longe, dis-je à Mattia.

Et d'un bond je sautai sur le parapet ; rien n'avait changé dans notre vallée ; elle avait toujours le même aspect ; entre ses deux bouquets d'arbres, j'aperçus le toit de la maison de mère Barberin.

— Qu'as-tu donc ? demanda Mattia.

— Là, là.

Il vint près de moi, mais sans monter sur le parapet dont notre vache se mit à brouter l'herbe.

— Suis ma main, lui dis-je ; voilà la maison de mère Barberin, voilà mon poirier, là était mon jardin.

Mattia, qui ne regardait pas avec ses souvenirs comme moi, ne voyait pas gr..d'chose, mais il n'en disait rien.

A ce moment, un petit flocon de fumée jaune s'éleva au-dessus de la cheminée, et, comme le vent ne soufflait pas, elle monta droit dans l'air le long du flanc de la colline.

— Mère Barberin est chez elle, dis-je.

Une légère brise passa dans les arbres, et, abattant la colonne de fumée, elle nous la jeta dans le visage : cette fumée sentait les feuilles de chêne.

Alors tout à coup je sentis les larmes m'emplir les yeux et, sautant à bas du parapet, j'embrassai Mattia. Capi se jeta sur moi, et, le prenant dans mes bras, je l'embrassai aussi.

— Descendons vite, dis-je.

— Si mère Barberin est chez elle, comment allons-nous arranger notre surprise? demanda Mattia.

— Tu vas entrer seul, tu diras que tu lui amènes une vache de la part du prince, et quand elle te demandera de quel prince il s'agit, je paraîtrai.

— Quel malheur que nous ne puissions pas faire une entrée en musique : voilà qui serait joli !

— Mattia, pas de bêtises.

—Sois tranquille, je n'ai pas envie de recommencer, mais c'est égal, si cette sauvage-là aimait la musique, une fanfare aurait été joliment en situation.

Comme nous arrivions à l'un des coudes de la route qui se trouvait juste au-dessus de la maison de mère Barberin, nous vîmes une coiffe blanche apparaître dans la cour : c'était mère Barberin, elle ouvrit la barrière et sortant sur la route, elle se dirigea du côté du village.

Nous étions arrêtés et je l'avais montrée à Mattia.

— Elle s'en va, dit-il, et notre surprise ?

— Nous allons en inventer une autre.

— Laquelle ?

— Je ne sais pas.

— Si tu l'appelais ?

La tentation fut vive, cependant j'y résistai; je m'étais pendant plusieurs mois fait la fête d'une surprise, je ne pouvais pas y renoncer ainsi tout à coup.

Nous ne tardâmes pas à arriver devant la barrière de mon ancienne maison, et nous entrâmes comme j'entrais autrefois.

Connaissant bien les habitudes de mère Barberin, je savais que la porte ne serait fermée qu'à la clenche et que nous pourrions entrer dans la maison; mais avant tout il fallait mettre notre vache à l'étable. J'allai donc voir dans quel état était cette étable, et je la trouvai telle qu'elle était autrefois, encombrée seulement de fagots. J'appelai Mattia et après avoir attaché notre vache devant l'auge, nous nous occupâmes à entasser vivement ces fagots dans un coin, ce qui ne fut pas long, car elle n'était pas bien abondante la provision de bois de mère Barberin.

— Maintenant, dis-je à Mattia, nous allons entrer dans la maison, je m'installerai au coin du feu pour que mère Barberin me trouve là; comme la barrière grincera lorsqu'elle la poussera pour rentrer, tu auras le temps de te cacher derirère le lit avec Capi, et elle ne verra que moi; crois-tu qu'elle sera surprise !

Les choses s'arrangèrent ainsi. Nous entrâmes dans la maison, et j'allai m'asseoir dans la cheminée, à la place où j'avais passé tant de soirées d'hiver. Comme je ne pouvais pas couper mes longs cheveux, je les cachai sous le col de ma veste, et, me pelotonnant je me fis tout petit pour ressembler autant que possible au Remi, au petit Remi de mère Barberin.

De ma place je voyais la barrière, et il n'y avait pas à craindre que mère Barberin nous arrivât sur le dos à l'improviste.

Ainsi installé, je pus regarder autour de moi. Il me sembla que j'avais quitté la maison la veille seulement : rien n'était changé, tout était à la même place, et le papier avec lequel un carreau cassé par moi avait été raccommodé n'avait pas été remplacé, bien que terriblement enfumé et jauni.

Si j'avais osé quitter ma place j'aurais eu plaisir à voir de près chaque objet, mais comme mère Barberin pouvait survenir d'un moment à l'autre, il me fallait rester en observation.

Tout à coup j'aperçus une coiffe blanche, en même temps la hart qui soutenait la barrière craqua.

— Cache-toi vite, dis-je à Mattia.

Je me fis de plus en plus petit.

La porte s'ouvrit : du seuil mère Barberin m'a perçut.

— Qui est-là ? dit-elle.

Je la regardai sans répondre, et de son côté elle me regarda aussi.

Tout à coup ses mains furent agitées par un tremblement :

— Mon Dieu, murmura-t-elle, mon Dieu, est-ce possible, Remi !

Je me levai et courant à elle, je la pris dans mes bras.

— Maman !

— Mon garçon, c'est mon garçon !

Il nous fallut plusieurs minutes pour nous remettre et pour nous essuyer les yeux.

— Bien sûr, dit-elle, que si je n'avais pas toujours pensé à toi je ne t'aurais pas reconnu ; es-tu changé, grandi, forci !

Un reniflement étouffé me rappela que Mattia était caché derrière le lit, je l'appelai ; il se releva.

— Celui-là c'est Mattia, dis-je, mon frère.

— Ah! tu as donc retrouvé tes parents? s'écria mère Barberin.

— Non, je veux dire que c'est mon camarade, mon ami, et voilà Capi, mon camarade aussi et mon ami ; salue la mère de ton maître, Capi !

Capi se dressa sur ses deux pattes de derrière et ayant mis une de ses pattes de devant sur son cœur il s'inclina gravement, ce qui fit beaucoup rire mère Barberin et sécha ses larmes.

Mattia, qui n'avait pas les mêmes raisons que moi pour s'oublier, me fit un signe pour me rappeler notre surprise.

— Si tu voulais, dis-je à mère Barberin, nous irions un peu dans la cour ; c'est pour voir le poirier crochu dont j'ai souvent parlé à Mattia.

— Nous pouvons aussi aller voir ton jardin, car je l'ai gardé tel que tu l'avais arrangé, pour que tu le retrouves quand tu reviendrais, car j'ai toujours cru et contre tous que tu reviendrais.

— Et les topinambours que j'avais plantés, les as-tu trouvés bons?

— C'était donc toi qui m'avait fait cette surprise, je m'en suis doutée : tu as toujours aimé à faire des surprises.

Le moment était venu.

— Et l'étable à vache, dis-je, a-t-elle changé depuis le départ de la pauvre *Roussette*, qui était comme moi et qui ne voulait pas s'en aller ?

— Non, bien sûr, j'y mets mes fagots.

Comme nous étions justement devant l'étable mère Barberin en poussa la porte, et instantanément notre vache, qui avait faim, et qui croyait sans doute qu'on lui apportait à manger, se mit à meugler.

— Une vache, une vache dans l'étable! s'écria mère Barberin.

Alors n'y tenant plus, Mattia et moi, nous éclatâmes de rire.

Mère Barberin nous regarda bien étonnée, mais c'était une chose si invraisemblable que l'installation de cette vache dans l'étable, que malgré nos rires, elle ne comprit pas.

— C'est une surprise, dis-je, une surprise que nous te faisons, et elle vaut bien celle des topinambours, n'est-ce pas ?

— Une surprise, répéta-t-elle, une surprise !

— Je n'ai pas voulu revenir les mains vides chez mère Barberin, qui a été si bonne pour son petit Remi, l'enfant abandonné ; alors, en cherchant ce qui pourrait être le plus utile, j'ai pensé que ce serait une vache pour remplacer la *Roussette*, et à la foire d'Ussel nous avons acheté celle-là avec l'argent que nous avons gagné, Mattia et moi.

— Oh! le bon enfant, le cher garçon ! s'écria mère Barberin en m'embrassant.

Puis nous entrâmes dans l'étable pour que mère Barberin pût examiner notre vache, qui maintenant était sa vache. A chaque découverte que mère Barberin faisait, elle poussait des exclamations de contentement et d'admiration :

— Quelle belle vache !

Tout à coup elle s'arrêta et me regardant :

— Ah çà ! tu es donc devenu riche ?

— Je crois bien, dit Mattia en riant, il nous reste cinquante-huit sous.

Et mère Barberin répéta son refrain, mais avec une variante :

— Les bons garçons !

Cela me fut une douce joie de voir qu'elle pensait à Mattia, et qu'elle nous réunissait dans son cœur.

Pendant ce temps, notre vache continuait de meugler.

— Elle demande qu'on veuille bien la traire, dit Mattia.

Sans en écouter davantage je courus à la maison chercher le seau de fer-blanc bien récuré, dans lequel on trayait autrefois la *Roussette* et que j'avais vu accroché à sa place ordinaire, bien que depuis longtemps il n'y eût plus de vache à l'étable chez mère Barberin. En revenant je l'emplis d'eau, afin qu'on pût laver la mamelle de notre vache, qui était pleine de poussière.

Quelle satisfaction pour mère Barberin quand elle vit son seau aux trois quarts rempli d'un beau lait mousseux.

— Je crois qu'elle donnera plus de lait que la *Roussette*, dit-elle.

— Et quel bon lait, dit Mattia, il sent la fleur d'oranger.

Mère Barberin regarda Mattia avec curiosité, se demandant bien manifestement ce que c'était que la fleur d'oranger.

— C'est une bonne chose qu'on boit à l'hôpital quand on est malade, dit Mattia qui aimait à ne pas garder ses connaissances pour lui tout seul.

La vache traite on la lâcha dans la cour pour qu'elle pût paître, et nous rentrâmes à la maison où, en venant chercher le seau, j'avais préparé sur la table, en belle place, notre beurre et notre farine.

Quand mère Barberin aperçut cette nouvelle surprise elle recommença ses exclamations, mais je crus que la franchise m'obligeait à les interrompre :

— Celle-là, dis-je, est pour nous au moins autant que pour toi ; nous mourons de faim et nous avons envie de manger des crêpes ; te rappelles-tu comment nous avons été interrompus le dernier mardi-gras que j'ai passé ici, et comment le beurre que tu avais emprunté pour me faire des crêpes a servi à fricasser des oignons dans la poêle : cette fois, nous ne serons pas dérangés.

— Tu sais donc que Barberin est à Paris ? demanda mère Barberin.

— Oui.

— Et sais-tu aussi ce qu'il est allé faire à Paris ?

— Non.

— Cela a de l'intérêt pour toi.

— Pour moi ? dis-je effrayé.

Mais avant de répondre, mère Barberin regarda Mattia comme si elle n'osait parler devant lui.

— Oh ! tu peux parler devant Mattia, dis-je, je t'ai

expliqué qu'il était un frère pour moi, tout ce qui m'intéresse l'intéresse aussi.

— C'est que cela est assez long à expliquer, dit-elle.

Je vis qu'elle avait de la répugnance à parler, et ne voulant pas la presser devant Mattia de peur qu'elle refusât, ce qui, me semblait-il, devait peiner celui-ci, je décidai d'attendre pour savoir ce que Barberin était allé faire à Paris.

— Barberin doit-il revenir bientôt? demandai-je.

— Oh! non, bien sûr.

— Alors rien ne presse, occupons-nous des crêpes, tu me diras plus tard ce qu'il y a d'intéressant pour moi dans ce voyage de Barberin à Paris; puisqu'il n'y a pas à craindre qu'il revienne fricasser ses oignons dans notre poêle, nous avons tout le temps à nous. As-tu des œufs?

— Non, je n'ai plus de poules.

— Nous ne t'avons pas apporté d'œufs parce que nous avions peur de les casser. Ne peux-tu pas aller en emprunter?

Elle parut embarrassée et je compris qu'elle avait peut-être emprunté trop souvent pour emprunter encore.

— Il vaut mieux que j'aille en acheter moi-même, dis-je, pendant ce temps tu prépareras la pâte avec le lait; j'en trouverai chez Soquet, n'est-ce pas? J'y cours. Dis à Mattia de casser ta bourrée, il casse très-bien le bois, Mattia.

Chez Soquet j'achetai non-seulement une douzaine d'œufs, mais encore un petit morceau de lard.

Quand je revins, la farine était délayée avec le lait,

et il n'y avait plus qu'à mêler les œufs à la pâte; il est vrai qu'elle n'aurait pas le temps de lever, mais nous avions trop grande faim pour attendre; si elle était un peu lourde, nos estomacs étaient assez solides pour ne pas se plaindre.

— Ah çà! dit mère Barberin tout en battant vigoureusement la pâte, puisque tu es si bon garçon, comment se fait-il que tu ne m'aies jamais donné de tes nouvelles? Sais-tu que je t'ai cru mort bien souvent, car je me disais, si Remi était encore de ce monde, il écrirait bien sûr à sa mère Barberin.

— Elle n'était pas toute seule, mère Barberin, il y avait avec elle un père Barberin qui était le maître de la maison, et qui l'avait bien prouvé en me vendant un jour quarante francs à un vieux musicien.

— Il ne faut pas parler de ça, mon petit Remi.

— Ce n'est pas pour me plaindre, c'est pour t'expliquer comment je n'ai pas osé t'écrire; j'avais peur, si on me découvrait, qu'on me vendît de nouveau, et je ne voulais pas être vendu. Voilà pourquoi quand j'ai perdu mon pauvre vieux maître, qui était un brave homme, je ne t'ai pas écrit.

— Ah! il est mort, le vieux musicien?

— Oui, et je l'ai bien pleuré, car si je sais quelque chose aujourd'hui, si je suis en état de gagner ma vie, c'est à lui que je le dois. Après lui j'ai trouvé des braves gens aussi pour me recueillir et j'ai travaillé chez eux; mais si je t'avais écrit : « Je suis jardinier à la Glacière, » ne serait-on pas venu m'y chercher, ou bien n'aurait-on pas demandé de l'argent à ces braves gens? je ne voulais ni l'un ni l'autre.

— Oui, je comprends cela.

— Mais cela ne m'empêchait pas de penser à toi, et quand j'étais malheureux, cela m'est arrivé quelquefois. c'était mère Barberin que j'appelais à mon secours. Le jour où j'ai été libre de faire ce que je voulais, je suis venu l'embrasser, pas tout de suite, cela est vrai, mais on ne fait pas ce qu'on veut, et, j'avais une idée qu'il n'était pas facile de mettre à exécution. Il fallait la gagner, notre vache, avant de te l'offrir et l'argent ne tombait pas dans notre poche en belles pièces de cent sous. Il a fallu en jouer des airs. tout le long du chemin, des gais, des tristes, il a fallu marcher, suer, peiner, se priver ! mais plus on avait de peine, plus on était content, n'est-il pas vrai, Mattia?

— On comptait l'argent tous les soirs, non-seulement celui qu'on avait gagné dans la journée, mais celui qu'on avait déjà pour voir s'il n'avait pas doublé.

— Ah ! les bons enfants, les bons garçons !

Tout en parlant, tandis que mère Barberin battait la pâte pour nos crêpes et que Mattia cassait la bourrée, je mettais les assiettes, les fourchettes, les verres sur la table, et j'allais à la fontaine emplir la cruche d'eau.

Quand je revins la terrine était pleine d'une belle bouillie jaunâtre, et mère Barberin frottait avec un bouchon de foin vigoureusement la poêle à frire ; dans la cheminée flambait un beau feu clair que Mattia entretenait en y mettant des branches brin à brin ; assis sur son séant dans un coin de l'âtre, Capi regardait ces préparatifs d'un œil attendri, et comme il se brûlait, de temps en temps il levait une patte, tantôt l'une, tantôt l'autre, avec un petit cri; la violente clarté de la flamme pénétrait jusque dans les coins les plus sombres et je voyais danser les personnages peints sur les rideaux d'indienne du lit, qui si souvent dans mon enfance m'avaient fait peur la nuit, lorsque je m'éveillais par un beau clair de lune.

Mère Barberin mit la poêle au feu, et ayant pris un morceau de beurre au bout de son couteau elle le fit glisser dans la poêle, où il fondit aussitôt.

— Ça sent bon, s'écria Mattia qui se tenait le nez au-dessus du feu sans peur de se brûler.

Le beurre commença à grésiller :

— Il chante, cria Mattia, oh ! il faut que je l'accompagne.

Pour Mattia tout devait se faire en musique ; il prit son violon et doucement en sourdine il se mit à plaquer des accords sur la chanson de la poêle, ce qui fit rire mère Barberin aux éclats.

Mais le moment était trop solennel pour s'abandonner à une gaieté intempestive, avec la cuiller à pot mère Barberin a plongé dans la terrine d'où elle retire la pâte qui coule en longs fils blancs ; elle verse la pâte dans la poêle, et le beurre qui se retire devant cette blanche inondation la frange d'un cercle roux.

A mon tour, je me penche en avant : mère Barberin donne une tape sur la queue de la poêle, puis d'un coup de main elle fait sauter la crêpe au grand effroi de Mattia ; mais il n'y a rien à craindre ; après avoir été faire une courte promenade dans la cheminée, la crêpe retombe dans la poêle sens dessus dessous, montrant sa face rissolée.

Je n'ai que le temps de prendre une assiette et la crêpe glisse dedans.

Elle est pour Mattia qui se brûle les doigts, les lèvres, la langue et le gosier ; mais qu'importe, il ne pense pas à sa brûlure.

— Ah ! que c'est bon ! dit-il la bouche pleine.

C'est à mon tour de tendre mon assiette et de me brûler ; mais, pas plus que Mattia je ne pense à la brûlure.

La troisième crêpe est rissolée, et Mattia avance la main, mais Capi pousse une formidable jappement ; il réclame son tour, et comme c'est justice, Mattia lui offre la crêpe au grand scandale de mère Barberin, qui a pour les bêtes l'indifférence des gens de la campagne, et qui ne comprend pas qu'on donne à un chien « un manger de chrétien. » Pour la calmer, je lui explique que Capi est un savant, et que d'ailleurs il a gagné une part de la vache ; et puis, c'est notre camarade, il doit donc manger comme nous, avec nous, puisqu'elle a déclaré qu'elle ne toucherait pas aux crêpes avant que notre terrible faim ne soit calmée.

Il fallut longtemps avant que cette faim et surtout notre gourmandise fussent satisfaites ; cependant il arriva un moment où nous déclarâmes, d'un commun accord, que nous ne mangerions plus une seule crêpe avant que mère Barberin en eût mangé quelques-unes.

Et alors, ce fut à notre tour de vouloir faire les crêpes nous-mêmes : au mien d'abord, à celui de Mattia ensuite ; mettre le beurre, verser la pâte était assez facile, mais ce que nous n'avions pas c'était le coup de main pour faire sauter la crêpe ; j'en mis une dans les cendres, et Mattia en reçut une autre toute brûlante sur la main.

Quand la terrine fut enfin vidée, Mattia qui s'était très-bien aperçu que mère Barberin ne voulait point parler devant lui, « de ce qui avait de l'intérêt pour moi, » déclara qu'il avait envie de voir un peu comment se conduisait la vache dans la cour, et sans rien écouter, il nous laissa en tête-à-tête, mère Barberin et moi.

Si j'avais attendu jusqu'à ce moment, ce n'était cependant pas sans une assez vive impatience, et il avait vraiment fallu tout l'intérêt que je portais à la confection des crêpes pour ne pas me laisser absorber par ma préoccupation.

Si Barberin était à Paris c'était, me semblait-il, pour retrouver Vitalis et se faire payer par celui-ci les années échues pour mon loyer. Je n'avais donc rien à voir là dedans. Vitalis étant mort, il ne pouvait pas payer, et ce n'était pas à moi qu'on pouvait réclamer quelque chose. Mais si Barberin ne pouvait pas me réclamer d'argent, il pouvait me réclamer moi-même, et ayant mis la main sur moi, il pouvait aussi me placer n'importe où, chez n'importe qui, à condition qu'on lui payerait une certaine somme. Or, cela m'intéressait, et même m'intéressait beaucoup, car j'étais bien décidé à tout faire avant de me résigner à subir l'autorité de l'affreux Barberin ; s'il le fallait, je quitterais la France, je m'en irais en Italie avec Mattia, en Amérique, au bout du monde.

Raisonnant ainsi, je me promis d'être circonspect avec mère Barberin, non pas que j'imaginasse avoir à me défier d'elle, la chère femme, je savais combien elle m'aimait, combien elle m'était dévouée ; mais elle tremblait devant son mari, je l'avais bien vu, et, sans le vouloir, si je causais trop, elle pouvait répéter ce que j'avais dit, et fournir ainsi à Barberin le moyen de me rejoindre, c'est-à-dire de me reprendre. Cela ne serait pas au moins par ma faute, je me tiendrais sur mes gardes.

Quand Mattia fut sorti, j'interrogeai mère Barberin.

— Maintenant que nous sommes seuls, me diras-tu en quoi le voyage de Barberin à Paris est intéressant pour moi?

— Bien sûr, mon enfant, et avec plaisir encore.

Avec plaisir! je fus stupéfait.

Avant de continuer, mère Barberin regarda du côté de la porte.

Rassurée elle revint vers moi et à mi-voix, avec le sourire sur le visage :

— Il paraît que ta famille te cherche

— Ma famille !

— Oui, ta famille, mon Remi.

— J'ai une famille, moi? J'ai une famille, mère Barberin, moi l'enfant abandonné !

— Il faut croire que ce n'a pas été volontairement qu'on t'a abandonné, puisque maintenant on te cherche.

— Qui me cherche ? Oh ! mère Barberin, parle, parle vite, je t'en prie.

Puis tout à coup, il me sembla que j'étais fou, et je m'écriai :

— Mais non, c'est impossible, c'est Barberin qui me cherche.

— Oui, sûrement, mais pour ta famille.

— Non, pour lui, pour me reprendre, pour me revendre, mais il ne me reprendra pas.

— Oh ! mon Remi, comment peux-tu penser que je me prêterais à cela ?

— Il veut te tromper, mère Barberin.

— Voyons, mon enfant, sois raisonnable, écoute ce que j'ai à te dire et ne te fais point ainsi des frayeurs.

— Je me souviens.

— Écoute ce que j'ai entendu moi-même : cela tu le croiras, n'est-ce pas ? il y aura lundi prochain un mois, j'étais à travailler dans le fournil quand un homme ou pour mieux dire un monsieur entra dans la maison, où se trouvait Barberin à ce moment. — C'est vous qui vous nommez Barberin ? dit le monsieur qui parlait avec l'accent de quelqu'un qui ne serait pas de notre pays. — Oui, répondit Jérôme, c'est moi. — C'est vous qui avez trouvé un enfant à Paris, avenue de Breteuil, et qui vous êtes chargé de l'élever ? — Oui. — Où est cet enfant présentement, je vous prie ? — Qu'est-ce que ça vous fait, je vous prie, répondit Jérôme.

Si j'avais douté de la sincérité de mère Barberin, j'aurais reconnu à l'amabilité de cette réponse de Barberin, qu'elle me rapportait bien ce qu'elle avait entendu.

— Tu sais, continua-t-elle, que de dedans le fournil on entend ce qui se dit ici, et puis il était question de toi, ça me donnait envie d'écouter. Alors comme pour mieux entendre je m'approchais, je marchai sur une branche qui se cassa. — Nous ne sommes donc pas seuls ? dit le monsieur. — C'est ma femme, répondit Jérôme. — Il fait bien chaud ici, dit le monsieur, si vous vouliez nous sortirions pour causer. Ils s'en allèrent tous deux, et ce fut seulement trois ou quatre heures après que Jérôme revint tout seul. Tu t'imagines combien j'étais curieuse de savoir ce qui s'était dit entre Jérôme et ce monsieur qui était peut-être ton père, mais Jérôme ne répondit pas à tout ce que je lui demandai. Il me dit seulement que ce monsieur n'était pas ton père, mais qu'il faisait des recherches pour te retrouver de la part de ta famille.

— Et où est ma famille ! Quelle est-elle ? Ai-je un père ? une mère ?

— Ce fut ce que je demandai comme toi, à Jérôme. Il me dit qu'il n'en savait rien. Puis il ajouta qu'il allait partir pour Paris afin de retrouver le musicien auquel il t'avait loué, et qui lui avait donné son adresse à Paris rue de Lourcine chez un autre musicien appelé Garofoli. J'ai bien retenu tous les noms, retiens-les toi-même.

— Je les connais, sois tranquille : et depuis son départ Barberin ne t'a rien fait savoir ?

— Non, sans doute il cherche toujours : le monsieur lui avait donné cent francs en cinq louis d'or et depuis il lui aura donné sans doute d'autre argent. Tout cela et aussi les beaux langes dans lesquels tu étais enveloppé lorsqu'on t'a trouvé, est la preuve que tes parents sont riches ; quand je t'ai vu là au coin de la cheminée j'ai cru que tu les avais retrouvés, et c'est pour cela que j'ai cru que ton camarade était ton vrai frère.

A ce moment, Mattia passa devant la porte, je l'appelai :

— Mattia ; mes parents me cherchent, j'ai une famille, une vraie famille.

Mais, chose étrange, Mattia ne parut pas partager ma joie et mon enthousiasme.

Alors je lui fis le récit de ce que mère Barberin venait de me rapporter.

X

L'ANCIENNE ET LA NOUVELLE FAMILLE

Je dormis peu cette nuit-là; et cependant combien de fois, en ces derniers temps, m'étais-je fait fête de coucher dans mon lit d'enfant où j'avais passé tant de bonnes nuits, autrefois, sans m'éveiller, blotti dans mon coin, les couvertures tirées jusqu'au menton; combien de fois aussi lorsque j'avais été obligé de coucher à la belle étoile (qui n'avait pas toujours été belle, hélas!), avais-je regretté cette bonne couverture, glacé par le froid de la nuit, ou transpercé jusqu'aux os par la rosée du matin.

Aussitôt que je fus couché je m'endormis, car j'étais fatigué de ma journée et aussi de la nuit passée dans la prison, mais je ne tardai pas à me réveiller en sursaut, et alors il me fut impossible de retrouver le sommeil : j'étais trop agité, trop enfiévré.

Ma famille!

Quand le sommeil m'avait gagné, c'était à cette famille que j'avais pensé, et pendant le court espace de temps que j'avais dormi, j'avais rêvé famille, père, mère, frères, sœurs ; en quelques minutes, j'avais vécu avec ceux que je ne connaissais pas encore et que j'avais vus en ce moment pour la première fois; chose curieuse, Mattia, Lise, mère Barberin, madame Milligan, Arthur, étaient de ma famille, et mon père était Vitalis, il était ressuscité, et il était très-riche; pendant que nous avions été séparés, il avait eu le temps de retrouver Zerbino et Dolce, qui n'avaient pas été mangés par les loups, comme nous l'avions cru.

Il n'est personne, je crois, qui n'ait eu de ces hallucinations où, dans un court espace de temps, on vit des années entières et où l'on parcourt bien souvent d'incommensurables distances; tout le monde sait comme, au réveil, subsistent fortes et vivaces les sensations qu'on a éprouvées.

Je revis en m'éveillant tous ceux dont je venais de rêver, comme si j'avais passé la soirée avec eux, et tout naturellement il me fut bien impossible de me rendormir.

Peu à peu cependant les sensations de l'hallucination perdirent de leur intensité, mais la réalité s'imposa à mon esprit pour me tenir encore bien mieux éveillé.

Ma famille me cherchait, mais pour la retrouver c'était à Barberin que je devais m'adresser.

Cette pensée seule suffisait pour assombrir ma joie; j'aurais voulu que Barberin ne fût pas mêlé à mon bonheur. Je n'avais pas oublié ses paroles à Vitalis lorsqu'il m'avait vendu à celui-ci, et bien souvent je me les étais répétées : « Il y aura du profit pour ceux qui auront élevé cet enfant : si je n'avais pas compté là-dessus, je ne m'en serais jamais chargé. » Cela avait, depuis cette époque, entretenu mes mauvais sentiments à l'égard de Barberin.

Ce n'était pas par pitié que Barberin m'avait ramassé dans la rue, ce n'était pas par pitié non plus qu'il s'était chargé de moi, c'était tout simplement parce que j'étais enveloppé dans de beaux langes, c'était parce qu'il y aurait profit un jour à me rendre à mes parents; ce jour n'étant pas venu assez vite au gré de son désir, il m'avait vendu à Vitalis; maintenant il allait me vendre à mon père.

Quelle différence entre le mari et la femme; ce n'était pas pour l'argent qu'elle m'avait aimée, moi, Barberin. Ah! comme j'aurais voulu trouver un moyen pour que ce fût elle qui eût le profit et non Barberin!

Mais j'avais beau chercher, me tourner et me retourner dans mon lit, je ne trouvais rien et toujours je revenais à cette idée désespérante que ce serait Barberin qui me ramènerait à mes parents, que ce serait lui qui serait remercié, récompensé.

Enfin il fallait bien en passer par là, puisqu'il était impossible de faire autrement, ce serait à moi plus tard, quand je serais riche, de bien marquer la différence que j'établissais dans mon cœur entre la femme et le mari, ce serait à moi de remercier et de récompenser mère Barberin.

Pour le moment je n'avais qu'à m'occuper de Barberin, c'est-à-dire que je devais le chercher et le trouver, car il n'était pas de ces maris qui ne font point un pas sans dire à leur femme où ils vont et où l'on pourra s'adresser si l'on a besoin d'eux; tout ce que mère Barberin savait, c'était que son homme était à Paris ; depuis son départ il n'avait point écrit, pas plus qu'il n'avait envoyé de ses nouvelles par quelque compatriote, quelque maçon revenant au pays : ces attentions amicales n'étaient point dans ses habitudes.

Où était-il, où logeait-il ? elle ne le savait pas précisément et de façon à pouvoir lui adresser une lettre, mais il n'y avait qu'à le chercher chez deux ou trois logeurs du quartier Mouffetard dont elle connaissait les noms, et on le trouverait certainement chez l'un ou chez l'autre.

Je devais donc partir pour Paris et chercher moi-même celui qui me cherchait.

Assurément c'était pour moi une joie bien grande, bien inespérée d'avoir une famille ; cependant cette joie dans les conditions où elle m'arrivait, n'était pas sans un mélange d'ennuis et même de chagrin.

J'avais espéré que nous pourrions passer plusieurs jours tranquilles, heureux, auprès de mère Barberin jouer à mes anciens jeux avec Mattia, et voilà que e lendemain même, nous devions nous remettre en route.

En partant de chez mère Barberin, je devais aller au bord de la mer, à Esnandes, voir Etiennette, — il me fallait donc maintenant renoncer à ce voyage et ne point embrasser cette pauvre Etiennette qui avait été si bonne et si affectueuse pour moi.

Après avoir vu Etiennette je devais aller à Dreuzy, dans la Nièvre, pour donner à Lise des nouvelles de son frère et de sa sœur, — il me fallait donc aussi renoncer à Lise comme j'aurais renoncé à Etiennette.

Ce fut à agiter ces pensées que je passai ma nuit presque tout entière, me disant tantôt que je ne devais abandonner ni Etiennette ni Lise, tantôt au contraire que je devais courir à Paris aussi vite que possible pour retrouver ma famille.

Enfin je m'endormis sans m'être arrêté à aucune résolution, et cette nuit, qui, m'avait-il semblé, devait être la meilleure des nuits, fut la plus agitée et la plus mauvaise dont j'aie gardé le souvenir.

Le matin, lorsque nous fûmes tous les trois réunis, mère Barberin, Mattia et moi, autour de l'âtre où sur un feu clair chauffait le lait de notre vache, nous tînmes conseil.

Que devais-je faire?

Et je racontai mes angoisses, mes irrésolutions de la nuit.

— Il faut aller tout de suite à Paris, dit mère Barberin, tes parents te cherchent, ne retarde pas leur joie.

Et elle développa cette idée en l'appuyant de bien des raisons, qui à mesure qu'elle les expliquait me paraissaient toutes meilleures les unes que les autres.

— Alors nous allons partir pour Paris, dis-je, c'est entendu.

Mais Mattia ne montra aucune approbation pour cette résolution, tout au contraire.

— Tu trouves que nous ne devons pas aller à Paris, lui dis-je, pourquoi ne donnes-tu pas tes raisons comme mère Barberin a donné les siennes?

Il secoua la tête.

— Tu me vois assez tourmenté pour ne pas hésiter à m'aider.

— Je trouve, dit-il enfin, que les nouveaux ne doivent pas faire oublier les anciens : jusqu'à ce jour ta famille c'était Lise, Étiennette, Alexis et Benjamin, qui avaient été des sœurs et des frères pour toi, qui t'avaient aimé; mais voilà une nouvelle famille qui se présente, que tu ne connais pas, qui n'a rien fait pour toi que te déposer dans la rue, et tout à coup tu abandonnes ceux qui ont été bons pour ceux qui ont été mauvais; je trouve que cela n'est pas juste.

— Il ne faut pas dire que les parents de Remi l'ont abandonné, interrompit mère Barberin; on leur a peut-être pris leur enfant qu'ils pleurent et qu'ils attendent, qu'ils cherchent depuis ce jour.

— Je ne sais pas cela, mais je sais que le père Acquin a ramassé Remi mourant au coin de sa porte, qu'il l'a soigné comme son enfant, et que Alexis, Benjamin, Etiennette et Lise l'ont aimé comme leur frère, et je dis que ceux qui l'ont accueilli ont bien au moins autant de droits à son amitié que ceux qui, volontairement ou involontairement, l'ont perdu. Chez le père Acquin et chez ses enfants, l'amitié a été volontaire; ils ne devaient rien à Remi.

Mattia prononça ces paroles comme s'il était fâché contre moi, sans me regarder, sans regarder mère Barberin. Cela me peina, mais cependant sans que le chagrin de me voir ainsi blâmé m'empêchât de sentir toute la force de ce raisonnement. D'ailleurs j'étais dans la situation de ces gens irrésolus qui se rangent bien souvent du côté de celui qui a parlé le dernier.

— Mattia a raison, dis-je, et ce n'était pas le cœur léger que je me décidais à aller à Paris sans avoir vu Etiennette et Lise.

— Mais tes parents ! insista mère Barberin.

Il fallait se prononcer ; j'essayai de tout concilier.

— Nous n'irons pas voir Etiennette, dis-je, parce que ce serait un trop long détour; d'ailleurs Etiennette sait lire et écrire, nous pouvons donc nous entendre avec elle par lettre; mais avant d'aller à Paris nous passerons par Dreuzy pour voir Lise; si cela nous retarde, le retard ne sera pas considérable; et puis Lise ne sait pas écrire, elle ne sait pas lire et c'est pour elle surtout que j'ai entrepris ce voyage; je lui parlerai d'Alexis et en demandant à Etiennette de m'écrire à Dreuzy je lui lirai cette lettre.

— Bon, dit Mattia en souriant.

Il fut convenu que nous partirions le lendemain, et je passai une partie de la journée à écrire une longue lettre à Etiennette, en lui expliquant pourquoi je n'allais pas la voir comme j'en avais eu l'intention.

Et le lendemain, une fois encore, j'eus à supporter la tristesse des adieux; mais au moins je ne quittai pas Chavanon comme je l'avais fait avec Vitalis; je pus embrasser mère Barberin et lui promettre de revenir la voir bientôt avec mes parents; toute notre soirée, la veille du départ, fut employée à discuter ce que je lui donnerais : rien ne serait trop beau pour elle; n'allais-je pas être riche?

— Rien ne vaudra pour moi ta vache, mon petit Remi, me dit-elle, et avec toutes tes richesses tu ne pourras me rendre plus heureuse que tu ne l'as fait avec ta pauvreté.

Notre pauvre petite vache, il fallut aussi nous séparer d'elle ; Mattia l'embrassa plus de dix fois sur le mufle, ce qui parut lui être agréable, car à chaque baiser elle allongeait sa grande langue.

Nous voilà de nouveau sur les grands chemins, le sac au dos, Capi en avant de nous ; nous marchons à grands pas ou, plus justement, de temps en temps sans trop savoir ce que je fais, poussé à mon insu par la hâte d'arriver à Paris, j'allonge le pas.

Mais Mattia, après m'avoir suivi un moment, me dit que, si nous allons ainsi, nous ne tarderons pas à être à bout de forces, et alors je ralentis ma marche, puis bientôt de nouveau je l'accélère.

—Comme tu es pressé ! me dit Mattia d'un air chagrin.

— C'est vrai, et il me semble que tu devrais l'être aussi, car ma famille sera ta famille.

Il secoua la tête.

Je fus dépité et peiné de voir ce geste que j'avais déjà remarqué plusieurs fois depuis qu'il était question de ma famille.

— Ne sommes-nous pas frères?

— Oh ! entre nous bien sûr, et je ne doute pas de toi, je suis ton frère aujourd'hui, je le serai demain, cela je le crois, je le sens.

— Eh bien ?

— Eh bien ! pourquoi veux-tu que je sois le frère de tes frères si tu en as, le fils de ton père et de ta mère ?

—Est-ce que si nous avions été à Lucca je n'aurais pas été le frère de ta sœur Cristina ?

— Oh ! oui, bien sûr.

— Alors pourquoi ne serais-tu pas le frère de mes frères et de mes sœurs si j'en ai ?

— Parce que ce n'est pas la même chose, pas du tout, pas du tout.

— En quoi donc ?

— Je n'ai pas été emmaillotté dans des beaux langes, moi, dit Mattia.

— Qu'est-ce que cela fait ?

— Cela fait beaucoup, cela fait tout, tu le sais comme moi. Tu serais venu à Lucca, et je vois bien maintenant que tu n'y viendras jamais ; tu aurais été reçu par des pauvres gens, mes parents, qui n'auraient eu rien à te reprocher, puisqu'ils auraient été plus pauvres que toi. Mais si les beaux langes disent vrai, comme le pense mère Barberin et comme cela doit être, tes parents sont riches ; ils sont peut-être des personnages ! Alors comment veux-tu qu'ils accueillent un pauvre petit misérable comme moi ?

— Que suis-je donc moi-même, si ce n'est un misérable ?

— Présentement, mais demain tu seras leur fils, et moi je serai toujours le misérable que je suis aujourd'hui ; on t'enverra au collége : on te donnera des maîtres, et moi je n'aurai qu'à continuer ma route tout seul, en me souvenant de toi, comme, je l'espère, tu te souviendras de moi aussi.

— Oh ! mon cher Mattia, comment peux-tu parler ainsi ?

— Je parle comme je pense, *o mio caro*, et voilà pourquoi je ne peux pas être joyeux de ta joie : pour cela, pour cela seulement, parce que nous allons être séparés, et que j'avais cru, je m'étais imaginé, bien des fois même j'avais rêvé que nous serions toujours ensemble, comme nous sommes. Oh ! pas comme nous sommes en ce moment, de pauvres musiciens des rues ; nous aurions travaillé tous les deux ; nous serions devenus de vrais musiciens, jouant devant un vrai public, sans nous quitter jamais.

— Mais cela sera, mon petit Mattia ; si mes parents sont riches, ils le seront pour toi comme pour moi, s'ils m'envoient au collége, tu y viendras avec moi ; nous ne nous quitterons pas, nous travaillerons ensemble, nous serons toujours ensemble, nous grandirons, nous vivrons ensemble comme tu le désires et comme je le désire aussi, tout aussi vivement que toi, je t'assure.

— Je sais bien que tu le désires, mais tu ne seras plus ton maître comme tu l'es maintenant.

— Voyons, écoute-moi : si mes parents me cherchent, cela prouve, n'est-ce pas, qu'ils s'intéressent à moi, alors ils m'aiment ou ils m'aimeront; s'ils m'aiment ils ne me refuseront par ce que je leur demanderai. Et ce que je leur demanderai ce sera de rendre heureux ceux qui ont été bons pour moi, qui m'ont aimé quand j'étais seul au monde, mère Barberin, le père Acquin qu'on fera sortir de prison, Etiennette, Alexis, Benjamin, Lise et toi ; Lise qu'il prendront avec eux, qu'on instruira, qu'on guérira, et toi qu'on mettra au collége avec moi, si je dois aller au collége. Voilà comment les choses se passeront, — si mes parents sont riches, et tu sais bien que je serais très-content qu'ils fussent riches.

— Et moi, je serais très-content qu'ils fussent pauvres.
— Tu es bête !
— Peut-être bien.

Et sans en dire davantage, Mattia appela Capi; l'heure était arrivée de nous arrêter pour déjeuner; il prit le chien dans ses bras, et s'adressant à lui comme s'il avait parlé à une personne qui pouvait le comprendre et lui répondre :

— N'est-ce pas, vieux Capi, que toi aussi tu aimerais mieux que les parents de Remi fussent pauvres ?

En entendant mon nom, Capi comme toujours poussa un aboiement de satisfaction, et il mit sa patte droite sur sa poitrine.

— Avec des parents pauvres, nous continuons notre existence libre, tous les trois; nous allons où nous voulons, et nous n'avons d'autres soucis que de satisfaire « l'honorable société. »

— Ouah, ouah.

— Avec des parents riches, au contraire, Capi est mis à la cour, dans une niche, et probablement à la chaîne, une belle chaîne en acier, mais enfin une chaîne, parce que les chiens ne doivent pas entrer dans la maison des riches.

J'étais jusqu'à un certain point fâché que Mattia me souhaitât des parents pauvres, au lieu de partager le rêve qui m'avait été inspiré par mère Barberin et que j'avais si promptement et si pleinement adopté; mais d'une autre côté j'étais heureux de voir enfin et de comprendre le sentiment qui avait provoqué sa tristesse, — c'était l'amitié, c'était la peur de la séparation, et ce n'était que cela ; je ne pouvais donc pas lui tenir rigueur de ce qui, en réalité, était un témoignage d'attachement et de tendresse. Il m'aimait, Mattia, et, ne pensant qu'à notre affection, il ne voulait pas qu'on nous séparât.

Si nous n'avions pas été obligés de gagner notre pain quotidien, j'aurais, malgré Mattia, continué de forcer le pas, mais il fallait jouer dans les gros villages qui se trouvaient sur notre route, et en attendant que mes riches parents eussent partagé avec nous leurs richesses, nous devions nous contenter des petits sous que nous ramassions difficilement çà et là, au hasard.

Nous mîmes donc plus de temps que je n'aurais voulu à nous rendre de la Creuse dans la Nièvre, c'est-à-dire de Chavanon à Dreuzy, en passant par Aubusson, Montluçon, Moulins et Decize.

D'ailleurs, en plus du pain quotidien, nous avions encore une autre raison qui nous obligeait à faire des recettes aussi grosses que possible. Je n'avais pas oublié ce que mère Barberin m'avait dit quand elle m'avait assuré qu'avec toutes mes richesses je ne pourrais jamais la rendre plus heureuse que je ne l'avais fait avec ma pauvreté, et je voulais que ma petite Lise fût heureuse comme l'avait été mère Barberin. Assurément je partagerais ma richesse avec Lise, cela ne faisait pas de doute, au moins pour moi, mais en attendant, mais avant que je fusse riche, je voulais porter à Lise un cadeau acheté avec l'argent que j'aurais gagné, — le cadeau de la pauvreté.

Ce fut une poupée que nous achetâmes à Decize et qui, par bonheur, coûtait moins cher qu'une vache.

De Decize à Dreuzy nous n'avions plus qu'à nous hâter, ce que nous fîmes, car à l'exception de Châtillon-en-Bazois nous ne trouvions sur notre route que de pauvres villages, où les paysans n'étaient pas disposés à prendre sur leur nécessaire, pour être généreux avec des musiciens dont ils n'avaient pas souci.

A partir de Châtillon nous suivîmes les bords du canal, et ces rives boisées, cette eau tranquille, ces péniches qui s'en allaient doucement traînées par des chevaux me reportèrent au temps heureux où, sur le *Cygne* avec madame Milligan et Arthur, j'avais ainsi navigué sur un canal. Où était-il maintenant le *Cygne*? Combien de fois lorsque nous avions traversé ou longé un canal avais-je demandé si l'on avait vu passer un bateau de plaisance qui, par sa verandah, par son luxe d'aménagement, ne pouvait être confondu avec aucun autre. Sans doute madame Milligan était retournée en Angleterre, avec son Arthur guéri. C'était là le probable, c'était là ce qu'il était sensé de croire, et cependant plus d'une fois, côtoyant les bords de ce canal du Nivernais, je me demandai en apercevant de loin un bateau traîné par des chevaux, si ce n'était pas le *Cygne* qui venait vers nous.

Comme nous étions à l'automne, nos journées de marche étaient moins longues que dans l'été, et nous prenions nos dispositions pour arriver autant que possible dans les villages où nous devions coucher, avant que la nuit fût tout à fait tombée. Cependant bien que nous eussions forcé le pas, surtout dans la fin de notre étape, nous n'entrâmes à Dreuzy qu'à la nuit noire.

Pour arriver chez la tante de Lise, nous n'avions

qu'à suivre le canal, puisque le mari de tante Catherine, qui était éclusier, demeurait dans une maison bâtie à côté même de l'écluse dont il avait la garde ; cela nous épargna du temps, et nous ne tardâmes pas à trouver cette maison, située à l'extrémité du village, dans une prairie plantée de hauts arbres qui de loin paraissaient flotter dans le brouillard.

Mon cœur battait fort en approchant de cette maison dont la fenêtre était éclairée par la réverbération d'un grand feu qui brûlait dans la cheminée, en jetant de temps en temps des nappes de lumière rouge, qui illuminaient notre chemin.

Lorsque nous fûmes tout près de la maison, je vis que la porte et la fenêtre étaient fermées, mais par cette fenêtre qui n'avait ni volets ni rideaux, j'aperçus Lise à table, à côté de sa tante, tandis qu'un homme, son oncle sans doute, placé devant elle, nous tournait le dos.

— On soupe, dit Mattia, c'est le bon moment.

Mais je l'arrêtai de la main sans parler, tandis que de l'autre je faisais signe à Capi de rester derrière moi silencieux.

Puis dépassant la bretelle de ma harpe, je me préparai à jouer.

— Ah ! oui, dit Mattia à voix basse, une sérénade, c'est une bonne idée.

— Non pas toi, moi tout seul.

Et je jouai les premières notes de ma chanson napolitaine, mais sans chanter, pour que ma voix ne me trahît pas.

En jouant, je regardais Lise : elle leva vivement la

tête, et je vis ses yeux lancer comme un éclair.

Je chantai.

Alors, elle sauta à bas de sa chaise, et courut vers la porte ; je n'eus que le temps de donner ma harpe à Mattia, Lise était dans mes bras.

On nous fit entrer dans la maison, puis après que tante Catherine m'eut embrassé, elle mit deux couverts sur la table.

Mais alors, je la priai d'en mettre un troisième.

— Si vous voulez bien, dis-je, nous avons une petite camarade avec nous.

Et de mon sac, je tirai notre poupée, que j'assis sur la chaise qui était à côté de celle de Lise.

Le regard que Lise me jeta, je ne l'ai jamais oublié, et je le vois encore.

XI

BARBERIN

Si je n'avais pas eu hâte d'arriver à Paris, je serais resté longtemps, très-longtemps avec Lise; nous avions tant de choses à nous dire, et nous pouvions nous en dire si peu avec le langage que nous employions.

Lise avait à me raconter son installation à Dreuzy, comment elle avait été prise en grande amitié par son oncle et sa tante, qui, des cinq enfants qu'ils avaient eus, n'en avaient plus un seul, malheur trop commun dans les familles de la Nièvre, où les femmes abandonnent leurs propres enfants pour être nourrices à Paris; — comment ils la traitaient comme leur vraie fille; comment elle vivait dans leur maison, quelles étaient ses occupations, quels étaient ses jeux et ses plaisirs : la pêche, les promenades en bateau, les courses dans les grands bois, qui prenaient presque tout son temps, puisqu'elle ne pouvait pas aller à l'école.

Et moi, de mon côté, j'avais à lui dire tout ce qui m'était arrivé depuis notre séparation, comment j'avais failli périr dans la mine où Alexis travaillait, et comment, en arrivant chez ma nourrice, j'avais appris que ma famille me cherchait, ce qui m'avait empêché d'aller voir Etiennette comme je le désirais.

Bien entendu, ce fut ma famille qui tint la grande place dans mon récit, ma famille riche, et je répétai à Lise ce que j'avais déjà dit à Mattia, insistant surtout sur mes espérances de fortune qui, se réalisant, nous permettraient à tous d'être heureux : son père, ses frères, elle, surtout elle.

Lise, qui n'avait point acquis la précoce expérience de Mattia, et qui, heureusement pour elle, n'avait point été à l'école des élèves de Garofoli, était toute disposée à admettre que ceux qui étaient riches n'avaient qu'à être heureux en ce monde, et que la fortune était un talisman qui, comme dans les contes de fées, donnait instantanément tout ce qu'on pouvait désirer. — N'était-ce point parce que son père était pauvre, qu'il avait été mis en prison, et que la famille avait été dispersée! Que ce fût moi qui fusse riche, que ce fût elle, peu importait ; c'était même chose, au moins quant au résultat ; nous étions tous heureux, et elle n'avait souci que de cela : tous réunis, tous heureux.

Ce n'était pas seulement à nous entretenir devant l'écluse, au bruit de l'eau qui se précipitait par les vannes, que nous passions notre temps, c'était encore à nous promener tous les trois, Lise, Mattia et moi ; ou plus justement tous les cinq, car M. Capi et mademoiselle la poupée étaient de toutes nos promenades.

Mes courses à travers la France avec Vitalis pendant

plusieurs années et avec Mattia en ces derniers mois m'avaient fait parcourir bien des pays : je n'en avais vu aucun d'aussi curieux que celui au milieu duquel nous nous trouvions en ce moment ; des bois immenses, de belles prairies, des rochers, des collines, des cavernes, des cascades écumantes, des étangs tranquilles, et dans la vallée étroite, aux coteaux escarpés de chaque côté le canal, qui se glissait en serpentant. C'était superbe : on n'entendait que le murmure des eaux, le chant des oiseaux ou la plainte du vent dans les grands arbres. Il est vrai que j'avais trouvé aussi quelques années auparavant que la vallée de la Bièvre était jolie. Je ne voudrais donc pas qu'on me crût trop facilement sur parole. Ce que je veux dire, c'est que partout où je me suis promené avec Lise, où nous avons joué ensemble, le pays m'a paru posséder des beautés et un charme, que d'autres plus favorisés peut-être n'avaient pas à mes yeux : j'ai vu ce pays avec Lise et il est resté dans mon souvenir éclairé par ma joie.

Le soir nous nous asseyions devant la maison quand il ne faisait pas trop humide, devant la cheminée quand le brouillard était épais, et pour le plus grand plaisir de Lise, je lui jouais de la harpe. Mattia aussi jouait du violon ou du cornet à piston, mais Lise préférait la harpe, ce qui ne me rendait pas peu fier ; au moment de nous séparer pour aller nous coucher, Lise me demandait ma chanson napolitaine, et je la lui chantais.

Cependant, malgré tout, il fallut quitter Lise et ce pays pour se remettre en route.

Mais pour moi ce fut sans trop de chagrin ; j'avais si souvent caressé mes rêves de richesses, que j'en étais arrivé à croire, non pas que je serais riche un jour, mais que j'étais riche déjà, et que je n'avais qu'à former un souhait pour pouvoir le réaliser dans un avenir prochain, très-prochain, presque immédiat.

Mon dernier mot à Lise (mot non parlé bien entendu mais exprimé) fera mieux que de longues explications comprendre combien sincère j'étais dans mon illusion.

— Je viendrai te chercher dans une voiture à quatre chevaux, lui dis-je.

Et elle me crut, si bien que de la main elle fit signe de claquer les chevaux : elle voyait assurément la voiture, tout comme je la voyais moi-même.

Cependant avant de faire en voiture la route de Paris à Dreuzy, il fallut faire à pied celle de Dreuzy à Paris; et sans Mattia je n'aurais eu d'autre souci que d'allonger les étapes, me contentant de gagner le strict nécessaire pour notre vie de chaque jour ; à quoi bon prendre de la peine maintenant, nous n'avions plus ni vache, ni poupée à acheter, et pourvu que nous eussions notre pain quotidien, ce n'était pas à moi à porter de l'argent à mes parents.

Mais Mattia ne se laissait pas toucher par les raisons que je lui donnais pour justifier mon opinion.

— Gagnons ce que nous pouvons gagner, disait-il en m'obligeant à prendre ma harpe. Qui sait si nous trouverons Barberin tout de suite?

— Si nous ne le trouvons pas à midi, nous le trouverons à deux heures ; la rue Mouffetard n'est pas si longue.

— Et s'il ne demeure plus rue Mouffetard?

— Nous irons là où il demeure.

— Et s'il est retourné à Chavanon; il faudra lui écrire, attendre sa réponse; pendant ce temps-là, de quoi vivrons-nous, si nous n'avons rien dans nos poches? On dirait vraiment que tu ne connais point Paris. Tu as donc oublié les carrières de Gentilly?

— Non.

— Eh bien, moi, je n'ai pas non plus oublié le mur de l'église Saint-Médard, contre lequel je me suis appuyé pour ne pas tomber quand je mourais de faim. Je ne veux pas avoir faim à Paris.

— Nous dînerons mieux en arrivant chez mes parents.

— Ce n'est pas parce que j'ai bien déjeuné que je ne dîne pas; mais quand je n'ai ni déjeuné ni dîné je ne suis pas à mon aise et je n'aime pas ça; travaillons donc comme si nous avions une vache à acheter pour tes parents.

C'était là un conseil plein de sagesse; j'avoue cependant que je ne chantai plus comme lorsqu'il s'agissait de gagner des sous pour la vache de la mère Barberin, ou pour la poupée de Lise.

— Comme tu seras paresseux quand tu seras riche! disait Mattia.

A partir de Corbeil, nous retrouvâmes la route que nous avions suivie six mois auparavant quand nous avions quitté Paris pour aller à Chavanon, et avant d'arriver à Villejuif, nous entrâmes dans la ferme où nous avions donné le premier concert de notre association en faisant danser une noce. Le marié et la mariée nous reconnurent et ils voulurent que nous les fissions danser encore. On nous donna à souper et à coucher.

Ce fut de là que nous partîmes le lendemain matin pour faire notre rentrée dans Paris : il y avait juste six mois et quatorze jours que nous en étions sortis.

Mais la journée du retour ne ressemblait guère à celle du départ : le temps était gris et froid ; plus de soleil au ciel, plus de fleurs, plus de verdure sur les bas-côtés de la route ; le soleil d'été avait accompli son œuvre, puis étaient venus les premiers brouillards de l'automne ; ce n'était plus des fleurs de giroflées qui du haut des murs nous tombaient maintenant sur la tête, c'étaient des feuilles desséchées qui se détachaient des arbres jaunis.

Mais qu'importait la tristesse du temps ! nous avions en nous une joie intérieure qui n'avait pas besoin d'excitation étrangère.

Quand je dis nous, cela n'est pas exact, c'était en moi qu'il y avait de la joie et en moi seul.

Pour Mattia, à mesure que nous approchions de Paris, il était de plus en plus mélancolique, et souvent il marchait durant des heures entières sans m'adresser la parole.

Jamais il ne m'avait dit la cause de cette tristesse, et moi, m'imaginant qu'elle tenait uniquement à ses craintes de séparation, je n'avais pas voulu lui répéter ce que je lui avais expliqué plusieurs fois : c'est-à-dire que mes parents ne pouvaient pas avoir la pensée de nous séparer.

Ce fut seulement quand nous nous arrêtâmes pour

déjeuner, avant d'arriver aux fortifications, que, tout en mangeant son pain, assis sur une pierre, il me dit ce qui le préoccupait si fort.

— Sais-tu à qui je pense au moment d'entrer à Paris?

— A qui?

— Oui à qui; c'est à Garofoli. S'il était sorti de prison? Quand on m'a dit qu'il était en prison, je n'ai pas eu l'idée de demander pour combien de temps; il peut donc être en liberté, maintenant, et revenu dans son logement de la rue de Lourcine. C'est rue Mouffetard que nous devons chercher Barberin, c'est-à-dire dans le quartier même de Garofoli, à sa porte. Que se passera-t-il si par hasard il nous rencontre? il est mon maître, il est mon oncle. Il peut donc me reprendre avec lui, sans qu'il me soit possible de lui échapper. Tu avais peur de retomber sous la main de Barberin, tu sens combien j'ai peur de retomber sous celle de Garofoli. Oh! ma pauvre tête! Et puis la tête ce ne serait rien encore à côté de la séparation; nous ne pourrions plus nous voir; et cette séparation par ma famille, serait autrement terrible que par la tienne. Certainement Garofoli voudrait te prendre avec lui et te donner l'instruction qu'il offre à ses élèves avec accompagnement de fouet; mais toi, tu ne voudrais pas venir, et moi je ne voudrais pas de ta compagnie. Tu n'as jamais été battu, toi!

L'esprit emporté par mon espérance, je n'avais pas pensé à Garofoli; mais tout ce que Mattia venait de me dire était possible et je n'avais pas besoin d'explication pour comprendre à quel danger nous étions exposés.

— Que veux-tu? lui demandai-je, veux-tu ne pas entrer dans Paris?

— Je crois que si je n'allais pas dans la rue Mouffetard, ce serait assez pour échapper à la mauvaise chance de rencontrer Garofoli.

— Eh bien, ne viens pas rue Mouffetard, j'irai seul; et nous nous retrouverons quelque part ce soir, à 7 heures.

L'endroit convenu entre Mattia et moi pour nous retrouver fut le bout du pont de l'Archevêché, du côté du chevet de Notre-Dame; et les choses ainsi arrangées nous nous remîmes en route pour entrer dans Paris.

Arrivés à la place d'Italie nous nous séparâmes, émus tous deux comme si nous ne devions plus nous revoir, et tandis que Mattia et Capi descendaient vers le Jardin des Plantes, je me dirigeai vers la rue Mouffetard, qui n'était qu'à une courte distance.

C'était la première fois depuis six mois que je me trouvais seul sans Mattia, sans Capi près de moi, et, dans ce grand Paris, cela me produisait une pénible sensation.

Mais je ne devais pas me laisser abattre par ce sentiment : n'allais-je pas retrouver Barberin, et par lui ma famille?

J'avais écrit sur un papier les noms et les adresses des logeurs chez lesquels je devais trouver Barberin; mais cela avait été une précaution superflue, je n'avais oublié ni ces noms ni ces adresses, et je n'eus pas besoin de consulter mon papier : Pajot, Barrabaud et Chopinet.

Ce fut Pajot que je rencontrai le premier sur mon chemin en descendant la rue Mouffetard. J'entrai assez bravement dans une gargote qui occupait le rez-de-chaussée d'une maison meublée; mais ce fut d'une voix tremblante que je demandai Barberin.

— Qu'est-ce que c'est que Barberin?
— Barberin de Chavanon.

Et je fis le portrait de Barberin, ou tout au moins du Barberin que j'avais vu quand il était revenu de Paris : visage rude, air dur, la tête inclinée sur l'épaule droite.

— Nous n'avons pas ça ! connais pas !

Je remerciai et j'allai un peu plus loin chez Barrabaud ; celui-là, à la profession de logeur en garni joignait celle de fruitier.

Je posai de nouveau ma question.

Tout d'abord j'eus du mal à me faire écouter ; le mari et la femme étaient occupés, l'un à servir une pâtée verte, qu'il coupait avec une sorte de truelle et qui, disait-il, était des épinards; l'autre était en discussion avec une pratique pour un sou rendu en moins. Enfin ayant répété trois fois ma demande, j'obtins une réponse.

— Ah ! oui, Barberin... Nous avons eu ça dans les temps ; il y a au moins quatre ans.

— Cinq, dit la femme, même qu'il nous doit une semaine; où est-il, ce coquin-là ?

C'était justement ce que je demandais.

Je sortis désappointé et jusqu'à un certain point inquiet : je n'avais plus que Chopinet ; à qui m'adresser, si celui-là ne savait rien? où chercher Barberin?

Comme Pajot, Chopinet était restaurateur, et lorsque j'entrai dans la salle où il faisait la cuisine et où il donnait à manger, plusieurs personnes étaient attablées.

J'adressai mes questions à Chopinet lui-même qui, une cuiller à la main, était en train de tremper des soupes à ses pratiques.

— Barberin, me répondit-il, il n'est plus ici.

— Et où est-il? demandai-je en tremblant.

— Ah! je ne sais pas.

J'eus un éblouissement; il me sembla que les casseroles dansaient sur le fourneau.

— Où puis-je le chercher? dis-je.

— Il n'a pas laissé son adresse.

Ma figure trahit sans doute ma déception d'une façon éloquente et touchante, car l'un des hommes qui mangeaient à une table placée près du fourneau, m'interpella.

— Qu'est-ce que tu lui veux, à Barberin? me demanda-t-il.

Il m'était impossible de répondre franchement et de raconter mon histoire.

— Je viens du pays, son pays, Chavanon, et je viens lui donner des nouvelles de sa femme; elle m'avait dit que je le trouverais ici.

— Si vous savez où est Barberin, dit le maître d'hôtel en s'adressant à celui qui m'avait interrogé, vous pouvez le dire à ce garçon qui ne lui veut pas de mal, bien sûr, n'est-ce pas, garçon?

— Oh! non, monsieur!

L'espoir me revint.

— Barberin doit loger maintenant à l'hôtel du Cantal, passage d'Austerlitz : il y était il y a trois semaines.

Je remerciai et sortis, mais avant d'aller au passage d'Austerlitz qui, je le pensais, était au bout du pont d'Austerlitz, je voulus savoir des nouvelles de Garofoli pour les porter à Mattia.

J'étais précisément tout près de la rue de Lourcine; je n'eus que quelques pas à faire pour trouver la maison où j'étais venu avec Vitalis : comme le jour où nous nous y étions présentés pour la première fois, un vieux bonhomme, le même vieux bonhomme, accrochait des chiffons contre la muraille verdâtre de la cour ; c'était à croire qu'il n'avait fait que cela depuis que je l'avais vu.

— Est-ce que M. Garofoli est revenu? demandai-je.

Le vieux bonhomme me regarda et se mit à tousser sans me répondre : il me sembla que je devais laisser comprendre que je savais où était Garofoli, sans quoi je n'obtiendrais rien de ce vieux chiffonnier.

— Il est toujours là-bas? dis-je en prenant un air fin, il doit s'ennuyer.

— Possible, mais le temps passe tout de même.

— Peut-être pas aussi vite pour lui que pour nous.

Le bonhomme voulut bien rire de cette plaisanterie, ce qui lui donna une terrible quinte.

— Est-ce que vous savez quand il doit revenir? dis-je lorsque la toux fut apaisée.

— Trois mois.

Garofoli en prison pour trois mois encore, Mattia pouvait respirer ; car avant trois mois mes parents auraient bien trouvé le moyen de mettre le terrible *padrone* dans l'impossibilité de rien entreprendre contre son neveu.

Si j'avais eu un moment d'émotion cruelle chez Chopinet, l'espérance maintenant m'était revenue ; j'allais trouver Barberin à l'hôtel du Cantal.

Sans plus tarder je me dirigeai vers le passage d'Austerlitz, plein d'espérance et de joie et par suite de ces sentiments sans doute, tout disposé à l'indulgence pour Barberin.

Après tout, il n'était peut-être pas aussi méchant qu'il en avait l'air : sans lui je serais très-probablement mort de froid et de faim dans l'avenue de Breteuil ; il est vrai qu'il m'avait enlevé à mère Barberin pour me vendre à Vitalis, mais il ne me connaissait pas, et dès lors il ne pouvait pas avoir de l'amitié pour un enfant qu'il n'avait pas vu, et puis il était poussé par la misère, qui fait faire tant de mauvaises choses. Présentement il me cherchait, il s'occupait de moi, et si je retrouvais mes parents, c'était à lui que je le devais : cela méritait mieux que la répulsion que je nourrissais contre lui depuis le jour où j'avais quitté Chavanon, le poignet pris dans la main de Vitalis. Envers lui aussi je devrais me montrer reconnaissant : si ce n'était point un devoir d'affection et de tendresse comme pour mère Barberin, en tout cas c'en était un de conscience.

En traversant le Jardin des Plantes, la distance n'est pas longue de la rue de Lourcine au passage d'Austerlitz, je ne tardai pas à arriver devant l'hôtel du Cantal, qui n'avait d'un hôtel que le nom, étant en réalité un misérable garni. Il était tenu par une vieille femme à la tête tremblante et à moitié sourde.

Lorsque je lui eus adressé ma question ordinaire, elle mit sa main en cornet derrière son oreille et elle me pria de répéter ce que je venais de lui demander.

— J'ai l'ouïe un peu dure, dit-elle à voix basse.

— Je voudrais voir Barberin, Barberin de Chavanon, il loge chez vous, n'est-ce pas?

Sans me répondre elle leva ses deux bras en l'air par un mouvement si brusque que son chat endormi sur elle sauta à terre épouvanté.

— Hélas! hélas! dit-elle.

Puis me regardant avec un tremblement de tête plus fort :

— Seriez-vous le garçon? demanda-t-elle.

— Quel garçon?

— Celui qu'il cherchait.

Qu'il cherchait. En entendant ce mot, j'eus le cœur serré.

— Barberin! m'écriai-je.

— Défunt, c'est défunt Barberin qu'il faut dire.

Je m'appuyai sur ma harpe.

— Il est donc mort? dis-je en criant assez haut pour me faire entendre, mais d'une voix que l'émotion rendait rauque.

— Il y a huit jours, à l'hôpital Saint-Antoine.

Je restai anéanti ; mort Barberin ! et ma famille, comment la trouver maintenant, où la chercher?

— Alors vous êtes le garçon? continua la vieille femme, celui qu'il cherchait pour le rendre à sa riche famille?

L'espérance me revint, je me cramponnai à cette parole :

— Vous savez?... dis-je.

— Je sais ce qu'il racontait, ce pauvre homme : qu'il avait trouvé et élevé un enfant, que maintenant la famille qui avait perdu cet enfant, dans le temps, voulait le reprendre, et que lui il était à Paris pour le chercher.

— Mais la famille? demandai-je d'une voix haletante, ma famille?

— Pour lors, c'est donc bien vous le garçon? ah! c'est vous, c'est bien vous !

Et tout en branlant la tête, elle me regarda en me dévisageant.

Mais je l'arrachai à son examen.

— Je vous en prie, madame, dites-moi ce que vous savez.

— Mais je ne sais pas autre chose que ce que je viens de vous raconter, mon garçon, je veux dire mon jeune monsieur.

— Ce que Barberin vous a dit, qui se rapporte à ma famille? Vous voyez mon émotion, madame, mon trouble, mes angoisses.

Sans me répondre elle leva de nouveau les bras au ciel :

— En v'là une histoire !

En ce moment une femme qui avait la tournure d'une servante entra dans la pièce où nous nous trouvions ; alors la maîtresse de l'hôtel du Cantal m'abandonnant s'adressa à cette femme :

— En v'là une histoire ! Ce jeune garçon, ce jeune

monsieur que tu vois, c'est celui de qui Barberin parlait, il arrive, et Barberin n'est plus là, en v'là... une histoire !

— Barberin ne vous a donc jamais parlé de ma famille ? dis-je.

— Plus de vingt fois, plus de cent fois, une famille riche.

— Où demeure cette famille, comment se nomme-t-elle ?

— Ah ! voilà. Barberin ne m'a jamais parlé de ça. Vous comprenez, il en faisait mystère ; il voulait que la récompense fût pour lui tout seul, comme de juste, et puis c'était un malin.

Hélas ! oui, je comprenais ; je ne comprenais que trop ce que la vieille femme venait de me dire : Barberin en mourant avait emporté le secret de ma naissance.

Je n'étais donc arrivé si près du but que pour le manquer. Ah ! mes beaux rêves ! mes espérances !

— Et vous ne connaissez personne à qui Barberin en aurait dit plus qu'à vous ? demandai-je à la vieille femme.

— Pas si bête, Barberin, de se confier à personne ; il était bien trop méfiant pour ça.

— Et vous n'avez jamais vu quelqu'un de ma famille venir le trouver ?

— Jamais.

— Des amis à lui, à qui il aurait parlé de ma famille ?

— Il n'avait pas d'amis.

Je me pris la tête à deux mains ; mais j'eus beau

chercher, je ne trouvai rien pour me guider; d'ailleurs j'étais si ému, si troublé, que j'étais incapable de suivre mes idées.

— Il a reçu une lettre une fois, dit la vieille femme après avoir longuement réfléchi, une lettre chargée.

— D'où venait-elle?

— Je ne sais pas; le facteur la lui a donnée à lui-même, je n'ai pas vu le timbre.

— On peut sans doute retrouver cette lettre?

— Quand il a été mort, nous avons cherché dans ce qu'il avait laissé ici; ah! ce n'était pas par curiosité bien sûr, mais seulement pour avertir sa femme; nous n'avons rien trouvé; à l'hôpital non plus, on n'a trouvé dans ses vêtements aucun papier, et, s'il n'avait pas dit qu'il était de Chavanon, on n'aurait pas pu avertir sa femme.

— Mère Barberin est donc avertie?

— Pardi!

Je restai assez longtemps sans trouver une parole. Que dire? Que demander? Ces gens m'avaient dit ce qu'ils savaient. Ils ne savaient rien. Et bien évidemment ils avaient tout fait pour apprendre ce que Barberin avait tenu à leur cacher.

Je remerciai et me dirigeai vers la porte.

— Et où allez-vous comme ça? me demanda la vieille femme.

— Rejoindre mon ami.

— Ah! vous avez un ami?

— Mais oui.

— Il demeure à Paris?

— Nous sommes arrivés à Paris ce matin.

— Eh bien, vous savez, si vous n'avez pas un hôtel, vous pouvez loger ici ; vous y serez bien, je peux m'en vanter, et dans une maison honnête ; faites attention que si votre famille vous cherche, fatiguée de ne pas avoir des nouvelles de Barberin, c'est ici qu'elle s'adressera et non ailleurs ; alors vous serez là pour la recevoir ; c'est un avantage, ça ; où vous trouverait-elle si vous n'étiez pas ici ? ce que j'en dis c'est dans votre intérêt : quel âge a-t-il votre ami ?

— Il est un peu plus jeune que moi.

— Pensez-donc ! deux jeunesses sur le pavé de Paris ; on peut faire de mauvaises connaissances ; il y a des hôtels qui sont mal fréquentés ; ce n'est pas comme ici, où l'on est tranquille ; mais c'est le quartier qui veut ça.

Je n'étais pas bien convaincu que le quartier fût favorable à la tranquillité ; en tous cas, l'hôtel du Cantal était une des plus sales et des plus misérables maisons qu'il fût possible de voir, et dans ma vie de voyages et d'aventures, j'en avais vu cependant de bien misérables ; mais la proposition de cette vieille femme était à considérer. D'ailleurs ce n'était pas le moment de me montrer difficile, et je n'avais pas ma famille, ma riche famille, pour aller loger avec elle dans les beaux hôtels du boulevard, ou dans sa belle maison, si elle habitait Paris. A l'hôtel du Cantal notre dépense ne serait pas trop grosse, et maintenant nous devions penser à la dépense. Ah ! comme Mattia avait eu raison de vouloir gagner de l'argent, dans notre voyage de Dreuzy à Paris ! que ferions-nous si nous n'avions pas dix-sept francs dans notre poche ?

— Combien nous louerez-vous une chambre pour mon ami et pour moi, demandai-je?

— Dix sous par jour; est-ce trop cher?

— Eh bien, nous reviendrons ce soir, mon ami et moi.

— Rentrez de bonne heure, Paris est mauvais la nuit.

Avant de rentrer il fallait rejoindre Mattia et j'avais encore plusieurs heures devant moi, avant le moment fixé pour notre rendez-vous. Ne sachant que faire, je m'en allai tristement au Jardin des Plantes m'asseoir sur un banc, dans un coin isolé. J'avais les jambes brisées et l'esprit perdu.

Ma chute avait été si brusque, si inattendue, si rude! J'épuiserais donc tous les malheurs les uns après les autres, et chaque fois que j'étendrais la main pour m'établir solidement dans une bonne position, la branche que j'espérais saisir casserait sous mes doigts pour me laisser tomber; — et toujours ainsi.

N'était-ce point une fatalité que Barberin fût mort au moment où j'avais besoin de lui, et, que dans un esprit de gain il eût caché à tous le nom et l'adresse de la personne, — mon père sans doute, — qui lui avait donné mission de faire des recherches pour me retrouver.

Comme j'étais à réfléchir ainsi tristement, les yeux gonflés de larmes, dans mon coin, sous l'abri d'un arbre vert qui m'enveloppait de son ombre, un monsieur et une dame suivis d'un enfant qui traînait une petite voiture, vinrent s'asseoir sur un banc, en face de moi : alors ils appelèrent l'enfant, qui lâchant sa petite voiture, courut à eux, les bras ouverts; le père le reçut, puis l'ayant embrassé dans les cheveux, avec de gros baisers qui sonnèrent, il le passa à la mère qui à son tour l'embrassa à plusieurs reprises, à la même place et de la même manière, pendant que l'enfant riait aux éclats, en tapotant les joues de ses parents avec ses petites mains grasses à fossettes.

Alors, voyant cela, ce bonheur des parents et cette joie de l'enfant, malgré moi, je laissai couler mes larmes; je n'avais pas été embrassé ainsi; maintenant m'était-il permis d'espérer que je le serais jamais?

Une idée me vint; je pris ma harpe et me mis à jouer tout doucement une valse pour l'enfant qui marqua la mesure avec ses petits pieds. Le monsieur s'approcha de moi, et me tendit une petite pièce blanche; mais poliment je la repoussai.

— Non, monsieur, je vous en prie, donnez-moi la joie d'avoir fait plaisir à votre enfant, qui est si joli.

Il me regarda alors avec attention; mais à ce moment survint un gardien, qui malgré les protestations du monsieur, m'enjoignit de sortir au plus vite, si je ne voulais pas être mis en prison pour avoir joué dans le jardin.

Je repassai la bretelle de ma harpe sur mon épaule, et je m'en allai en tournant souvent la tête pour regarder le monsieur et la dame, qui fixaient sur moi leurs yeux attendris.

Comme il n'était pas encore l'heure de me rendre sur le pont de l'Archevêché pour retrouver Mattia, j'errai sur les quais en regardant la rivière couler.

La nuit vint; on alluma les becs de gaz; alors je me dirigeai vers l'église Notre-Dame dont les deux tours se détachaient en noir sur le couchant empourpré. Au chevet de l'église je trouvai un banc pour m'asseoir, ce qui me fut doux, car j'avais les jambes brisées, comme si j'avais fait une très-longue marche, et là je repris mes tristes réflexions. Jamais je ne m'étais senti si accablé, si las. En moi, autour de moi, tout était lugubre; dans ce grand Paris plein de lumière, de bruit et de mouvement, je me sentais plus perdu que je ne l'aurais été au milieu des champs ou des bois.

Les gens qui passaient devant moi se retournaient quelquefois pour me regarder; mais que m'importait leur curiosité ou leur sympathie; ce n'était pas l'intérêt des indifférents que j'avais espéré.

Je n'avais qu'une distraction, c'était de compter les heures qui sonnaient tout autour de moi : alors je calculais combien de temps à attendre encore avant de pouvoir reprendre force et courage dans l'amitié de Mattia : quelle consolation c'était pour moi de penser que j'allais bientôt voir ses bons yeux si doux et si gais.

Un peu avant sept heures j'entendis un aboiement joyeux; presque aussitôt dans l'ombre j'aperçus un corps blanc arriver sur moi; avant que j'eusse pu réfléchir, Capi avait sauté sur mes genoux et il me léchait les mains à grands coups de langue; je le serrai dans mes bras et l'embrassai sur le nez.

Mattia ne tarda pas à paraître :

— Eh bien? cria-t-il de loin.

— Barberin est mort.

Il se mit à courir pour arriver plus vite près de moi ; en quelques paroles pressées je lui racontai ce que j'avais fait, et ce que j'avais appris.

Alors il montra un chagrin qui me fut bien doux au cœur et je sentis que s'il craignait tout de ma famille pour lui, il n'en désirait pas moins, sincèrement, pour moi, que je trouvasse mes parents.

Par de bonnes paroles affectueuses il tâcha de me consoler et surtout de me convaincre qu'il ne fallait pas désespérer.

— Si tes parents ont bien trouvé Barberin, ils s'inquiéteront de ne pas entendre parler de lui ; ils chercheront ce qu'il est devenu et tout naturellement ils arriveront à l'hôtel du Cantal ; allons donc à l'hôtel du Cantal, c'est quelques jours de retard, voilà tout.

C'était déjà ce que m'avait dit la vieille femme à la tête branlante, cependant dans la bouche de Mattia ces paroles prirent pour moi une tout autre importance : évidemment il ne s'agissait que d'un retard ; comme j'avais été enfant de me désoler et de désespérer !

Alors, me sentant un peu plus calme, je racontai à Mattia ce que j'avais appris sur Garofoli.

— Encore trois mois ! s'écria-t-il.

Et il se mit à danser un pas au milieu de la rue, en chantant.

Puis, tout à coup s'arrêtant et venant à moi :

— Comme la famille de celui-ci n'est pas la même chose que la famille de celui-là ! voilà que tu te désolais parce que tu avais perdu la tienne, et moi voilà que je chante parce que la mienne est perdue.

— Un oncle, ce n'est pas la famille, c'est-à-dire un

oncle comme Garofoli; si tu avais perdu ta sœur Cristina, danserais-tu?

— Oh! ne dis pas cela.

— Tu vois bien.

Par les quais nous gagnâmes le passage d'Austerlitz, et comme mes yeux n'étaient plus aveuglés par l'émotion, je pus voir combien est belle la Seine, le soir, lorsqu'elle est éclairée par la pleine lune qui met çà et là des paillettes d'argent sur ses eaux éblouissantes comme un immense miroir mouvant.

Si l'hôtel du Cantal était une maison honnête, ce n'était pas une belle maison, et quand nous nous trouvâmes avec une petite chandelle fumeuse, dans un cabinet sous les toits, et si étroit que l'un de nous était obligé de s'asseoir sur le lit quand l'autre voulait se tenir debout, je ne pus m'empêcher de penser que ce n'était pas dans une chambre de ce genre que j'avais espéré coucher. Et les draps en coton jaunâtre, combien peu ils ressemblaient aux beaux langes dont mère Barberin m'avait tant parlé.

La miche de pain graissée de fromage d'Italie que nous eûmes pour notre souper, ne ressembla pas non plus au beau festin que je m'étais imaginé pouvoir offrir à Mattia.

Mais enfin, tout n'était pas perdu; il n'y avait qu'à attendre.

Et ce fut avec cette pensée que je m'endormis.

XII

RECHERCHES

Le lendemain matin, je commençai ma journée par écrire à mère Barberin pour lui faire part de ce que j'avais appris, et ce ne fut pas pour moi un petit travail.

Comment lui dire tout sèchement que son mari était mort? Elle avait de l'affection pour son Jérôme; ils avaient vécu durant de longues années ensemble, et elle serait peinée si je ne prenais pas part à son chagrin.

Enfin, tant bien que mal, et avec des assurances d'affection sans cesse répétées, j'arrivai au bout de mon papier. Bien entendu, je lui parlai de ma déception et de mes espérances présentes. A vrai dire, ce fut surtout de cela que je parlai. Au cas où ma famille lui écrirait pour avoir des nouvelles de Barberin, je la priais de m'avertir aussitôt, et surtout de me transmettre l'adresse qu'on lui donnerait en me l'envoyant à Paris, à l'hôtel du Cantal.

Ce devoir accompli, j'en avais un autre à remplir

envers le père de Lise, et celui-là aussi m'était pénible, — au moins sous un certain rapport. Lorsqu'à Dreuzy j'avais dit à Lise que ma première sortie à Paris serait pour aller voir son père en prison, je lui avais expliqué que si mes parents étaient riches comme je l'espérais, je leur demanderais de payer ce que le père devait, de sorte que je n'irais à la prison que pour le faire sortir et l'emmener avec moi. Cela entrait dans le programme des joies que je m'étais tracé. Le père Acquin d'abord, mère Barberin ensuite, puis Lise, puis Etiennette, puis Alexis, puis Benjamin. Quant à Mattia, on ne faisait pour lui que ce qu'on faisait pour moi-même, et il était heureux de ce qui me rendait heureux. Quelle déception d'aller à la prison les mains vides et de revoir le père, en étant tout aussi incapable de lui rendre service que lorsque je l'avais quitté et de lui payer ma dette de reconnaissance !

Heureusement j'avais de bonnes paroles à lui apporter, ainsi que les baisers de Lise et d'Alexis, et sa joie paternelle adoucirait mes regrets ; j'aurais toujours la satisfaction d'avoir fait quelque chose pour lui, en attendant plus.

Mattia, qui avait une envie folle de voir une prison, m'accompagna ; d'ailleurs, je tenais à ce qu'il connût celui qui, pendant plus de deux ans, avait été un père pour moi.

Comme je savais maintenant le moyen à employer pour entrer dans la prison de Clichy, nous ne restâmes pas longtemps devant sa grosse porte, comme j'y étais resté la première fois que j'étais venu.

On nous fit entrer dans un parloir et bientôt le père arriva; de la porte, il me tendit les bras.

— Ah! le bon garçon, dit-il en m'embrassant, le brave Remi!

Tout de suite je lui parlai de Lise et d'Alexis, puis comme je voulais lui expliquer pourquoi je n'avais pas pu aller chez Etiennette, il m'interrompit :

— Et tes parents? dit-il.

— Vous savez donc?

Alors il me raconta qu'il avait eu la visite de Barberin quinze jours auparavant.

— Il est mort, dis-je.

— En voilà un malheur!

Il m'expliqua comment Barberin s'était adressé à lui pour savoir ce que j'étais devenu : en arrivant à Paris, Barberin s'était rendu chez Garofoli, mais bien entendu il ne l'avait pas trouvé; alors il avait été le chercher très loin, en province, dans la prison où Garofoli était enfermé, et celui-ci lui avait appris qu'après la mort de Vitalis, j'avais été recueilli par un jardinier nommé Acquin; Barberin était revenu à Paris, à la Glacière, et là il avait su que ce jardinier était détenu à Clichy. Il était venu à la prison, et le père lui avait dit comment je parcourais la France, de sorte que si l'on ne pouvait pas savoir au juste où je me trouvais en ce moment, il était certain qu'à une époque quelconque je passerais chez l'un de ses enfants. Alors il m'avait écrit lui-même à Dreuzy, à Varses, à Esnandes et à Saint-Quentin; si je n'avais pas trouvé sa lettre à Dreuzy, c'est que j'en étais déjà parti sans doute lorsqu'elle y était arrivée.

— Et Barberin, que vous a-t-il dit de ma famille? demandai-je.

— Rien, ou tout au moins peu de chose : tes parents avaient découvert chez le commissaire de police du quartier des Invalides que l'enfant abandonné avenue de Breteuil avait été recueilli par un maçon de Chavanon, nommé Barberin, et ils étaient venus te chercher chez lui ; ne te trouvant pas, ils lui avaient demandé de les aider dans leurs recherches.

— Il ne vous a pas dit leur nom, il ne vous a pas parlé de leur pays ?

— Quand je lui ai posé ces questions, il m'a dit qu'il m'expliquerait cela plus tard ; alors je n'ai pas insisté, comprenant bien qu'il faisait mystère du nom de tes parents de peur qu'on diminuât le gain qu'il espérait tirer d'eux ; comme j'ai été un peu ton père, il s'imaginait, ton Barberin, que je voulais me faire payer ; aussi je l'ai envoyé promener, et depuis je ne l'ai pas revu ; je ne me doutais guère qu'il était mort. De sorte que tu sais que tu as des parents, mais par suite des calculs de ce vieux grigou, tu ne sais ni qui ils sont, ni où ils sont.

Je lui expliquai quelle était notre espérance, et il la confirma par toutes sortes de bonnes raisons :

— Puisque tes parents ont bien su découvrir Barberin à Chavanon, puisque Barberin a bien su découvrir Garofoli et me découvrir moi-même ici, on te trouvera bien à l'hôtel du Cantal ; restes-y donc.

Ces paroles me furent douces, et elles me rendirent toute ma gaieté : le reste de notre temps se passa à parler de Lise, d'Alexis et de mon ensevelissement dans la mine.

— Quel terrible métier! dit-il, quand je fus arrivé au bout de mon récit, et c'est celui de mon pauvre Alexis; ah! comme il était plus heureux à cultiver les giroflées.

— Cela reviendra, dis-je.

— Dieu t'entende, mon petit Remi!

La langue me démangea pour lui dire que mes parents le feraient bientôt sortir de prison, mais je pensai à temps qu'il ne convenait point de se vanter à l'avance des joies que l'on se proposait de faire, et je me contentai de l'assurer que bientôt il serait en liberté avec tous ses enfants autour de lui.

— En attendant ce beau moment, me dit Mattia lorsque nous fûmes dans la rue, mon avis est que nous ne perdions pas notre temps et que nous gagnions de l'argent.

— Si nous avions employé moins de temps à gagner de l'argent en venant de Chavanon à Dreuzy et de Dreuzy à Paris, nous serions arrivés assez tôt à Paris pour voir Barberin.

— Cela c'est vrai, et je me reproche assez moi-même de t'avoir retardé, pour que tu ne me le reproches pas, toi.

— Ce n'est pas un reproche, mon petit Mattia, je t'assure; sans toi je n'aurais pas pu donner à Lise sa poupée, et sans toi nous serions en ce moment sur le pavé de Paris, sans un sou pour manger.

— Eh bien alors, puisque j'ai eu raison de vouloir gagner de l'argent, faisons comme si j'avais encore raison dans ce moment : d'ailleurs nous n'avons rien de mieux à faire qu'à chanter et à jouer notre répertoire ; attendons pour nous promener que nous ayons ta voiture, cela sera moins fatigant ; à Paris je suis chez moi et je connais les bons endroits.

Il les connaissait si bien, les bons endroits, places publiques, cours particulières, cafés, que le soir nous comptâmes avant de nous coucher une recette de quatorze francs.

Alors, en m'endormant, je me répétai un mot que j'avais entendu dire souvent à Vitalis, que la fortune n'arrive qu'à ceux qui n'en ont pas besoin. Assurément une si belle recette était un signe certain que d'un instant à l'autre, mes parents allaient arriver.

J'étais si bien convaincu de la sûreté de mes pressentiments, que le lendemain je serais volontiers resté toute la journée à l'hôtel ; mais Mattia me força à sortir ; il me força aussi à jouer, à chanter, et ce jour-là nous fîmes encore une recette de onze francs.

— Si nous ne devions pas devenir riches bientôt par tes parents, disait Mattia, en riant, nous nous enrichirions nous-mêmes et seuls, ce qui serait joliment beau.

Trois jours se passèrent ainsi sans que rien de nouveau se produisît et sans que la femme de l'hôtel répondît autre chose à mes questions toujours les mêmes que son éternel refrain : « Personne n'est venu demander Barberin et je n'ai pas reçu de lettre pour vous ou pour Barberin » ; mais le quatrième jour enfin elle me tendit une lettre.

C'était la réponse de mère Barberin, ou plus justement la réponse que mère Barberin m'avait fait écrire, puisqu'elle ne savait elle-même ni lire ni écrire.

Elle me disait qu'elle avait été prévenue de la mort de son homme, et que peu de temps auparavant elle avait reçu de celui-ci une lettre qu'elle m'envoyait, pensant qu'elle pouvait m'être utile, puisqu'elle contenait des renseignements sur ma famille.

— Vite, vite, s'écria Mattia, lisons la lettre de Barberin.

Ce fut la main tremblante et leur cœur serré que j'ouvris cette lettre :

« Ma chère femme,

« Je suis à l'hôpital, si malade que je crois que je
« ne me relèverai pas. Si j'en avais la force, je te di-
« rais comment le mal m'est arrivé ; mais ça ne servi-
« rait à rien ; il vaut mieux aller au plus pressé. C'est
« donc pour te dire que si je n'en réchappe pas, tu
« devras écrire à Greth and Galley, Green-square,
« Lincoln's-Inn, à Londres ; ce sont des gens de loi
« chargés de retrouver Remi. Tu leur diras que seule
« tu peux leur donner des nouvelles de l'enfant, et
« tu auras soin de te faire bien payer ces nouvelles ;
« il faut que cet argent te fasse vivre heureuse dans
« ta vieillesse. Tu sauras ce que Remi est devenu en
« écrivant à un nommé Acquin, ancien jardinier,
« maintenant détenu à la prison de Clichy à Paris.
« Fais écrire toutes tes lettres par M. le curé, car
« dans cette affaire il ne faut se fier à personne. N'en-
« treprends rien avant de savoir si je suis mort.

« Je t'embrasse une dernière fois.

« BARBERIN. »

Je n'avais pas lu le dernier mot de cette lettre que Mattia se leva en faisant un saut.

— En avant pour Londres ! cria-t-il.

J'étais tellement surpris de ce que je venais de lire, que je regardai Mattia sans bien comprendre ce qu'il disait.

— Puisque la lettre de Barberin dit que ce sont des gens de loi anglais qui sont chargés de te retrouver, continua-t-il, cela signifie, n'est-ce pas, que tes parents sont Anglais.

— Mais...

— Cela t'ennuie, d'être Anglais?

— J'aurais voulu être du même pays que Lise et les enfants.

— Moi j'aurais voulu que tu fusses Italien.

— Si je suis Anglais, je serai du même pays qu'Arthur et madame Milligan.

— Comment, si tu es Anglais? mais cela est certain; si tes parents étaient Français ils ne chargeraient point, n'est-ce pas, des gens de loi anglais de rechercher en France l'enfant qu'ils ont perdu. Puisque tu es Anglais, il faut aller en Angleterre. C'est le meilleur moyen de te rapprocher de tes parents.

— Si j'écrivais à ces gens de loi?

— Pourquoi faire? On s'entend bien mieux en parlant qu'en écrivant. Quand nous sommes arrivés à Paris, nous avions 17 francs; nous avons fait un jour 14 francs de recette, puis 11, puis 9, cela donne 51 francs, sur quoi nous avons dépensé 8 francs; il nous reste donc 43 francs, c'est plus qu'il ne faut pour aller à Londres; on s'embarque à Boulogne sur des bateaux qui vous portent à Londres, et cela ne coûte pas cher.

— Tu n'as pas été à Londres ?

— Tu sais bien que non ; seulement nous avions au cirque Gassot deux clowns qui étaient Anglais, ils m'ont souvent parlé de Londres et ils m'ont aussi appris bien des mots anglais pour que nous puissions parler ensemble sans que la mère Gassot, qui était curieuse comme une chouette, entendît ce que nous disions ; lui en avons-nous baragouiné des sottises anglaises en pleine figure sans qu'elle pût se fâcher. Je te conduirai à Londres.

— Moi aussi, j'ai appris l'anglais avec Vitalis.

— Oui, mais depuis trois ans tu as dû l'oublier, tandis que moi je le sais encore : tu verras. Et puis ce n'est pas seulement parce que je pourrais te servir que j'ai envie d'aller avec toi à Londres, et pour être franc, il faut que je te dise que j'ai encore une autre raison.

— Laquelle ?

— Si tes parents venaient te chercher à Paris, ils pourraient très-bien ne pas vouloir m'emmener avec toi, tandis que quand je serai en Angleterre ils ne poudront pas me renvoyer.

Une pareille supposition me paraissait blessante pour mes parents, mais enfin il était possible, à la rigueur, qu'elle fût raisonnable ; n'eût-elle qu'une chance de se réaliser, c'était assez de cette chance unique pour que je dusse accepter l'idée de partir tout de suite pour Londres avec Mattia.

— Partons, lui dis-je.

— Tu veux bien ?

En deux minutes nos sacs furent bouclés et nous descendîmes prêts à partir.

Quand elle nous vit ainsi équipés, la maîtresse d'hôtel poussa les hauts cris :

— Le jeune monsieur, — c'était moi le monsieur, — n'attendait donc pas ses parents ? cela serait bien plus sage ; et puis les parents verraient comme le jeune monsieur avait été bien soigné.

Mais ce n'était pas cette éloquence qui pouvait me retenir : après avoir payé notre nuit, je me dirigeai vers la rue où Mattia et Capi m'attendaient.

— Mais votre adresse ? dit la vieille.

Au fait il était peut-être sage de laisser mon adresse, je l'écrivis sur son livre.

— A Londres ! s'écria-t-elle, deux jeunesses à Londres ! par les grands chemins ! sur la mer !

Avant de nous mettre en route pour Boulogne, il fallait aller faire nos adieux au père.

Mais ils ne furent pas tristes ; le père fut heureux d'apprendre que j'allais bientôt retrouver ma famille, et moi j'eus plaisir à lui dire et à lui répéter que je ne tarderais pas à revenir avec mes parents pour le remercier.

— A bientôt, mon garçon, et bonne chance ! si tu ne reviens pas aussi tôt que tu le voudrais, écris-moi.

— Je reviendrai.

Ce jour-là nous allâmes sans nous arrêter jusqu'à Moisselles où nous couchâmes dans une ferme, car il importait de ménager notre argent pour la traversée ; Mattia avait dit qu'elle ne coûtait pas cher ; mais encore à combien montait ce pas cher ?

Tout en marchant, Mattia m'apprenait des mots anglais, car j'étais fortement préoccupé par une question qui m'empêchait de me livrer à la joie : mes parents comprendraient-ils le français ou l'italien? Comment nous entendre s'ils ne parlaient que l'anglais? Comme cela nous gênerait! Que dirais-je à mes frères et à mes sœurs, si j'en avais? Ne resterais-je point un étranger à leurs yeux tant que je ne pourrais m'entretenir avec eux? Quand j'avais pensé à mon retour dans la maison paternelle, et bien souvent depuis mon départ de Chavanon, je m'étais tracé ce tableau, je n'avais jamais imaginé que je pourrais être ainsi paralysé dans mon élan. Il me faudrait longtemps sans doute avant de savoir l'anglais, qui me paraissait une langue difficile.

Nous mîmes huit jours pour faire le trajet de Paris à Boulogne, car nous nous arrêtâmes un peu dans les principales villes qui se trouvèrent sur notre passage : Beauvais, Abbeville, Montreuil-sur-Mer, afin de donner quelques représentations et de reconstituer notre capital.

Quand nous arrivâmes à Boulogne nous avions encore trente-deux francs dans notre bourse, c'est-à-dire beaucoup plus qu'il ne fallait pour payer notre passage.

Comme Mattia n'avait jamais vu la mer, notre première promenade fut pour la jetée : pendant quelques minutes il resta les yeux perdus dans les profondeurs vaporeuses de l'horizon, puis, faisant claquer sa langue, il déclara que c'était laid, triste et sale.

Une discussion s'engage alors entre nous, car nous

avions bien souvent parlé de la mer et je lui avais toujours dit que c'était la plus belle chose qu'on pût voir; je soutins mon opinion.

— Tu as peut-être raison quand la mer est bleue comme tu racontes que tu l'as vue à Cette, dit Mattia, mais quand elle est comme cette mer, toute jaune et verte avec un ciel gris, et de gros nuages sombres, c'est laid, très-laid, et ça ne donne pas envie d'aller dessus.

Nous étions le plus souvent d'accord, Mattia et moi, ou bien il acceptait mon sentiment, ou bien je partageais le sien, mais cette fois je persistai dans mon idée, et je déclarai même que cette mer verte, avec ses profondeurs vaporeuses et ses gros nuages que le vent poussait confusément, était bien plus belle qu'une mer bleue sous un ciel bleu.

— C'est parce que tu es Anglais que tu dis cela, répliqua Mattia, et tu aimes cette vilaine mer parce qu'elle est celle de ton pays.

Le bateau de Londres partait le lendemain à quatre heures du matin; à trois heures et demie nous étions à bord et nous nous installions de notre mieux, à l'abri d'un amas de caisses qui nous protégeaient un peu contre une bise du nord humide et froide.

A la lueur de quelques lanternes fumeuses, nous vîmes charger le navire : les poulies grinçaient, les caisses qu'on descendait dans la cale craquaient et les matelots, de temps en temps, lançaient quelques mots avec un accent rauque; mais ce qui dominait le tapage, c'était le bruissement de la vapeur qui s'échappait de la machine en petits flocons blancs. Une cloche tinta, des amarres tombèrent dans l'eau; nous étions en route; en route pour mon pays.

J'avais souvent dit à Mattia qu'il n'y avait rien de si agréable qu'une promenade en bateau : on glissait doucement sur l'eau sans avoir conscience de la route qu'on faisait, c'était vraiment charmant, — un rêve.

En parlant ainsi je songeais au *Cygne* et à notre voyage sur le canal du Midi; mais la mer ne ressemble pas à un canal. A peine étions-nous sortis de la jetée que le bateau sembla s'enfoncer dans la mer, puis il se releva, s'enfonça encore au plus profond des eaux, et ainsi quatre ou cinq fois de suite par de grands mouvements comme ceux d'une immense balançoire; alors, dans ces secousses, la vapeur s'échappait de la cheminée avec un bruit strident, puis tout à coup une sorte de silence se faisait, et l'on n'entendait plus que les roues qui frappaient l'eau, tantôt d'un côté, tantôt de l'autre, selon l'inclinaison du navire.

— Elle est jolie, ta glissade! me dit Mattia.

Et je n'eus rien à lui répondre, ne sachant pas alors ce que c'était qu'une barre.

Mais ce ne fut pas seulement la barre qui imprima ces mouvements de roulis et de tangage au navire, ce fut aussi la mer qui, au large, se trouva être assez grosse.

Tout à coup Mattia, qui depuis assez longtemps ne parlait plus, se souleva brusquement.

— Qu'as-tu donc? lui dis-je.

— J'ai que ça danse trop et que j'ai mal au cœur.

— C'est le mal de mer.

— Pardi, je le sens bien !

Et après quelques minutes il courut s'appuyer sur le bord du navire.

Ah ! le pauvre Mattia, comme il fut malade ; j'eus beau le prendre dans mes bras et appuyer sa tête contre ma poitrine, cela ne le guérit point ; il gémissait, puis de temps en temps se levant vivement, il courait s'accouder sur le bord du navire, et ce n'était qu'après quelques minutes qu'il revenait se blottir contre moi.

Alors, chaque fois qu'il revenait ainsi, il me montrait le poing, et, moitié riant, moitié colère, il disait :

— Oh ! ces Anglais, ça n'a pas de cœur.

— Heureusement.

Quand le jour se leva, un jour pâle, vaporeux et sans soleil, nous étions en vue de hautes falaises blanches, et çà et là on apercevait des navires immobiles et sans voiles. Peu à peu le roulis diminua et notre navire glissa sur l'eau tranquille presque aussi doucement que sur un canal. Nous n'étions plus en mer, et de chaque côté, tout au loin, on apercevait des rives boisées, ou plus justement on les devinait à travers les brumes du matin : nous étions entrés dans la Tamise.

— Nous voici en Angleterre, dis-je à Mattia.

Mais il reçut mal cette bonne nouvelle, et s'étalant de tout son long sur le pont :

— Laisse-moi dormir, répondit-il.

Comme je n'avais pas été malade pendant la traversée, je ne me sentais pas envie de dormir ; j'arrangeai Mattia pour qu'il fût le moins mal possible, et montant sur les caisses, je m'assis sur les plus élevées avec Capi entre mes jambes.

De là, je dominais la rivière et je voyais tout son cours de chaque côté, en amont, en arrière; à droite s'étalait un grand banc de sable que l'écume frangeait d'un cordon blanc, et à gauche il semblait qu'on allait entrer de nouveau dans la mer.

Mais ce n'était là qu'une illusion, les rives bleuâtre ne tardèrent pas à se rapprocher, puis à se montrer plus distinctement jaunes et vaseuses.

Au milieu du fleuve se tenait toute une flotte de navires à l'ancre au milieu desquels couraient des vapeurs, des remorqueurs qui déroulaient derrière eux de longs rubans de fumée noire.

Que de navires! que de voiles! Je n'avais jamais maginé qu'une rivière pût être aussi peuplée, et si la Garonne m'avait surpris la Tamise m'émerveilla. Plusieurs de ces navires étaient en train d'appareiller et dans leur mâture on voyait des matelots courir çà et là sur des échelles de corde qui, de loin, paraissaient fines comme des fils d'araignée.

Derrière lui, notre bateau laissait un sillage écumeux au milieu de l'eau jaune, sur laquelle flottaient des débris de toutes sortes, des planches, des bouts de bois, des cadavres d'animaux tout ballonnés, des bouchons, des herbes; de temps en temps un oiseau aux grandes ailes s'abattait sur ces épaves, puis aussitôt il se relevait, pour s'envoler avec un cri perçant, sa pâture dans le bec.

Pourquoi Mattia voulait-il dormir? Il ferait bien mieux

de se réveiller : c'était là un spectacle curieux qui méritait d'être vu.

A mesure que notre vapeur remonta le fleuve, ce spectacle devint de plus en plus curieux, de plus en plus beau : ce n'était plus seulement les navires à voiles ou à vapeur qu'il était intéressant de suivre des yeux, les grands trois-mâts, les énormes steamers revenant des pays lointains, les charbonniers tout noirs, les barques chargées de paille ou de foin qui ressemblaient à des meules de fourrages emportées par le courant, les grosses tonnes rouges, blanches, noires, que le flot faisait tournoyer ; c'était encore ce qui se passait, ce qu'on apercevait sur les deux rives, qui maintenant se montraient distinctement avec tous leurs détails, leurs maisons coquettement peintes, leurs vertes prairies, leurs arbres que la serpe n'a jamais ébranchés, et çà et là des ponts d'embarquement s'avançant au-dessus de la vase noire, des signaux de marée, des pieux verdâtres et gluants.

Je restai ainsi longtemps, les yeux grands ouverts, ne pensant qu'à regarder, qu'à admirer.

Mais voilà que sur les deux rives de la Tamise les maisons se tassent les unes à côté des autres, en longues files rouges, l'air s'obscurcit ; la fumée et le brouillard se mêlent sans qu'on sache qui l'emporte en épaisseur du brouillard ou de la fumée, puis, au lieu d'arbres ou de bestiaux dans les prairies, c'est une forêt de mâts qui surgit tout à coup : les navires sont dans les prairies.

N'y tenant plus, je dégringole de mon observatoire et je vais chercher Mattia : il est réveillé et le mal de mer étant guéri, il n'est plus de méchante humeur, de sorte qu'il veut bien monter avec moi sur mes caisses ; lui aussi est ébloui et il se frotte les yeux : çà et là des canaux viennent de prairies déboucher dans le fleuve, et ils sont pleins aussi de navires.

Malheureusement le brouillard et la fumée s'épaississent encore ; on ne voit plus autour de soi que par échappées ; et plus on avance, moins on voit clair.

Enfin le navire ralentit sa marche, la machine s'arrête, des câbles sont jetés à terre ; nous sommes à Londres et nous débarquons au milieu de gens qui nous regardent, mais qui ne nous parlent pas.

— Voilà le moment de te servir de ton anglais, mon petit Mattia.

Et Mattia, qui ne doute de rien, s'approche d'un gros homme à barbe rousse pour lui demander poliment, le chapeau à la main, le chemin de Green square.

Il me semble que Mattia est bien longtemps à s'expliquer avec son homme qui, plusieurs fois, lui fait répéter les mêmes mots, mais je ne veux pas paraître douter du savoir de mon ami.

Enfin il revient :

— C'est très-facile, dit-il, il n'y a qu'à longer la Tamise ; nous allons suivre les quais.

Mais il n'y a pas de quais à Londres, ou plutôt il n'y en avait pas à cette époque, les maisons s'avançaient jusque dans la rivière ; nous sommes donc obligés de suivre des rues qui nous paraissent longer la rivière.

Elles sont bien sombres, ces rues, bien boueuses, bien encombrées de voitures, de caisses, de ballots, de paquets de toute espèce, et c'est difficilement que nous parvenons à nous faufiler au milieu de ces embarras sans cesse renaissants. J'ai attaché Capi avec une corde et je le tiens sur mes talons ; il n'est qu'une heure et pourtant le gaz est allumé dans les magasins, il pleut de la suie.

Vu sous cet aspect, Londres ne produit pas sur nous le même sentiment que la Tamise.

Nous avançons et de temps en temps Mattia demande si nous sommes loin encore de Lincoln's Inn : il me rapporte que nous devons passer sous une grande porte qui barrera la rue que nous suivons. Cela me paraît bizarre, mais je n'ose pas lui dire que je crois qu'il se trompe.

Cependant il ne s'est point trompé et nous arrivons enfin à une arcade qui enjambe par-dessus la rue avec deux petites portes latérales : c'est Temple-Bar. De nouveau nous demandons notre chemin et l'on nous répond de tourner à droite.

Alors nous ne sommes plus dans une grande rue pleine de mouvement et de bruit; nous nous trouvons au contraire, dans des petites ruelles silencieuses qui s'enchevêtrent les unes dans les autres, et il nous semble que nous tournons sur nous-mêmes sans avancer comme dans un labyrinthe.

Tout à coup au moment où nous nous croyons perdus, nous nous trouvons devant un petit cimetière plein de tombes, dont les pierres sont noires comme si on les avait peintes avec de la suie ou du cirage : c'est *Green square*.

Pendant que Mattia interroge une ombre qui passe,

je m'arrête pour tâcher d'empêcher mon cœur de battre, je ne respire plus et je tremble.

Puis je suis Mattia et nous nous arrêtons devant une plaque en cuivre sur laquelle nous lisons : *Greth and Galley.*

Mattia s'avance pour tirer la sonnette, mais j'arrête son bras.

— Qu'as-tu? me dit-il, comme tu es pâle.

— Attends un peu que je reprenne courage.

Il sonne et nous entrons.

Je suis tellement troublé, que je ne vois pas très-distinctement autour de moi ; il me semble que nous sommes dans un bureau et que deux ou trois personnes penchées sur des tables écrivent à la lueur de plusieurs becs de gaz qui brûlent en chantant.

C'est à l'une de ces personnes que Mattia s'adresse, car bien entendu je l'ai chargé de porter la parole. Dans ce qu'il dit reviennent plusieurs fois les mots de *boy, family* et Barberin ; je comprends qu'il explique que je suis le garçon que ma famille a chargé Barberin de retrouver. Le nom de Barberin produit de l'effet : on nous regarde, et celui à qui Mattia parlait se lève pour nous ouvrir une porte.

Nous entrons dans une pièce pleine de livres et de papiers : un monsieur est assis devant un bureau, et un autre en robe et en perruque, tenant à la main plusieurs sacs bleus, s'entretient avec lui.

En peu de mots, celui qui nous précède explique qui nous sommes, et alors les deux messieurs nous regardent de la tête aux pieds.

— Lequel de vous est l'enfant élevé par Barberin?

dit en français le monsieur assis devant le bureau.

En entendant parler français, je me sens rassuré et j'avance d'un pas :

— Moi, monsieur.

— Où est Barberin ?

— Il est mort.

Les deux messieurs se regardent un moment, puis celui qui a une perruque sur la tête sort en emportant ses sacs.

— Alors, comment êtes-vous venus ? demande le monsieur qui avait commencé à m'interroger.

— A pied jusqu'à Boulogne et de Boulogne à Londres en bateau ; nous venons de débarquer.

— Barberin vous avait donné de l'argent ?

— Nous n'avons pas vu Barberin.

— Alors comment avez-vous su que vous deviez venir ici ?

Je fis aussi court que possible le récit qu'on me demandait.

J'avais hâte de poser à mon tour quelques questions, une surtout qui me brûlait les lèvres, mais je n'en eus pas le temps.

Il fallut que je racontasse comment j'avais été élevé par Barberin, comment j'avais été vendu par celui-ci à Vitalis, comment à la mort de mon maître j'avais été recueilli par la famille Acquin, enfin comment le père ayant été mis en prison pour dettes, j'avais repris mon ancienne existence de musicien ambulant.

A mesure que je parlais, le monsieur prenait des notes et il me regardait d'une façon qui me gênait : il faut dire que son visage était dur, avec quelque chose de fourbe dans le sourire.

— Et quel est ce garçon, dit-il, en désignant Mattia du bout de sa plume de fer, comme s'il voulait lui darder une flèche.

— Un ami, un camarade, un frère.

— Très-bien ; simple connaissance faite sur les grands chemins, n'est-ce pas ?

— Le plus tendre, le plus affectueux des frères.

— Oh ! Je n'en doute pas.

Le moment me parut venu de poser enfin la question qui depuis le commencement de notre entretien m'oppressait.

— Ma famille, monsieur, habite l'Angleterre ?

— Certainement elle habite Londres ; au moins en ce moment.

— Alors je vais la voir ?

— Dans quelques instants vous serez près d'elle. Je vais vous faire conduire.

Il sonna.

— Encore un mot, monsieur, je vous prie : J'ai un père ?

Ce fut à peine si je pus prononcer ce mot.

— Non-seulement un père, mais une mère, des frères, des sœurs.

— Ah ! monsieur.

Mais la porte en s'ouvrant coupa mon effusion : je ne pus que regarder Mattia les yeux pleins de larmes.

Le monsieur s'adressa en anglais à celui qui entrait et je crus comprendre qu'il lui disait de nous conduire.

Je m'étais levé

— Ah ! j'oubliais, dit le monsieur, votre nom est Driscoll, c'est le nom de votre père.

Malgré sa mauvaise figure je crois que je lui aurais sauté au cou s'il m'en avait donné le temps; mais de la main il nous montra la porte et nous sortîmes.

XIII

LA FAMILLE DRISCOLL

Le clerc qui devait me conduire chez mes parents était un vieux petit bonhomme ratatiné, parcheminé, ridé, vêtu d'un habit noir râpé et lustré, cravaté de blanc; lorsque nous fûmes dehors il se frotta les mains frénétiquement en faisant craquer les articulations de ses doigts et de ses poignets, secoua ses jambes comme s'il voulait envoyer au loin ses bottes éculées et levant le nez en l'air, il aspira fortement le brouillard à plusieurs reprises, avec la béatitude d'un homme qui a été enfermé.

— Il trouve que ça sent bon, me dit Mattia en italien.

Le vieux bonhomme nous regarda, et sans nous parler, il nous fit « psit, psit », comme s'il s'était adressé à des chiens, ce qui voulait dire que nous devions marcher sur ses talons et ne pas le perdre.

Nous ne tardâmes pas à nous trouver dans une grande rue encombrée de voitures; il en arrêta au passage une dont le cocher au lieu d'être assis sur son siége derrière son cheval, était perché en l'air derrière et tout au haut d'une sorte de capote de cabriolet; je sus plus tard que cette voiture s'appelait un *cab*.

Il nous fit monter dans cette voiture qui n'était pas close par devant, et au moyen d'un petit judas ouvert dans la capote il engagea un dialogue avec le cocher; plusieurs fois le nom de Bethnal-Green fut prononcé et je pensai que c'était le nom du quartier dans lequel demeuraient mes parents; je savais que *green* en anglais veut dire vert et cela me donna l'idée que ce quartier devait être planté de beaux arbres, ce qui tout naturellement me fut très-agréable; cela ne ressemblerait point aux vilaines rues de Londres si sombres et si tristes que nous avions traversées en arrivant; c'était très-joli une maison dans une grande ville, entourée d'arbres.

La discussion fut assez longue entre notre conducteur et le cocher; tantôt c'était l'un qui se haussait au judas pour donner des explications, tantôt c'était l'autre qui semblait vouloir se précipiter de son siége par cette étroite ouverture pour dire qu'il ne comprenait absolument rien à ce qu'on lui demandait.

Mattia et moi nous étions tassés dans un coin avec Capi entre mes jambes, et, en écoutant cette discussion, je me disais qu'il était vraiment bien étonnant qu'un cocher ne parût pas connaître un endroit aussi joli que devait l'être Bethnal-Green; il y avait donc bien des quartiers verts à Londres? Cela était assez étonnant, car d'après ce que nous avions déjà vu, j'aurais plutôt cru à de la suie.

Nous roulons assez vite dans des rues larges, puis dans des rues étroites, puis dans d'autres rues larges, mais sans presque rien voir autour de nous, tant le brouillard qui nous enveloppe est opaque; il commence à faire froid, et cependant nous éprouvons un sentiment de gêne dans la respiration comme si nous étouffions. Quand je dis nous, il s'agit de Mattia et de moi, car notre guide paraît au contraire se trouver à son aise; en tout cas, il respire l'air fortement, la bouche ouverte, en reniflant, comme s'il était pressé d'emmagasiner une grosse provision d'air dans ses poumons, puis, de temps en temps, il continue à faire craquer ses mains et à détirer ses jambes. Est-ce qu'il est resté pendant plusieurs années sans remuer et sans respirer?

Malgré l'émotion qui m'enfièvre à la pensée que dans quelques instants, dans quelques secondes peut-être, je vais embrasser mes parents, mon père, ma mère, mes frères, mes sœurs, j'ai grande envie de voir la ville que nous traversons : n'est-ce pas ma ville, ma patrie?

Mais, j'ai beau ouvrir les yeux, je ne vois rien ou presque rien, si ce n'est les lumières rouges du gaz qui brûlent dans le brouillard, comme dans un épais nuage de fumée; c'est à peine si on aperçoit les lanternes des voitures que nous croisons, et, de temps en temps nous nous arrêtons court, pour ne pas accrocher ou pour ne pas écraser des gens qui encombrent les rues.

Nous roulons toujours; il y a déjà bien longtemps que nous sommes sortis de chez Greth and Galley;

cela me confirme dans l'idée que mes parents demeurent à la campagne ; bientôt sans doute nous allons quitter les rues étroites pour courir dans les champs.

Comme nous nous tenons la main, Mattia et moi, cette pensée que je vais retrouver mes parents me fait serrer la sienne ; il me semble qu'il est nécessaire de lui exprimer que je suis son ami, en ce moment même, plus que jamais et pour toujours.

Mais au lieu d'arriver dans la campagne, nous entrons dans des rues plus étroites, et nous entendons le sifflet des locomotives.

Alors je prie Mattia de demander à notre guide si nous n'allons pas enfin arriver chez mes parents ; la réponse de Mattia est désespérante : il prétend que le clerc de Greth and Galley a dit qu'il n'était jamais venu dans ce quartier de voleurs. Sans doute Mattia se trompe, il ne comprend pas ce qu'on lui a répondu. Mais il soutient que *thieves*, le mot anglais dont le clerc s'est servi, signifie bien voleurs en français, et qu'il en est sûr. Je reste un moment déconcerté, puis je me dis que si le clerc a peur des voleurs, c'est que justement nous allons entrer dans la campagne, et que le mot *green* qui se trouve après Bethnal, s'applique bien à des arbres et à des prairies. Je communique cette idée à Mattia, et la peur du clerc nous fait beaucoup rire : comme les gens qui ne sont pas sortis des villes sont bêtes !

Mais rien n'annonce la campagne : l'Angleterre n'est donc qu'une ville de pierre et de boue qui s'appelle Londres ? Cette boue nous inonde dans notre voiture, elle jaillit jusque sur nous en plaques noires ; une odeur infecte nous enveloppe depuis assez longtemps déjà ; tout cela indique que nous sommes dans un vilain quartier, le dernier sans doute, avant d'arriver dans les prairies de Bethnal-Green. Il me semble que nous tournons sur nous-mêmes, et de temps en temps notre cocher ralentit sa marche, comme s'il ne savait plus où il est. Tout à coup, il s'arrête enfin brusquement, et notre judas s'ouvre.

Alors une conversation ou plus justement une discussion, s'engage : Mattia me dit qu'il croit comprendre que notre cocher ne veut pas aller plus loin, parce qu'il ne connaît pas son chemin ; il demande des indications au clerc de Greth and Galley, et celui-ci continue à répondre qu'il n'est jamais venu dans ce quartier de voleurs : j'entends le mot *thieves*.

Assurément, ce n'est pas là Bethnal-Green.

Que va-t-il se passer?

La discussion continue par le judas, et c'est avec une égale colère que le cocher et le clerc s'envoient leurs répliques par ce trou.

Enfin, le clerc après avoir donné de l'argent au cocher qui murmure, descend du cab, et de nouveau, il nous fait « psit, psit » ; il est clair que nous devons descendre à notre tour.

Nous voilà dans une rue fangeuse, au milieu du brouillard ; une boutique est brillamment illuminée, et le gaz reflété par des glaces, par des dorures et par des bouteilles taillées à facettes, se répand dans la rue, où il perce le brouillard jusqu'au ruisseau : c'est une taverne, ou mieux ce que les Anglais nomment un *gin palace*, un palais dans lequel on vend de l'eau-de-vie de genièvre et aussi des eaux-de-vie de toutes sortes, qui, les unes comme les autres, ont pour même origine l'alcool de grain ou de betterave.

— Psit! psit! fait notre guide.

Et nous entrons avec lui dans ce *gin palace*. Décidément, nous avons eu tort de croire que nous étions dans un misérable quartier; je n'ai jamais vu rien de plus luxueux; partout des glaces et des dorures, le comptoir est en argent. Cependant, les gens qui se tiennent debout devant ce comptoir ou appuyés de l'épaule contre les murailles ou contre les tonneaux, sont déguenillés, quelques-uns n'ont pas de souliers, et leurs pieds nus qui ont pataugé dans la boue des cloaques, sont aussi noirs que s'ils avaient été cirés avec un cirage qui n'aurait pas encore eu le temps de sécher.

Sur ce beau comptoir en argent, notre guide se fait servir un verre d'une liqueur blanche qui sent bon, et, après l'avoir vidé d'un trait avec l'avidité qu'il mettait, quelques instants auparavant, à avaler le brouillard, il engage une conversation avec l'homme aux bras nus jusqu'au coude qui l'a servi.

Il n'est pas bien difficile de deviner qu'il demande son chemin, et je n'ai pas besoin d'interroger Mattia.

De nouveau nous cheminons sur les talons de notre guide; maintenant la rue est si étroite que malgré le brouillard nous voyons les maisons qui la bordent de chaque côté; des cordes sont tendues en l'air de l'une à l'autre de ces maisons, et çà et là des linges et des haillons pendent à ces cordes. Assurément ce n'est pas pour sécher qu'ils sont là.

Où allons-nous? Je commence à être inquiet, et de temps en temps Mattia me regarde; cependant il ne m'interroge pas.

De la rue nous sommes passés dans une ruelle, puis dans une cour, puis dans une ruelle encore; les maisons sont plus misérables que dans le plus misérable village de France; beaucoup sont en planches comme des hangars ou des étables, et cependant ce sont bien des maisons; des femmes tête nue, et des enfants grouillent sur les seuils.

Quand une faible lueur nous permet de voir un peu distinctement autour de nous, je remarque que ces femmes sont pâles, leurs cheveux d'un blond de lin pendent sur leurs épaules; les enfants sont presque nus et les quelques vêtements qu'ils ont sur le dos sont en guenilles: dans une ruelle, nous trouvons des porcs qui farfouillent dans le ruisseau stagnant, d'où se dégage une odeur fétide.

Notre guide ne tarde pas à s'arrêter; assurément il est perdu; mais à ce moment vient à nous un homme vêtu d'une longue redingote bleue et coiffé d'un chapeau garni de cuir verni; autour de son poignet, est passé un galon noir et blanc; un étui est suspendu à sa ceinture; c'est un homme de police, un *policeman*.

Une conversation s'engage, et bientôt nous nous remettons en route, précédés du policeman; nous traversons des ruelles, des cours, des rues tortueuses; il me semble que çà et là des maisons sont effondrées.

Enfin nous nous arrêtons dans une cour dont le milieu est occupé par une petite mare.

— *Red lion court*, dit le policeman.

Ces mots que j'ai entendu prononcer plusieurs fois déjà signifient: « Cour du Lion-Rouge », m'a dit Mattia.

Pourquoi nous arrêtons-nous? Il est impossible que nous soyons à Bethnal-Green; est-ce que c'est dans cette cour que demeurent mes parents? Mais alors?...

Je n'ai pas le temps d'examiner ces questions qui passent devant mon esprit inquiet; le policeman a frappé à la porte d'une sorte de hangar en planches et notre guide le remercie; nous sommes donc arrivés.

Mattia, qui ne m'a pas lâché la main, me la serre, et je serre la sienne.

Nous nous sommes compris : l'angoisse qui étreint mon cœur étreint le sien aussi.

J'étais tellement troublé que je ne sais trop comment la porte à laquelle le policeman avait frappé nous fut ouverte, mais à partir du moment où nous fûmes entrés dans une vaste pièce qu'éclairaient une lampe et un feu de charbon de terre brûlant dans une grille, mes souvenirs me reviennent.

Devant ce feu, dans un fauteuil en paille qui avait la forme d'une niche de saint, se tenait immobile comme une statue un vieillard à barbe blanche, la tête couverte d'un bonnet noir; en face l'un de l'autre, mais séparés par une table, étaient assis un homme et une femme ; l'homme avait quarante ans environ, il était vêtu d'un costume de velours gris, sa physionomie était intelligente mais dure; la femme, plus jeune de cinq ou six ans, avait des cheveux blonds qui pendaient sur un châle à carreaux blancs et noirs croisé autour de sa poitrine; ses yeux n'avaient pas de regard et l'indifférence ou l'apathie était empreinte sur son visage qui avait dû être beau, comme dans ses gestes indolents; dans la pièce se trouvaient quatre enfants, deux garçons et deux filles, tous blonds, d'un blond de lin comme leur mère; l'aîné des garçons paraissait être âgé de onze ou douze ans; la plus jeune des petites filles avait trois ans à peine, elle marchait en se traînant à terre.

Je vis tout cela d'un coup d'œil et avant que notre guide, le clerc de Greth and Galley, eût achevé de parler.

Que dit-il? Je l'entendis à peine et je ne le compris pas du tout; le nom de Driscoll, mon nom m'avait dit l'homme d'affaires, frappa seulement mon oreille.

Tous les yeux s'étaient tournés vers Mattia et vers moi, même ceux du vieillard immobile; seule la petite fille prêtait attention à Capi.

— Lequel de vous deux est Remi? demanda en français l'homme au costume de velours gris.

Je m'avançai d'un pas.

— Moi, dis-je.

— Alors, embrasse ton père, mon garçon.

Quand j'avais pensé à ce moment, je m'étais imaginé que j'éprouverais un élan qui me pousserait dans les bras de mon père; je ne trouvai pas cet élan en moi. Cependant je m'avançai et j'embrassai mon père.

— Maintenant, me dit-il, voilà ton grand-père, ta mère, tes frères et tes sœurs.

J'allai à ma mère tout d'abord et la pris dans mes

bras; elle me laissa l'embrasser, mais elle-même elle ne m'embrassa point, elle me dit seulement deux ou trois paroles que je ne compris pas.

— Donne une poignée de main à ton grand-père, me dit mon père, et vas-y doucement : il est paralysé.

Je donnai aussi la main à mes deux frères et à ma sœur aînée; je voulus prendre la petite dans mes bras, mais comme elle était occupée à flatter Capi, elle me repoussa.

Tout en allant ainsi de l'un à l'autre, j'étais indigné contre moi-même : eh quoi ! je ne ressentais pas plus de joie à me retrouver enfin dans ma famille; j'avais un père, une mère, des frères, des sœurs, j'avais un grand-père, j'étais réuni à eux et je restais froid; j'avais attendu ce moment avec une impatience fiévreuse, j'avais été fou de joie en pensant que moi aussi j'allais avoir une famille, des parents à aimer, qui m'aimeraient, et je restais embarrassé, les examinant tous curieusement, et ne trouvant rien en mon cœur à leur dire, pas une parole de tendresse. J'étais donc un monstre? Je n'étais donc pas digne d'avoir une famille?

Si j'avais trouvé mes parents dans un palais au lieu de les trouver dans un hangar, n'aurais-je pas éprouvé pour eux ces sentiments de tendresse que quelques heures auparavant je ressentais en mon cœur pour un père et une mère que je ne connaissais pas, et que je ne pouvais pas exprimer à un père et à une mère que je voyais?

Cette idée m'étouffa de honte : revenant devant ma mère, je la pris de nouveau dans mes bras et je l'embrassai à pleines lèvres : sans doute elle ne comprit pas ce qui provoquait cet élan, car au lieu de me rendre mes baisers, elle me regarda de son air indolent, puis s'adressant à son mari, mon père, en haussant doucement les épaules, elle lui dit quelques mots que je ne compris pas, mais qui firent rire celui-ci : cette indifférence d'une part et d'autre part ce rire me serrèrent le cœur à le briser, il me semblait que cette effusion de tendresse ne méritait pas qu'on la reçût ainsi.

Mais on ne me laissa pas le temps de me livrer à mes impressions.

— Et celui-là, demanda mon père en désignant Mattia, quel est-il?

J'expliquai quels liens m'attachaient à Mattia, et je le fis en m'efforçant de mettre dans mes paroles un peu de l'amitié que j'éprouvais, et aussi en tâchant d'expliquer la reconnaissance que je lui devais.

— Bon, dit mon père, il a voulu voir du pays.

J'allais répondre; Mattia me coupa la parole :

— Justement, dit-il.

— Et Barberin? demanda mon père. Pourquoi donc n'est-il pas venu ?

J'expliquai que Barberin était mort, ce qui avait été une grande déception pour moi lorsque nous étions arrivés à Paris, après avoir appris à Chavanon par mère Barberin que mes parents me cherchaient.

Alors mon père traduisit à ma mère ce que je venais de dire et je crus comprendre que celle-ci répondit que c'était très-bon ou très-bien; en tous cas elle prononça à plusieurs reprises les mots *well* et *good* que je connaissais. Pourquoi était-il bon et bien que Barberin fût mort? ce fut ce que je me demandai sans trouver de réponse à cette question.

— Tu ne sais pas l'anglais? me demanda mon père.

— Non; je sais seulement le français et aussi l'italien pour l'avoir appris avec un maître à qui Barberin m'avait loué.

— Vitalis?

— Vous avec su...

— C'est Barberin qui m'a dit son nom, lorsqu'il y a quelque temps je me suis rendu en France pour te chercher. Mais tu dois être curieux de savoir comment nous ne t'avons pas cherché pendant treize ans, et comment tout à coup nous avons eu l'idée d'aller trouver Barberin.

— Oh! oui, très-curieux, je vous assure, bien curieux.

— Alors viens là auprès du feu, je vais te conter cela.

En entrant j'avais déposé ma harpe contre la muraille, je débouclai mon sac et pris la place qui m'était indiquée.

Mais comme j'étendais mes jambes crottées et mouillées devant le feu, mon grand-père cracha de mon côté sans rien dire, à peu près comme un vieux chat en colère; je n'eus pas besoin d'autre explication pour comprendre que je le gênais, et je retirai mes jambes.

— Ne fais pas attention, dit mon père, le vieux n'aime pas qu'on se mette devant son feu, mais si tu as froid chauffe-toi; il n'y a pas besoin de se gêner avec lui.

Je fus abasourdi d'entendre parler ainsi de ce vieillard à cheveux blancs ; il me semblait que si l'on devait se gêner avec quelqu'un, c'était précisément avec lui ; je tins donc mes jambes sous ma chaise.

— Tu es notre fils aîné, me dit mon père, et tu es né un an après mon mariage avec ta mère. Quand j'épousai ta mère, il y avait une jeune fille qui croyait que je la prendrais pour femme, et à qui ce mariage inspira une haine féroce contre celle qu'elle considérait comme sa rivale. Ce fut pour se venger que le jour juste où tu atteignais tes six mois, elle te vola et t'emporta en France, à Paris, où elle t'abandonna dans la rue. Nous fîmes toutes les recherches possibles, mais cependant sans aller jusqu'à Paris, car nous ne pouvions pas supposer qu'on t'avait porté si loin. Nous ne te retrouvâmes point, et nous te croyions mort et perdu à jamais, lorsqu'il y a trois mois, cette femme, atteinte d'une maladie mortelle, révéla, avant de mourir, la vérité. Je partis aussitôt pour la France et j'allai chez le commissaire de police du quartier dans lequel tu avais été abandonné. Là on m'apprit que tu avais été adopté par un maçon de la Creuse, celui-là même qui t'avait trouvé, et aussitôt je me rendis à Chavanon. Barberin me dit qu'il t'avait loué à Vitalis, un musicien ambulant et que tu parcourais la France avec celui-ci. Comme je ne pouvais pas rester en France et me mettre à la poursuite de Vitalis, je chargeai Barberin de ce soin et lui donnai de l'argent pour venir à Paris. En même temps je lui recommandais d'avertir les gens de loi qui s'occupent de mes affaires, MM. Greth et Galley, quand il t'aurait retrouvé. Si je ne lui donnai point mon adresse ici, c'est que nous n'habitons Londres que dans l'hiver; pendant la belle saison nous parcourons l'Angleterre et l'Ecosse pour notre commerce de marchands ambulants avec nos voitures et notre famille. Voilà, mon garçon, comment tu as été retrouvé, et comment après treize ans, tu reprends ici ta place, dans la famille. Je comprends que tu sois un peu effarouché car tu ne nous connais pas, et tu n'entends pas ce que nous disons de même que tu ne peux pas te faire entendre; mais j'espère que tu t'habitueras vite.

Oui sans doute, je m'habituerais vite; n'était-ce pas tout naturel puisque j'étais dans ma famille, et que ceux avec qui j'allais vivre étaient mes père et mère, mes frères et sœurs ?

Les beaux langes n'avaient pas dit vrai ; pour mère Barberin, pour Lise, pour le père Acquin, pour ceux qui m'avaient secouru c'était un malheur; je ne pourrais pas faire pour eux ce que j'avais rêvé, car des marchands ambulants, alors surtout qu'ils demeurent dans un hangar, ne doivent pas être bien riches; mais pour moi qu'importait après tout : j'avais une famille et c'était un rêve d'enfant de s'imaginer que la fortune serait ma mère : tendresse vaut mieux que richesse : ce n'était pas d'argent que j'avais besoin, c'était d'affection.

Pendant que j'écoutais le récit de mon père, n'ayant des yeux et des oreilles que pour lui, on avait dressé le couvert sur la table : des assiettes à fleurs bleues, et dans un plat en métal un gros morceau de bœuf cuit au four avec des pommes de terre tout autour.

— Avez-vous faim, les garçons? nous demanda mon père en s'adressant à Mattia et à moi.

Pour toute réponse, Mattia montra ses dents blanches.

— Eh bien, mettons-nous à table, dit mon père.

Mais avant de s'asseoir, il poussa le fauteuil de mon grand-père jusqu'à la table. Puis prenant place lui-même le dos au feu, il commença à couper le roast-beef et il nous en servit à chacun une belle tranche accompagnée de pommes de terre.

Quoique je n'eusse pas été élevé dans des principes de civilité, ou plutôt pour dire vrai, bien que je n'eusse pas été élevé du tout, je remarquai que mes frères et ma sœur aînée mangeaient le plus souvent avec leurs doigts, qu'ils trempaient dans la sauce et qu'ils léchaient sans que mon père ni ma mère parussent s'en apercevoir; quant à mon grand-père, il n'avait d'attention que pour son assiette, et la seule main dont il pût se servir allait continuellement de cette assiette à sa bouche; quand il laissait échapper un morceau de ses doigts tremblants mes frères se moquaient de lui.

Le souper achevé, je crus que nous allions passer la soirée devant le feu; mais mon père me dit qu'il attendait des amis, et que nous devions nous coucher; puis, prenant une chandelle, il nous conduisit dans une remise qui tenait à la pièce où nous avions mangé: là se trouvaient deux de ces grandes voitures qui servent ordinairement aux marchands ambulants. Il ouvrit la porte de l'une et nous vîmes qu'il s'y trouvait deux lits superbes.

— Voilà vos lits, dit-il; dormez bien.

Telle fut ma réception dans ma famille, — la famille Driscoll.

XIV

PÈRE ET MÈRE HONORERAS

Mon père en se retirant, nous avait laissé la chandelle, mais il avait fermé en dehors la porte de notre voiture : nous n'avions donc qu'à nous coucher ; ce que nous fîmes au plus vite, sans bavarder comme nous en avions l'habitude tous les soirs, et sans nous raconter nos impressions de cette journée si remplie.

— Bonsoir, Remi, me dit Mattia.

— Bonsoir, Mattia.

Mattia n'avait pas plus envie de parler que je n'en avais envie moi-même, et je fus heureux de son silence.

Mais n'avoir pas envie de parler n'est pas avoir envie de dormir ; la chandelle éteinte, il me fut impossible de fermer les yeux, et je me mis à réfléchir à tout ce qui venait de se passer, en me tournant et me retournant dans mon étroite couchette.

Tout en réfléchissant, j'entendais Mattia, qui occupait la couchette placée au-dessus de la mienne, s'agiter et se tourner aussi, ce qui prouvait qu'il ne dormait pas mieux que moi.

— Tu ne dors pas? lui dis-je à voix basse.

— Non, pas encore.

— Es-tu mal?

— Non, je te remercie, je suis très-bien, au contraire, seulement tout tourne autour de moi, comme si j'étais encore sur la mer, et la voiture s'élève et s'enfonce, en roulant de tous côtés.

Etait-ce seulement le mal de mer qui empêchait Mattia de s'endormir? les pensées qui le tenaient éveillé n'étaient-elles pas les mêmes que les miennes? il m'aimait assez, et nous étions assez étroitement unis de cœur comme d'esprit pour qu'il sentît ce que je sentais moi-même.

Le sommeil ne vint pas, et le temps en s'écoulant, augmenta l'effroi vague qui m'oppressait : tout d'abord je n'avais pas bien compris l'impression qui dominait en moi parmi toutes celles qui se choquaient dans ma tête en une confusion tumultueuse, mais maintenant je voyais que c'était la peur. Peur de quoi? Je n'en savais rien, mais enfin j'avais peur. Et ce n'était pas d'être couché dans cette voiture, au milieu de ce quartier misérable de Bethnal-Green que j'étais effrayé. Combien de fois dans mon existence vagabonde avais-je passé des nuits n'étant pas protégé comme je l'étais en ce moment. J'avais conscience d'être à l'abri de tout danger, et cependant j'étais épouvanté ; plus je me raidissais contre cette épouvante, moins je parvenais à me rassurer.

Les heures s'écoulèrent les unes après les autres

sans que je pusse me rendre compte de l'avancement de la nuit, car il n'y avait pas aux environs d'horloges qui sonnassent : tout à coup j'entendis un bruit assez fort à la porte de la remise, qui ouvrait sur une autre rue que la cour du Lion-Rouge ; puis après plusieurs appels frappés à intervalles réguliers, une lueur pénétra dans notre voiture.

Surpris, je regardai vivement autour de moi, tandis que Capi, qui dormait contre ma couchette, se réveillait pour gronder ; je vis alors que cette lueur nous arrivait par une petite fenêtre pratiquée dans la paroi de notre voiture, contre laquelle nos lits étaient appliqués et que je n'avais pas remarquée en me couchant parce qu'elle était recouverte à l'intérieur par un rideau ; une moitié de cette fenêtre se trouvait dans le lit de Mattia, l'autre moitié dans le mien. Ne voulant pas que Capi réveillât toute la maison, je lui posai une main sur la gueule, puis je regardai au dehors.

Mon père, entré sous la remise, avait vivement et sans bruit ouvert la porte de la rue, puis il l'avait refermée de la même manière après l'entrée de deux hommes lourdement chargés de ballots qu'ils portaient sur leurs épaules.

Alors il posa un doigt sur ses lèvres et de son autre main qui tenait une lanterne sourde à volets, il montra la voiture dans laquelle nous étions couchés ; cela voulait dire qu'il ne fallait pas faire de bruit de peur de nous réveiller.

Cette attention me toucha et j'eus l'idée de lui crier qu'il n'avait pas besoin de se gêner pour moi, attendu que je ne dormais pas, mais comme ç'aurait été réveiller Mattia, qui lui dormait tranquillement sans doute, je me tus.

Mon père aida les deux hommes à se décharger de leurs ballots, puis il disparut un moment et revint bientôt avec ma mère. Pendant son absence, les hommes avaient ouvert leurs paquets ; l'un était plein de pièces d'étoffes ; dans l'autre se trouvaient des objets de bonneterie, des tricots, des caleçons, des bas, des gants.

Alors je compris ce qui tout d'abord m'avait étonné : ces gens étaient des marchands qui venaient vendre leurs marchandises à mes parents.

Mon père prenait chaque objet, l'examinait à la lumière de sa lanterne, et le passait à ma mère qui avec des petits ciseaux coupait les étiquettes, qu'elle mettait dans sa poche.

Cela me parut bizarre, de même que l'heure choisie pour cette vente me paraissait étrange.

Tout en procédant à cet examen, mon père adressait quelques paroles à voix basse aux hommes qui avaient apporté ces ballots : si j'avais su l'anglais, j'aurais peut-être entendu ces paroles, mais on entend mal ce qu'on ne comprend pas ; il n'y eut guère que le mot *policemen*, plusieurs fois répété, qui frappa mon oreille.

Lorsque le contenu des ballots eut été soigneusement visité, mes parents et les deux hommes sortirent de la remise pour entrer dans la maison, et de nouveau l'obscurité se fit autour de nous ; il était évident qu'ils allaient régler leur compte.

Je voulus me dire qu'il n'y avait rien de plus naturel que ce que je venais de voir, cependant je ne pus pas me convaincre moi-même, si grande que fût ma bonne volonté : pourquoi ces gens venant chez mes parents n'étaient-ils pas entrés par la cour du Lion-Rouge ? Pourquoi avait-on parlé de la police à voix basse comme si l'on craignait d'être entendu du dehors ? Pourquoi ma mère avait-elle coupé les étiquettes qui pendaient après les effets qu'elle achetait ?

Ces questions n'étaient pas faites pour m'endormir, et comme je ne leur trouvais pas de réponse, je tâchais de les chasser de mon esprit, mais c'était en vain. Après un certain temps, je vis de nouveau la lumière emplir notre voiture, et de nouveau je regardai par la fente de mon rideau ; mais cette fois ce fut malgré moi et contre ma volonté, tandis que la première j'avais été tout naturellement pour voir et savoir. Maintenant je me disais que je ne devrais pas regarder, et cependant je regardai. Je me disais qu'il vaudrait mieux sans doute ne pas savoir, et cependant je voulus voir.

Mon père et ma mère étaient seuls ; tandis que ma mère faisait rapidement deux paquets des objets apportés, mon père balayait un coin de la remise ; sous le sable sec qu'il enlevait à grands coups de balai apparut bientôt une trappe : il la leva ; puis comme ma mère avait achevé de ficeler les deux ballots il les descendit par cette trappe dans une cave dont je ne vis pas la profondeur, tandis que ma mère l'éclairait avec la lanterne ; les deux ballots descendus, il remonta, ferma la trappe et avec son balai replaça dessus le sable qu'il avait enlevé ; quand il eut achevé sa besogne il fut impossible de voir où se trouvait l'ouverture de cette trappe ; sur le sable ils avaient tous les deux semé des brins de paille comme il y en avait partout sur le sol de la remise.

Ils sortirent.

Au moment où ils fermaient doucement la porte de la maison, il me sembla que Mattia remuait dans sa couchette, comme s'il reposait sa tête sur l'oreiller.

Avait-il vu ce qui venait de se passer ?

Je n'osai le lui demander : ce n'était plus une épouvante vague qui m'étouffait ; je savais maintenant pourquoi j'avais peur : des pieds à la tête j'étais baigné dans une sueur froide.

Je restai ainsi pendant toute la nuit ; un coq, qui chanta dans le voisinage, m'annonça l'approche du matin ; alors seulement je m'endormis, mais d'un sommeil lourd et fiévreux, plein de cauchemars anxieux qui m'étouffaient.

Un bruit de serrure me réveilla, et la porte de notre voiture fut ouverte ; mais, m'imaginant que c'était mon père qui venait nous prévenir qu'il était temps de nous lever, je fermai les yeux pour ne pas le voir.

— C'est ton frère, me dit Mattia, qui nous donne la liberté ; il est déjà parti.

Nous nous levâmes alors ; Mattia ne me demanda pas si j'avais bien dormi, et je ne lui adressai aucune question ; comme il me regardait à un certain moment, je détournai les yeux.

Il fallut entrer dans la cuisine, mais mon père ni ma mère ne s'y trouvaient point ; mon grand-père était devant le feu, assis dans son fauteuil, comme s'il n'avait pas bougé depuis la veille, et ma sœur aînée, qui s'appelait Annie, essuyait la table, tandis que mon plus grand frère Allen balayait la pièce.

J'allai à eux pour leur donner la main, mais ils continuèrent leur besogne sans me répondre.

J'arrivai alors à mon grand-père, mais il ne me laissa point approcher, et comme la veille, il cracha de mon côté, ce qui m'arrêta court.

— Demande donc, dis-je à Mattia, à quelle heure je verrai mon père et ma mère ce matin.

Mattia fit ce que je lui disais, et mon grand-père en entendant parler anglais se radoucit ; sa physionomie perdit un peu de son effrayante fixité et il voulut bien répondre.

— Que dit-il ? demandai-je.

— Que ton père est sorti pour toute la journée, que ta mère dort et que nous pouvons aller nous promener.

— Il n'a dit que cela ? demandai-je, trouvant cette traduction bien courte.

Mattia parut embarrassé.

— Je ne sais pas si j'ai bien compris le reste, dit-il.

— Dis ce que tu as compris.

— Il me semble qu'il a dit que si nous trouvions une bonne occasion en ville il ne fallait pas la manquer, et puis il a ajouté, cela j'en suis sûr : « Retiens ma leçon : il faut vivre aux dépens des imbéciles. »

Sans doute mon grand-père devinait ce que Mattia m'expliquait, car à ces derniers mots il fit de sa main qui n'était pas paralysée le geste de mettre quelque chose dans sa poche et en même temps il cligna de l'œil.

— Sortons, dis-je à Mattia.

Pendant deux ou trois heures, nous nous promenâmes aux environs de la cour du Lion-Rouge, n'osant pas nous éloigner de peur de nous égarer ; et le jour Bethnal-Green me parut encore plus affreux qu'il ne s'était montré la veille dans la nuit : partout dans les maisons aussi bien que dans les gens, la misère avec ce qu'elle a de plus attristant.

Nous regardions, Mattia et moi, mais nous ne disions rien.

Tournant sur nous-mêmes, nous nous trouvâmes à l'un des bouts de notre cour et nous rentrâmes.

Ma mère avait quitté sa chambre ; de la porte je l'aperçus la tête appuyée sur la table : m'imaginant qu'elle était malade, je courus à elle pour l'embrasser, puisque je ne pouvais pas lui parler.

Je la pris dans mes bras, elle releva la tête en la balançant, puis elle me regarda, mais assurément sans me voir ; alors je respirai une odeur de genièvre qu'exhalait son haleine chaude. Je reculai. Elle laissa retomber sa tête sur ses deux bras étalés sur la table.

— *Gin*, dit mon grand-père.

Et il me regarda en ricanant, disant quelques mots que je ne compris pas.

Tout d'abord je restai immobile comme si j'étais

privé de sentiment, puis après quelques secondes je regardai Mattia, qui lui-même me regardait avec des larmes dans les yeux.

Je lui fis un signe et de nouveau nous sortîmes.

Pendant assez longtemps nous marchâmes côte à côte, nous tenant par la main, ne disant rien et allant droit devant nous sans savoir où nous nous dirigions.

— Où donc veux-tu aller ainsi? demanda Mattia avec une certaine inquiétude.

— Je ne sais pas; quelque part où nous pourrons causer; j'ai à te parler, et ici, dans cette foule, je ne pourrais pas.

En effet, dans ma vie errante, par les champs et par les bois, je m'étais habitué, à l'école de Vitalis, à ne jamais rien dire d'important quand nous nous trouvions au milieu d'une rue de ville ou de village, et lorsque j'étais dérangé par les passants je perdais tout de suite mes idées : or, je voulais parler à Mattia sérieusement en sachant bien ce que je dirais.

Au moment où Mattia me posait cette question, nous arrivions dans une rue plus large que les ruelles d'où nous sortions, et il me sembla apercevoir des arbres au bout de cette rue : c'était peut-être la campagne : nous nous dirigeâmes de ce côté. Ce n'était point la campagne, mais c'était un parc immense avec de vastes pelouses vertes et des bouquets de jeunes arbres çà et là. Nous étions là à souhait pour causer.

Ma résolution était bien prise, et je savais ce que je voulais dire :

— Tu sais que je t'aime, mon petit Mattia, dis-je à mon camarade aussitôt que nous fûmes assis dans un endroit écarté et abrité, et tu sais bien, n'est-ce pas, que c'est par amitié que je t'ai demandé de m'accompagner chez mes parents. Tu ne douteras donc pas de mon amitié, n'est-ce pas, quoi que je te demande.

— Que tu es bête! répondit-il en s'efforçant de sourire.

— Tu voudrais rire pour que je ne m'attendrisse pas, mais cela ne fait rien, si je m'attendris; avec qui puis-je pleurer si ce n'est avec toi?

Et me jetant dans les bras de Mattia, je fondis en larmes; jamais je ne m'étais senti si malheureux quand j'étais seul, perdu au milieu du vaste monde.

Après une crise de sanglots, je m'efforçai de me calmer; ce n'était pas pour me faire plaindre par Mattia que je l'avais amené dans ce parc, ce n'était pas pour moi, c'était pour lui.

— Mattia, lui dis-je, il faut partir, il faut retourner en France.

— Te quitter, jamais!

— Je savais bien à l'avance que ce serait là ce que tu me répondrais, et je suis heureux, bien heureux, je t'assure, que tu m'aies dit que tu ne me quitterais jamais, cependant il faut me quitter, il faut retourner en France, en Italie, où tu voudras, peu importe, pourvu que tu ne restes pas en Angleterre.

— Et toi, où veux-tu aller? où veux-tu que nous allions?

— Moi! Mais il faut que je reste ici, à Londres, avec ma famille; n'est-ce pas mon devoir d'habiter près de mes parents? Prends ce qui nous reste d'argent et pars.

— Ne dis pas cela, Remi, s'il faut que quelqu'un parte, c'est toi, au contraire.

— Pourquoi?

— Parce que...

Il n'acheva pas et détourna les yeux devant mon regard interrogateur.

— Mattia, réponds-moi en toute sincérité, franchement, sans ménagement pour moi, sans peur; tu ne dormais pas cette nuit? tu as vu?

Il tint ses yeux baissés, et d'une voix étouffée:

— Je ne dormais pas, dit-il.

— Qu'as-tu vu?

— Tout.

— Et as-tu compris?

— Que ceux qui vendaient ces marchandises ne les avaient pas achetées. Ton père les a grondés d'avoir frappé à la porte de la remise et non à celle de la maison; ils ont répondu qu'ils étaient guettés par les *policemen*.

— Tu vois donc bien qu'il faut que tu partes, lui dis-je.

— S'il faut que je parte, il faut que tu partes aussi, cela n'est pas plus utile pour l'un que pour l'autre.

— Quand je t'ai demandé de m'accompagner, je croyais, d'après ce que m'avait dit mère Barberin, et aussi d'après mes rêves, que ma famille pourrait nous faire instruire tous les deux, et que nous ne nous séparerions pas; mais les choses ne sont pas ainsi; le rêve était... un rêve; il faut donc que nous nous séparions.

— Jamais!

— Ecoute-moi bien, comprends-moi, et n'ajoute

pas à mon chagrin. Si à Paris nous avions rencontré Garofoli, et si celui-ci t'avait repris, tu n'aurais pas voulu, n'est-ce pas, que je restasse avec toi, et ce que je te dis en ce moment, tu me l'aurais dit.

Il ne répondit pas.

— Est-ce vrai? dis-moi si c'est vrai.

Après un moment de réflexion il parla :

— A ton tour écoute-moi, dit-il, écoute-moi bien : quand, à Chavanon, tu m'as parlé de ta famille qui te cherchait, cela m'a fait un grand chagrin ; j'aurais dû être heureux de savoir que tu allais retrouver tes parents, j'ai été au contraire fâché. Au lieu de penser à ta joie et à ton bonheur, je n'ai pensé qu'à moi : je me suis dit que tu aurais des frères et des sœurs que tu aimerais comme tu m'aimais, plus que moi peut-être, des frères et des sœurs riches, bien élevés, instruits, des beaux messieurs, des belles demoiselles, et j'ai été jaloux. Voilà ce qu'il faut que tu saches, voilà la vérité qu'il faut que je te confesse pour que tu me pardonnes, si tu peux me pardonner d'aussi mauvais sentiments.

— Oh ! Mattia !

— Dis, dis-moi que tu me pardonnes.

— De tout mon cœur ; j'avais bien vu ton chagrin, je ne t'en ai jamais voulu.

— Parce que tu es bête ; tu es une trop bonne bête ; il faut en vouloir à ceux qui sont méchants, et j'ai été méchant. Mais si tu me pardonnes, parce que tu es bon, moi, je ne me pardonne pas, parce que moi, je ne suis pas bon. Tu ne sais pas tout encore : je me disais : je vais avec lui en Angleterre parce qu'il faut voir; mais quand il sera heureux, bien heureux, quand il n'aura plus le temps de penser à moi, je me sauverai, et, sans m'arrêter, je m'en irai jusqu'à Lucca pour embrasser Cristina. Mais voilà qu'au lieu d'être riche et heureux, comme nous avions cru que tu le serais, tu n'es pas riche et tu es... c'est-à-dire tu n'es pas ce que nous avions cru; alors je ne dois pas partir, et ce n'est pas Cristina, ce n'est pas ma petite sœur que je dois embrasser, c'est mon camarade, c'est mon ami, c'est mon frère, c'est Remi.

Disant cela, il me prit la main et me l'embrassa ; alors les larmes emplirent mes yeux, mais elles ne furent plus amères et brûlantes comme celles que je venais de verser.

Cependant, si grande que fût mon émotion, elle ne me fit pas abandonner mon idée :

— Il faut que tu partes, il faut que tu retournes en France, que tu voies Lise, le père Acquin, mère Barberin, tous mes amis, et que tu leur dises pourquoi je ne fais pas pour eux ce que je voulais, ce que j'avais rêvé, ce que j'avais promis. Tu expliqueras que mes parents ne sont pas riches comme nous avions cru, et ce sera assez pour qu'on m'excuse. Tu comprends, n'est-ce pas? Ils ne sont pas riches, cela explique tout : ce n'est pas une honte de n'être pas riche.

— Ce n'est pas parce qu'ils ne sont pas riches que tu veux que je parte; aussi je ne partirai pas.

— Mattia, je t'en prie, n'augmente pas ma peine, tu vois comme elle est grande.

— Oh! je ne veux pas te forcer à me dire ce que tu as honte de m'expliquer. Je ne suis pas malin, je suis pas fin, mais si je ne comprends pas tout ce qui devait m'entrer là, — il frappa sa tête, je sens ce qui m'atteint là ; — il mit sa main sur son cœur. Ce n'est pas parce que tes parents sont pauvres que tu veux que je parte, ce n'est pas parce qu'ils ne peuvent pas me nourrir, car je ne leur serais pas à charge et je travaillerais pour eux, c'est... c'est parce que, — après ce que tu as vu cette nuit, — tu as peur pour moi.

— Mattia, ne dis pas cela.

— Tu as peur que je n'en arrive à couper les étiquettes des marchandises qui n'ont pas été achetées.

— Oh ! tais-toi, Mattia, mon petit Mattia, tais-toi !

Et je cachai entre mes mains mon visage rouge de honte.

— Eh bien ! si tu as peur pour moi, continua Mattia, moi j'ai peur pour toi, et c'est pour cela que je te dis : « Partons ensemble, retournons en France pour revoir mère Barberin, Lise et tes amis. »

— C'est impossible ! Mes parents ne te sont rien, tu ne leur dois rien ; moi, ils sont mes parents, je dois rester avec eux.

— Tes parents ! Ce vieux paralysé, ton grand-père ! cette femme, couchée sur la table, ta mère !

Je me levai vivement, et, sur le ton du commandement, non plus sur celui de la prière, je m'écriai :

— Tais-toi, Mattia, ne parle pas ainsi, je te le défends ! C'est de mon grand-père, c'est de ma mère que tu parles : je dois les honorer, les aimer.

— Tu le devrais s'ils étaient réellement tes parents ; mais s'ils ne sont ni ton grand-père, ni ton père, ni ta mère dois-tu quand même les honorer et les aimer ?

— Tu n'as donc pas écouté le récit de mon père?

— Qu'est-ce qu'il prouve ce récit? Ils ont perdu un enfant du même âge que toi; ils l'ont fait chercher et ils en ont retrouvé un du même âge que celui qu'ils avaient perdu; voilà tout.

— Tu oublies que l'enfant qu'on leur avait volé a été abandonné avenue de Breteuil, et que c'est avenue de Breteuil que j'ai été trouvé le jour même où le leur avait été perdu.

— Pourquoi deux enfants n'auraient-ils pas été abandonnés avenue de Breteuil le même jour? Pourquoi le commissaire de police ne se serait-il pas trompé en envoyant M. Driscoll à Chavanon? Cela est possible.

— Cela est absurde.

— Peut-être bien; ce que je dis, ce que j'explique peut être absurde, mais c'est parce que je le dis et l'explique mal, parce que j'ai une pauvre tête ; un autre que moi l'expliquerait mieux, et cela deviendrait raisonnable ; c'est moi qui suis absurde, voilà tout.

— Hélas! non, ce n'est pas tout.

— Enfin tu dois faire attention que tu ne ressembles ni à ton père ni à ta mère, et que tu n'as pas les cheveux blonds, comme tes frères et sœurs qui tous, tu entends bien, tous, sont du même blond; pourquoi ne serais-tu pas comme eux? D'un autre côté, il y a une chose bien étonnante : comment des gens qui ne sont pas riches ont-ils dépensé tant d'argent pour retrouver un enfant? Pour toutes ces raisons, selon moi, tu n'es pas un Driscoll; je sais bien que je ne suis qu'une bête, on me l'a toujours dit, c'est la faute de ma tête. Mais tu n'es pas un Driscoll, et tu ne dois pas rester avec les Driscoll. Si tu veux, malgré tout, y rester, je reste avec toi; mais tu voudras bien écrire à mère Barberin pour lui demander de nous dire au juste comment étaient tes langes; quand nous aurons sa lettre, tu interrogeras celui que tu appelles ton père, et alors nous commencerons peut-être à voir un peu plus clair; jusque-là je ne bouge pas, et malgré tout je reste avec toi; s'il faut travailler, nous travaillerons ensemble.

— Mais si un jour on cognait sur la tête de Mattia?

Il se mit à sourire tristement :

— Ce ne serait pas là le plus dur : est-ce que les coups font du mal quand on les reçoit pour son ami?

XV

CAPI PERVERTI

Ce fut seulement à la nuit tombante que nous rentrâmes cour du Lion-Rouge : nous passâmes toute notre journée à nous promener dans ce beau parc, en causant, après avoir déjeuné d'un morceau de pain que nous achetâmes.

Mon père était de retour à la maison et ma mère était debout : ni lui, ni elle, ne nous firent d'observations sur notre longue promenade ; ce fut seulement après le souper que mon père nous dit qu'il avait à nous parler à tous deux, à Mattia et à moi, et pour cela il nous fit venir devant la cheminée, ce qui nous valut un grognement du grand-père qui décidément était féroce pour garder sa part de feu.

— Dites-moi donc un peu comment vous gagniez votre vie en France ? demanda mon père.

Je fis le récit qu'il nous demandait.

— Ainsi vous n'avez jamais eu peur de mourir de faim ?

— Jamais ; non-seulement nous avons gagné notre

vie, mais encore nous avons gagné de quoi acheter une vache, dit Mattia avec assurance.

Et à son tour il raconta l'acquisition de notre vache.

— Vous avez donc bien du talent? demanda mon père ; montrez-moi un peu de quoi vous êtes capables.

Je pris ma harpe et jouai un air, mais ce ne fut pas ma chanson napolitaine.

— Bien, bien, dit mon père, et Mattia que sait-il ?

Mattia aussi joua un morceau de violon et un autre de cornet à piston.

Ce fut ce dernier qui provoqua les applaudissements des enfants, qui nous écoutaient rangés en cercle autour de nous.

— Et Capi? demanda mon père, de quoi joue-t-il ? Je ne pense pas que c'est pour votre seul agrément que vous traînez un chien avec vous ; il doit être en état de gagner au moins sa nourriture.

J'étais fier des talents de Capi, non-seulement pour lui, mais encore pour Vitalis ; je voulus qu'il jouât quelques-uns des tours de son répertoire, et il obtint auprès des enfants son succès accoutumé.

— Mais c'est une fortune, ce chien-là, dit mon père.

Je répondis à ce compliment en faisant l'éloge de Capi et en assurant qu'il était capable d'apprendre en peu de temps tout ce qu'on voulait bien lui montrer, même ce que les chiens ne savaient pas faire ordinairement.

Mon père traduisit mes paroles en anglais, et il me

sembla qu'il y ajoutait quelques mots que je ne comprends pas, mais qui firent rire tout le monde, ma mère, les enfants, et mon grand-père aussi, qui cligna de l'œil à plusieurs reprises en criant : « *fin dog* », ce qui veut dire beau chien ; mais Capi n'en fut pas plus fier.

— Puisqu'il en est ainsi, continua mon père, voici ce que je vous propose ; mais avant tout, il faut que Mattia dise s'il lui convient de rester en Angleterre, et s'il veut demeurer avec nous.

— Je désire rester avec Remi, répondit Mattia, qui était beaucoup plus fin qu'il ne disait et même qu'il ne croyait, et j'irai partout où ira Remi.

Mon père, qui ne pouvait pas deviner ce qu'il y avait de sous-entendu dans cette réponse, s'en montra satisfait.

— Puisqu'il en est ainsi, dit-il, je reviens à ma proposition : Nous ne sommes pas riches, et nous travaillons tous pour vivre ; l'été nous parcourons l'Angleterre, et les enfants vont offrir mes marchandises à ceux qui ne veulent pas se déranger pour venir jusqu'à nous ; mais l'hiver nous n'avons pas grand'chose à faire ; tant que nous serons à Londres, Remi et Mattia pourront aller jouer de la musique dans les rues, et je ne doute pas qu'ils ne gagnent bientôt de bonnes journées, surtout quand nous approcherons des fêtes de Noël, de ce que nous appelons les *waits* ou veillées. Mais comme il ne faut pas faire du gaspillage en ce monde, Capi ira donner des représentations avec Allen et Ned.

— Capi ne travaille bien qu'avec moi, dis-je vivement ; car il ne pouvait pas me convenir de me séparer delui.

— Il apprendra à travailler avec Allen et Ned, sois tranquille, et en vous divisant ainsi vous gagnerez beaucoup plus.

— Mais je vous assure qu'il ne fera rien de bon ; et d'autre part nos recettes à Mattia et à moi seront moins fortes ; nous gagnerions davantage avec Capi.

— Assez causé, me dit mon père, quand j'ai dit une chose, j'entends qu'on la fasse et tout de suite, c'est la règle de la maison, j'entends que tu t'y conformes, comme tout le monde.

Il n'y avait pas à répliquer, et je ne dis rien, mais tout bas je pensai que mes beaux rêves pour Capi se réalisaient aussi tristement que pour moi : nous allions donc être séparés ! quel chagrin pour lui et pour moi !

Nous gagnâmes notre voiture pour nous coucher, mais ce soir-là, mon père ne nous enferma point.

Comme je me couchais, Mattia, qui avait été plus de temps que moi à se déshabiller, s'approcha de mon oreille, et me parlant d'une voix étouffée :

— Tu vois, dit-il, que celui que tu appelles ton père ne tient pas seulement à avoir des enfants qui travaillent pour lui, il lui faut encore des chiens ; cela ne t'ouvre-t-il pas les yeux enfin ? demain nous écrirons à mère Barberin.

Mais le lendemain il fallut faire la leçon à Capi ; je le pris dans mes bras, et doucement, en l'embrassant souvent sur le nez, je lui expliquai ce que j'attendais de lui : pauvre chien, comme il me regardait, comme il m'écoutait.

Quand je remis sa laisse dans la main d'Allen, je recommençai mes explications, et il était si intelligent, si docile, qu'il suivit mes deux frères d'un air triste mais enfin sans résistance.

Pour Mattia et pour moi, mon père voulut nous conduire lui-même dans un quartier où nous avions chance de faire de bonnes recettes, et nous traversâmes tout Londres pour arriver dans une partie de la ville où il n'y avait que de belles maisons avec des portiques, dans des rues monumentales bordées de jardins : dans ces splendides rues aux larges trottoirs, plus de pauvres gens en guenilles et à mine famélique, mais de belles dames aux toilettes voyantes, des voitures dont les panneaux brillaient comme des glaces, des chevaux magnifiques que conduisaient de gros et gras cochers aux cheveux poudrés.

Nous ne rentrâmes que tard à la cour du Lion-Rouge, car la distance est longue du *West-End* à Bethnal-Green, et j'eus la joie de retrouver Capi, bien crotté mais de bonne humeur.

Je fus si content de le revoir qu'après l'avoir bien frotté avec de la paille sèche, je l'enveloppai dans ma peau de mouton et le couchai dans mon lit ; qui fut le plus heureux de lui ou de moi ? cela serait difficile à dire.

Les choses continuèrent ainsi pendant plusieurs jours ; nous partions le matin et nous ne revenions que le soir après avoir joué notre répertoire tantôt dans un quartier, tantôt dans un autre, tandis que de son côté, Capi allait donner des représentations sous la direction d'Allen et de Ned ; mais un soir, mon père me dit que le lendemain je pourrais prendre Capi avec moi, attendu qu'il garderait Allen et Ned à la maison.

Cela nous fit grand plaisir et nous nous promîmes bien, Mattia et moi, de faire une assez belle recette avec Capi, pour que désormais on nous le donnât toujours ; il s'agissait de reconquérir Capi, et nous ne nous épargnerions ni l'un ni l'autre.

Nous lui fîmes donc subir une sévère toilette le matin et, après déjeuner, nous nous mîmes en route pour le quartier où l'expérience nous avait appris « que l'honorable société mettait le plus facilement la main à la poche ». Pour cela il nous fallait traverser tout Londres de l'est à l'ouest par Old street, Holborn et Oxford street.

Par malheur pour le succès de notre entreprise depuis deux jours le brouillard ne s'était pas éclairci ; le ciel, ou ce qui tient lieu de ciel à Londres, était un nuage de vapeurs orangées, et dans les rues flottait une sorte de fumée grisâtre qui ne permettait à la vue de s'étendre qu'à quelques pas : on sortirait peu, et des fenêtres derrière lesquelles on nous écouterait, on ne verrait guère Capi ; c'était là une fâcheuse condition pour notre recette ; aussi Mattia injuriait-il le brouillard, ce maudit *fog*, sans se douter du service qu'il devait nous rendre à tous les trois quelques instants plus tard.

Cheminant rapidement, en tenant Capi sur nos talons par un mot que je lui disais de temps en temps, ce qui avec lui valait mieux que la plus solide chaîne, nous étions arrivés dans Holborn qui, on le sait, est une des rues les plus fréquentées et les plus commerçantes de Londres. Tout à coup je m'aperçus que Capi ne nous suivait plus. Qu'était-il devenu? cela était extraordinaire. Je m'arrêtai pour l'attendre en me jetant dans l'enfoncement d'une allée, et je sifflai doucement, car nous ne pouvions pas voir au loin. J'étais déjà anxieux, craignant qu'il ne nous eût été volé, quand il arriva au galop, tenant dans sa gueule une paire de bas de laine et frétillant de la queue : posant ses pattes de devant contre moi il me présenta ces bas en me disant de les prendre ; il paraissait tout fier, comme lorsqu'il avait bien réussi un de ses tours les plus difficiles, et venait demander mon approbation.

Cela s'était fait en quelques secondes et je restais ébahi, quand brusquement Mattia prit les bas d'une main et de l'autre m'entraîna dans l'allée.

— Marchons vite, me dit-il, mais sans courir.

Ce fut seulement au bout de plusieurs minutes qu'il me donna l'explication de cette fuite.

— Je restais comme toi à me demander d'où venait cette paire de bas, quand j'ai entendu un homme dire: Où est-il le voleur? le voleur c'était Capi, tu le comprends; sans le brouillard nous étions arrêtés comme voleurs.

Je ne comprenais que trop : je restai un moment suffoqué : ils avaient fait un voleur de Capi, du bon, de l'honnête Capi !

— Rentrons à la maison, dis-je à Mattia, et tiens Capi en laisse.

Mattia ne me dit pas un mot et nous rentrâmes

cour du Lion-Rouge en marchant rapidement.

Le père, la mère et les enfants étaient autour de la table occupés à plier des étoffes: je jetai la paire de bas sur la table, ce qui fit rire Allen et Ned.

— Voici une paire de bas, dis-je, que Capi vient de voler, car on a fait de Capi un voleur : je pense que ç'a été pour jouer.

Je tremblais en parlant ainsi, et cependant je ne m'étais jamais senti aussi résolu.

— Et si ce n'était pas un jeu, demanda mon père, que ferais-tu, je te prie?

— J'attacherais une corde au cou de Capi, et quoique je l'aime bien, j'irais le noyer dans la Tamise : je ne veux pas que Capi devienne un voleur, pas plus que j'en deviendrai un moi-même ; si je pensais que cela doive arriver jamais, j'irais me noyer avec lui tout de suite.

Mon père me regarda en face et il fit un geste de colère comme pour m'assommer; ses yeux me brûlèrent; cependant je ne baissai pas les miens; peu à peu son visage contracté se détendit.

— Tu as eu raison de croire que c'était un jeu, dit-il; aussi pour que cela ne se reproduise plus, Capi désormais ne sortira qu'avec toi.

XVI

LES BEAUX LANGES ONT MENTI

A toutes mes avances, mes frères Allen et Ned n'avaient jamais répondu que par une antipathie hargneuse, et tout ce que j'avais voulu faire pour eux, ils l'avaient mal accueilli : évidemment je n'étais pas un frère à leurs yeux.

Après l'aventure de Capi, la situation se dessina nettement entre nous, et je leur signifiai, non en paroles, puisque je ne savais pas m'exprimer facilement en anglais, mais par une pantomime vive et expressive, où mes deux poings jouèrent le principal rôle, que s'ils tentaient jamais la moindre chose contre Capi, ils me trouveraient là pour le défendre ou le venger.

N'ayant pas de frères, j'aurais voulu avoir des sœurs; mais Annie, l'aînée des filles, ne me témoignait pas de meilleurs sentiments que ses frères; comme eux, elle avait mal reçu mes avances, et elle ne laissait point passer de jour sans me jouer quelque mauvais tour de sa façon, ce à quoi, je dois le dire, elle était fort ingénieuse.

Repoussé par Allen et par Ned, repoussé par Annie, il ne m'était resté que la petite Kate, qui avec ses trois ans était trop jeune pour entrer dans l'association de ses frères et de sa sœur; elle avait donc bien voulu se laisser caresser par moi, d'abord parce que je lui faisais faire des tours par Capi, et plus tard, lorsque Capi me fut rendu, parce que je lui apportais les bonbons, les gâteaux, les oranges que dans nos représentations les enfants nous donnaient d'un air majestueux en nous disant: « Pour le chien ». Donner des oranges au chien, cela n'était peut-être pas très-sensé, mais je les acceptais avec reconnaissance, car elles me permettaient de gagner ainsi les bonnes grâces de miss Kate.

Ainsi de toute ma famille, cette famille pour laquelle je me sentais tant de tendresse dans le cœur lorsque j'étais débarqué en Angleterre, il n'y avait que la petite Kate qui me permettait de l'aimer; mon grand-père continuait à cracher furieusement de mon côté toutes les fois que je l'approchais; mon père ne s'occupait de moi que pour me demander chaque soir le compte de notre recette; ma mère, le plus souvent n'était pas de ce monde; Allen, Ned et Annie me détestaient, seule Kate se laissait caresser, encore n'était-ce que parce que mes poches étaient pleines.

Quelle chute !

Aussi dans mon chagrin, et bien que tout d'abord j'eusse repoussé les suppositions de Mattia, en venais-je à me dire que si vraiment j'étais l'enfant de cette famille on aurait pour moi d'autres sentiments que ceux qu'on ne témoignait avec si peu de ménagement, alors que je n'avais rien fait pour mériter cette indifférence ou cette dureté.

Quand Mattia me voyait sous l'influence de ces tristes pensées, il devinait très-bien ce qui les provoquait, et alors il me disait, comme s'il se parlait à lui-même :

— Je suis curieux de voir ce que mère Barberin va te répondre.

Pour avoir cette lettre qui devait m'être adressée « poste restante, » nous avions changé notre itinéraire de chaque jour, et au lieu de gagner Holborn par West-Smith-Field, nous descendions jusqu'à la poste. Pendant assez longtemps, nous fîmes cette course inutilement, mais à la fin, cette lettre si impatiemment attendue nous fut remise.

L'hôtel général des postes n'est point un endroit favorable à la lecture ; nous gagnâmes une allée dans une ruelle voisine, ce qui me donna le temps de calmer un peu mon émotion, et là enfin, je pus ouvrir la lettre de mère Barberin, c'est-à-dire la lettre qu'elle avait fait écrire par le curé de Chavanon :

« Mon petit Remi,

« Je suis bien surprise et bien fâchée de ce que ta
« lettre m'apprend, car selon ce que mon pauvre Bar-
« berin m'avait toujours dit aussi bien après t'avoir
« trouvé avenue de Breteuil, qu'après avoir causé avec
« la personne qui te cherchait, je pensais que tes pa-
« rents étaient dans une bonne et même dans une
« grande position de fortune.

« Cette idée m'était confirmée par la façon dont tu

« étais habillé lorsque Barberin t'a apporté à Chava-
« non, et qui disait bien clairement que les objets que
« tu portais appartenaient à la layette d'un enfant
« riche. Tu me demandes de t'expliquer comment
« étaient les langes dans lesquels tu étais emmail-
« lotté ; je peux le faire facilement car j'ai conservé
« tous ces objets en vue de servir à ta reconnaissance
« le jour où l'on te réclamerait, ce qui selon moi devait
« arriver certainement.

« Mais, d'abord, il faut te dire que tu n'avais pas de
« langes ; si je t'ai parlé quelquefois de langes, c'est
« par habitude et parce que les enfants de chez nous
« sont emmaillottés. Toi, tu n'étais pas emmaillotté ;
« au contraire tu étais habillé ; et voici quels étaient
« les objets qui ont été trouvés sur toi : un bonnet en
« dentelle, qui n'a de particulier que sa beauté et sa
« richesse ; une brassière en toile fine garnie d'une
« petite dentelle à l'encolure et aux bras ; une couche
« en flanelle, des bas en laine blanche ; des chaussons
« en tricot blanc, avec des bouffettes de soie ; une
« longue robe aussi en flanelle blanche, et enfin une
« grande pelisse à capuchon en cachemire blanc,
« doublée de soie, et en dessus ornée de belles bro-
« deries.

« Tu n'avais pas de couche en toile appartenant à
« la même layette, parce qu'on t'avait changé chez le
« commissaire de police où l'on avait remplacé la
« couche par une serviette ordinaire.

« Enfin, il faut ajouter aussi qu'aucun de ces objets
« n'était marqué, mais la couche en flanelle et la bras-
« sière avait dû l'être, car les coins où se met ordinai-

« rement la marque avaient été coupés, ce qui indi-
« quait qu'on avait pris toutes les précautions pour
« dérouter les recherches.

« Voilà, mon cher Remi, tout ce que je peux te
« dire. Si tu crois avoir besoin de ces objets, tu n'as
« qu'à me l'écrire ; je te les enverrai.

« Ne te désole pas, mon cher enfant, de ne pouvoir
« pas me donner tous les beaux cadeaux que tu m'a-
« vais promis ; ta vache achetée sur ton pain de cha-
« que jour vaut pour moi tous les cadeaux du monde.
« J'ai du plaisir de te dire qu'elle est toujours en
« bonne santé ; son lait ne diminue pas, et, grâce à
« elle, je suis maintenant à mon aise ; je ne la vois
« pas sans penser à toi et à ton bon petit camarade
« Mattia.

« Tu me feras plaisir quand tu pourras me donner
« de tes nouvelles, et j'espère qu'elles seront toujours
« bonnes : toi si tendre et si affectueux, comment ne
« serais-tu pas heureux dans ta famille, avec un père,
« une mère, des frères et des sœurs qui vont t'aimer
« comme tu mérites de l'être ?

« Adieu, mon cher enfant, je t'embrasse affectueu-
« sement.

« Ta mère nourrice,
« Vᵉ BARBERIN. »

La fin de cette lettre m'avait serré le cœur : pauvre mère Barberin, comme elle était bonne pour moi ! parce qu'elle m'aimait, elle s'imaginait que tout le monde devait m'aimer comme elle.

— C'est une brave femme, dit Mattia, elle a pensé

à moi; mais quand elle m'aurait oublié, cela n'empêcherait pas que je la remercierais pour sa lettre; avec une description aussi complète, il ne faudra pas que master Driscoll se trompe dans l'énumération des objets que tu portais lorsqu'on t'a volé.

— Il peut avoir oublié.

— Ne dis donc pas cela : est-ce qu'on oublie les vêtements qui habillaient l'enfant qu'on a perdu, le jour où on l'a perdu, puisque ce sont ces vêtements qui doivent le faire retrouver?

— Jusqu'à ce que mon père ait répondu, ne fais pas de suppositions, je te prie.

— Ce n'est pas moi qui en fais, c'est toi qui dis qu'il peut avoir oublié.

— Enfin, nous verrons.

Ce n'était pas chose facile que de demander à mon père de me dire comment j'étais vêtu lorsque je lui avais été volé. Si je lui avais posé cette question tout naïvement, sans arrière-pensée, rien n'aurait été plus simple; mais il n'en était pas ainsi, et c'était justement cette arrière-pensée, qui me rendait timide et hésitant.

Enfin un jour qu'une pluie glaciale nous avait fait rentrer de meilleure heure que de coutume, je pris mon courage, et je mis la conversation sur le sujet qui me causait de si poignantes angoisses.

Au premier mot de ma question, mon père me regarda en face, en me fouillant des yeux, comme il en avait l'habitude lorsqu'il était blessé par ce que je lui disais, mais je soutins son regard plus bravement que je ne l'avais espéré lorsque j'avais pensé à ce moment.

Je crus qu'il allait se fâcher et je jetai un coup d'œil inquiet du côté de Mattia, qui nous écoutait sans en avoir l'air, pour le prendre à témoin de la maladresse qu'il m'avait fait risquer ; mais il n'en fut rien ; le premier mouvement de colère passé, il se mit à sourire ; il est vrai qu'il y avait quelque chose de dur et de cruel dans ce sourire, mais enfin c'était bien un sourire.

— Ce qui m'a le mieux servi pour te retrouver, dit-il, ç'a été la description des vêtements que tu portais au moment où tu nous a été volé: un bonnet en dentelle, une brassière en toile garnie de dentelles, une couche et une robe en flanelle, des bas de laine, des chaussons en tricot, une pelisse à capuchon en cachemire blanc brodé : j'avais beaucoup compté sur la marque de ton linge F. D., c'est-à-dire Francis Driscoll qui est ton nom, mais cette marque avait été coupée par celle qui t'avait volé et qui par cette précaution espérait bien empêcher qu'on te découvrît jamais ; j'eus à produire aussi ton acte de baptême que j'avais relevé à ta paroisse, qu'on m'a rendu, et que je dois avoir encore.

Disant cela, et avec une complaisance qui était assez extraordinaire chez lui, il alla fouiller dans un tiroir et bientôt il en rapporta un grand papier marqué de plusieurs cachets qu'il me donna.

Je fis un dernier effort :

— Si vous voulez, dis-je, Mattia va me le traduire.

— Volontiers.

De cette traduction, que Mattia fit tant bien que mal, il résultait que j'étais né un jeudi deux août et que j'étais fils de Patrick Driscoll et de Margaret Grange, sa femme.

Que demander de plus ?

Cependant Mattia ne se montra pas satisfait, et le soir, quand nous fûmes retirés dans notre voiture, il se pencha encore à mon oreille comme lorsqu'il avait quelque chose de secret à me confier.

— Tout cela c'est superbe, me dit-il, mais enfin cela n'explique pas comment Patrick Driscoll, marchand ambulant, et Margaret Grange, sa femme, étaient assez riches pour donner à leur enfant des bonnets en dentelle, des brassières garnies de dentelles, et des pelisses brodées ; les marchands ambulants ne sont pas si riches que ça.

— C'est précisément parce qu'ils étaient marchands que ces vêtements pouvaient leur coûter moins cher.

Mattia secoua la tête en sifflant, puis de nouveau me parlant à l'oreille :

— Veux-tu que je te fasse part d'une idée qui ne peut pas me sortir de la tête : c'est que tu n'es pas l'enfant de master Driscoll, mais bien l'enfant volé par master Driscoll.

Je voulus répliquer, mais déjà Mattia était monté dans son lit.

XVII

L'ONCLE D'ARTHUR : — M. JAMES MILLIGAN.

Si j'avais été à la place de Mattia, j'aurais peut-être eu autant d'imagination que lui, mais dans ma position les libertés de pensée qu'il se permettait m'étaient interdites.

C'était de mon père qu'il s'agissait.

Pour Mattia, c'était de master Driscoll, comme il disait.

Et quand mon esprit voulait s'élancer à la suite de Mattia, je le retenais aussitôt d'une main que je m'efforçais d'affermir.

De master Driscoll Mattia pouvait penser tout ce qui lui passait par la tête ; pour lui, master Driscoll était un étranger à qui il ne devait rien.

A mon père, au contraire, je devais le respect.

Assurément il y avait des choses étranges dans ma situation, mais je n'avais pas la liberté de les examiner au même point de vue que Mattia.

Le doute était permis à Mattia.

A moi, il était défendu.

Et quand Mattia voulait me faire part de ses doutes, il était de mon devoir de lui imposer silence.

C'était ce que j'essayais, mais Mattia avait sa tête, et je ne parvenais pas toujours à triompher de son obstination.

— Cogne si tu veux, disait-il en se fâchant, mais écoute.

Et alors il me fallait quand même écouter ses questions :

— Pourquoi Allen, Ned, Annie et Kate avaient-ils les cheveux blonds, tandis que les miens n'étaient pas blonds ?

— Pourquoi tout le monde, dans la famille Driscoll, à l'exception de Kate, qui ne savait pas ce qu'elle faisait, me témoignait-il de mauvais sentiments, comme si j'avais été un chien galeux ?

— Comment, des gens qui n'étaient pas riches habillaient-ils leurs enfants avec des dentelles ?

A tous ces pourquoi, à tous ces comment, je n'avais qu'une bonne réponse qui était elle-même une interrogation.

— Pourquoi la famille Driscoll m'aurait-elle cherché si je n'étais pas son enfant ? Pourquoi aurait-elle donné de l'argent à Barberin et à Greth and Galley ?

A cela Mattia était obligé de répondre qu'il ne pouvait pas répondre.

Mais cependant il ne se déclarait pas vaincu.

— Parce que je ne peux pas répondre à ta question, disait-il, cela ne prouve pas que j'aie tort dans toutes celles que je te pose sans que tu y répondes toi-même. Un autre à ma place trouverait très-bien pourquoi master Driscoll t'a fait chercher et dans quel but il a dépensé de l'argent. Moi je ne le trouve pas parce que je ne suis pas malin, et parce que je ne connais rien à rien.

— Ne dis donc pas cela : tu es plein de malice au contraire.

— Si je l'étais, je t'expliquerais tout de suite ce que je ne peux pas t'expliquer, mais ce que je sens : non, tu n'es pas l'enfant de la famille Driscoll, tu ne l'es pas, tu ne peux pas l'être ; cela sera reconnu plus tard, certainement ; seulement par ton obstination à ne pas vouloir ouvrir les yeux tu retardes ce moment. Je comprends que ce que tu appelles le respect envers ta famille te retienne, mais il ne devrait pas te paralyser complétement.

— Mais que veux-tu que je fasse ?

— Je veux que nous retournions en France.

— C'est impossible.

— Parce que le devoir te retient auprès de ta famille ; mais si cette famille n'est pas la tienne, qui te retient ?

Des discussions de cette nature ne pouvaient aboutir qu'à un résultat, qui était de me rendre plus malheureux que je ne l'avais jamais été.

Quoi de plus de terrible que le doute !

Et malgré que je ne voulusse pas douter, je doutais.

Ce père était-il mon père ? cette mère était-elle ma mère ? cette famille était-elle la mienne ?

Cela était horrible à avouer, j'étais moins tourmenté, moins malheureux, lorsque j'étais seul.

Qui m'eût dit, lorsque je pleurais tristement, parce

que je n'avais pas de famille, que je pleurerais désespérément parce que j'en aurais une ?

D'où me viendrait la lumière ? qui m'éclairerait ? Comment saurais-je jamais la vérité ?

Je restais devant ces questions, accablé de mon impuissance, et je me disais que je me frapperais inutilement et à jamais, en pleine nuit noire, la tête contre un mur dans lequel il n'y avait pas d'issue.

Et cependant il fallait chanter, jouer des airs de danse, et rire en faisant des grimaces, quand j'avais le cœur si profondément triste.

Les dimanches étaient mes meilleurs jours, parce que le dimanche on ne fait pas de musique dans les rues de Londres, et je pouvais alors librement m'abandonner à ma tristesse, en me promenant avec Mattia et Capi ; comme je ressemblais peu alors à l'enfant que j'étais quelques mois auparavant !

Un de ces dimanches, comme je me préparais à sortir avec Mattia, mon père me retint à la maison, en me disant qu'il aurait besoin de moi dans la journée, et il envoya Mattia se promener tout seul : mon grand-père n'était pas descendu ; ma mère était sortie avec Kate et Annie, et mes frères étaient à courir les rues ; il ne restait donc à la maison que mon père et moi.

Il y avait à peu près une heure que nous étions seuls, lorsqu'on frappa à la porte ; mon père alla ouvrir et il rentra accompagné d'un monsieur qui ne ressemblait pas aux amis qu'il recevait ordinairement : celui-là était bien réellement ce qu'en Angleterre on appelle un *gentleman*, c'est-à-dire un vrai monsieur, élégamment habillé et de physionomie hautaine, mais avec quelque chose de fatigué; il avait environ cinquante ans; ce qui me frappa le plus en lui, ce fut son sourire qui, par le mouvement des deux lèvres, découvrait toutes ses dents blanches et pointues comme celles d'un jeune chien : cela était tout à fait caractéristique, et, en le regardant, on se demandait si c'était bien un sourire qui contractait ainsi ses lèvres, ou si ce n'était pas plutôt une envie de mordre.

Tout en parlant avec mon père en anglais, il tournait à chaque instant les yeux de mon côté; mais quand il rencontrait les miens il cessait aussitôt de m'examiner.

Après quelques minutes d'entretien, il abandonna l'anglais pour le français, qu'il parlait avec facilité et presque sans accent.

— C'est là le jeune garçon dont vous m'avez entretenu? dit-il à mon père en me désignant du doigt; il paraît bien portant.

— Réponds-donc, me dit mon père.

— Vous vous portez bien? me demanda le gentleman.

— Oui, monsieur.

— Vous n'avez jamais été malade?

— J'ai eu une fluxion de poitrine.

— Ah! ah! et comment cela?

— Pour avoir couché une nuit dans la neige par un froid terrible; mon maître, qui était avec moi, est mort de froid; moi j'ai gagné cette fluxion de poitrine.

— Il y a longtemps?

— Trois ans.

— Et depuis, vous ne vous êtes pas ressenti de cette maladie ?

— Non.

— Pas de fatigues, pas de lassitudes, pas de sueurs dans la nuit ?

— Non, jamais ; quand je suis fatigué, c'est que j'ai beaucoup marché, mais cela ne me rend pas malade.

— Et vous supportez la fatigue facilement ?

— Il le faut bien.

Il se leva, et vint à moi ; alors il me tâta le bras, puis il posa la main sur mon cœur, enfin il appuya sa tête dans mon dos et sur ma poitrine en me disant de respirer fort, comme si j'avais couru ; il me dit aussi de tousser.

Cela fait, il me regarda en face attentivement assez longtemps, et ce fut à ce moment que j'eus l'idée qu'il devait aimer à mordre, tant son sourire était effrayant.

Sans rien me dire, il reprit sa conversation en anglais avec mon père, puis après quelques minutes ils sortirent tous les deux, non par la porte de la rue, mais par celle de la remise.

Resté seul je me demandai ce que signifiait les questions de ce gentleman ; voulait-il me prendre à son service ? mais alors il faudrait me séparer de Mattia et de Capi ! et puis j'étais bien décidé à n'être le domestique de personne, pas plus de ce *gentleman* qui me déplaisait, que d'un autre qui me plairait.

Au bout d'un certain temps, mon père rentra ; il me dit qu'ayant à sortir, il ne m'emploierait pas comme il en avait eu l'intention, et que j'étais libre d'aller me promener si j'en avais envie.

Je n'en avais aucune envie ; mais que faire dans cette triste maison ? Autant se promener que de rester à s'ennuyer.

Comme il pleuvait, j'entrai dans notre voiture pour y prendre ma peau de mouton : quelle fut ma surprise de trouver là Mattia ; j'allais lui adresser la parole ; il mit sa main sur ma bouche, puis à voix basse :

— Va ouvrir la porte de la remise, je sortirai doucement derrière toi, il ne faut pas qu'on sache que j'étais dans la voiture.

Ce fut seulement quand nous fûmes dans la rue que Mattia se décida à parler :

— Sais-tu quel est le monsieur qui était avec ton père tout à l'heure ? me dit-il. M. James Milligan, l'oncle de ton ami Arthur.

Comme je restais immobile au milieu de la rue, il me prit par le bras, et tout en marchant il continua :

— Comme je m'ennuyais à me promener tout seul dans ces tristes rues, par ce triste dimanche, je suis rentré pour dormir et je me suis couché sur mon lit, mais je n'ai pas dormi ; ton père, accompagné d'un gentleman, est entré dans la remise et j'ai entendu leur conversation sans l'écouter : « Solide comme un roc, a dit le gentleman, dix autres seraient morts, il en est quitte pour une fluxion de poitrine! » — Alors croyant qu'il s'agissait de toi, j'ai écouté, mais la conversation a changé tout de suite de sujet. — « Comment va votre neveu? demanda ton père. — Mieux, il en échappera encore cette fois, il y a trois mois, tous les médecins le condamnaient; sa chère mère l'a encore sauvé par ses soins : ah! c'est une bonne mère que madame Milligan. » — Tu penses si à ce nom j'ai prêté l'oreille. — « Alors si votre neveu va mieux, continua ton père, toutes vos précautions sont inutiles? — Pour le moment peut-être, répondit le monsieur, mais je ne veux pas admettre qu'Arthur vive, ce serait un miracle, et les miracles ne sont plus de ce monde; il faut qu'au jour de sa mort, je sois à l'abri de tout retour et que l'unique héritier soit moi, James Milligan. — Soyez tranquille, dit ton père, cela sera ainsi, je vous en réponds. — Je compte sur vous, » dit le gentleman. Et il ajouta quelques mots que je n'ai pas bien compris et que je te traduis à peu près, bien qu'ils paraissent ne pas avoir de sens : « A ce moment nous verrons ce que nous aurons à en faire. » Et il est sorti.

Ma première idée en écoutant ce récit fut de rentrer pour demander à mon père l'adresse de M. Milligan, afin d'avoir des nouvelles d'Arthur et de sa mère, mais je compris presque aussitôt que c'était folie : ce n'était point à un homme qui attendait avec impatience la mort de son neveu qu'il fallait demander des nouvelles de ce neveu. Et puis, d'un autre côté, n'était-il pas imprudent d'avertir M. Milligan qu'on l'avait entendu?

Arthur était vivant, il allait mieux. Pour le moment il y avait assez de joie pour moi dans cette bonne nouvelle.

XVIII

LES NUITS DE NOEL

Nous ne parlions plus que d'Arthur, de madame Milligan et de M. James Milligan.

Où étaient Arthur et sa mère ? Où pourrions-nous bien les chercher, les retrouver ?

Les visites de M. J. Milligan nous avaient inspiré une idée et suggéré un plan dont le succès nous paraissait assuré : puisque M. J. Milligan était venu une fois cour du Lion-Rouge il était à peu près certain qu'il y reviendrait une seconde, une troisième fois ; n'avait-il pas des affaires avec mon père ? Alors quand il partirait, Mattia, qu'il ne connaissait point, le suivrait ; on saurait sa demeure ; on ferait causer ses domestiques ; et peut-être-même nous conduiraient-ils auprès d'Arthur ?

Pourquoi pas ? cela ne paraissait nullement impossible à nos imaginations.

Ce beau plan n'avait pas seulement l'avantage de devoir me faire retrouver Arthur à un moment donné, il en avait encore un autre qui, présentement, me tirait d'angoisse.

Depuis l'aventure de Capi et depuis la réponse de mère Barberin, Mattia ne cessait de me répéter sur tous les tons : « Retournons en France » ; c'était un refrain sur lequel il brodait chaque jour des variations nouvelles. A ce refrain, j'en opposais un autre, qui était toujours le même aussi : « Je ne dois pas quitter ma famille ; » mais sur cette question de devoir nous ne nous entendions pas, et c'étaient des discussions sans résultat, car nous persistions chacun dans notre sentiment : « Il faut partir. » — « Je dois rester. »

Quand à mon éternel « Je dois rester », j'ajoutai : « pour retrouver Arthur », Mattia n'eut plus rien à répliquer : il ne pouvait pas prendre parti contre Arthur : ne fallait-il pas que madame Milligan connût les dispositions de son beau-frère ?

Si nous avions dû attendre M. James Milligan, en sortant du matin au soir comme nous le faisions depuis notre arrivée à Londres, cela n'eut pas été bien intelligent, mais le moment approchait où au lieu d'aller jouer dans les rues pendant la journée, nous irions pendant la nuit, car c'est aux heures du milieu de la nuit qu'ont lieu les *waits*, c'est-à-dire les concerts de Noël. Alors restant à la maison pendant le jour, l'un de nous ferait bonne garde et nous arriverions bien sans doute à surprendre l'oncle d'Arthur.

— Si tu savais comme j'ai envie que tu retrouves madame Milligan, me dit un jour Mattia.

— Et pourquoi donc?

Il hésita assez longtemps :

— Parce qu'elle a été très-bonne pour toi.

Puis il ajouta encore :

— Et aussi parce qu'elle te ferait peut-être retrouver tes parents.

— Mattia !

— Tu ne veux pas que je dise cela : je t'assure que ce n'est pas ma faute, mais il m'est impossible d'admettre une seule minute que tu es de la famille Driscoll; regarde tous les membres de cette famille et regarde-toi un peu ; ce n'est pas seulement des cheveux filasse que je parle; est-ce que tu as le mouvement de main du grand-père et son sourire? as-tu eu jamais l'idée de regarder les étoffes à la lumière de la lampe comme master Driscoll? est-ce qu'il t'est jamais arrivé de te coucher les bras étendus sur une table? et comme Allen ou Ned, as-tu jamais appris à Capi l'art de rapporter des bas de laine qui ne sont pas perdus? Non, mille fois non ; on est de sa famille ; et si tu avais été un Driscoll, tu n'aurais pas hésité à t'offrir des bas de laine quand tu en avais besoin et que ta poche était vide, ce qui s'est produit plus d'une fois pour toi : qu'est-ce que tu t'es offert quand Vitalis était en prison? crois-tu qu'un Driscoll se serait couché sans souper ? Est-ce que si je n'étais pas le fils de mon père je jouerais du cornet à piston, de la clarinette, du trombone ou de n'importe quel instrument, sans jamais avoir appris : mon père était musicien, je le suis. C'est tout naturel: toi, il semble tout naturel que tu sois un gentleman, et tu en seras un quand nous aurons retrouvé madame Milligan.

— Et comment cela ?

— J'ai mon idée.
— Veux-tu la dire, ton idée ?
— Oh ! non.
— Parce que ?
— Parce que si elle est bête...
— Eh bien ?
— Elle serait trop bête si elle était fausse ; et il ne faut pas se faire des joies qui ne se réalisent pas ; il faut que l'expérience du *green* de ce joli Bethnal nous serve à quelque chose ; en avons-nous vu des belles prairies vertes, qui dans la réalité n'ont été que des mares fangeuses.

Je n'insistai pas, car moi aussi j'avais une idée.

Il est vrai qu'elle était bien vague, bien confuse, bien timide, bien plus bête, me disais-je, que ne pouvait l'être celle de Mattia, mais précisément par cela même je n'osais insister pour que mon camarade me dît la sienne : qu'aurais-je répondu si elle avait été la même que celle qui flottait indécise comme un rêve dans mon esprit ? Ce n'était pas alors que je n'osais pas me la formuler, que j'aurais eu le courage de la discuter avec lui.

Il n'y avait qu'à attendre, et nous attendîmes.

Tout en attendant, nous continuâmes nos courses dans Londres, car nous n'étions pas de ces musiciens privilégiés qui prennent possession d'un quartier où ils ont un public à eux appartenant : nous étions trop enfants, trop nouveaux-venus pour nous établir ainsi en maîtres, et nous devions céder la place à ceux qui savaient faire valoir leurs droits de propriété par des arguments auxquels nous n'étions pas de force à résister.

Combien de fois, au moment de faire notre recette et après avoir joué de notre mieux nos meilleurs morceaux, avions-nous été obligés de déguerpir au plus vite devant quelque formidables Écossais aux jambes nues, au jupon plissé, au plaid, au bonnet orné de plumes qui, par le son seul de sa cornemuse, nous mettait en fuite : avec son cornet à piston Mattia aurait bien couvert le *bagpipe*, mais nous n'étions pas de force contre le *piper*.

De même nous n'étions pas de force contre les bandes de musiciens nègres qui courent les rues et que les Anglais appellent des *nigger-melodits*; ces faux nègres qui s'accoutrent grotesquement avec des habits à queue de morue et d'immenses cols dans lesquels leur tête est enveloppée comme un bouquet dans une feuille de papier, étaient notre terreur plus encore que les bardes écossais : aussitôt que nous les voyions arriver, ou simplement quand nous entendions leurs *banjo*, nous nous taisions respectueusement et nous nous en allions loin de là dans un quartier où nous espérions ne pas rencontrer une autre de leurs bandes ; ou bien nous attendions, en les regardant, qu'ils eussent fini leur charivari.

Un jour que nous étions ainsi leurs spectateurs, je vis un d'entre eux et le plus extravagant, faire des signes à Mattia ; je crus tout d'abord que c'était pour se moquer de nous et amuser le public par quelque scène grotesque dont nous serions les victimes, lorsqu'à ma grande surprise Mattia lui répondit amicalement.

— Tu le connais donc ? lui demandai-je.

— C'est Bob.

— Qui ça, Bob ?

— Mon ami Bob du cirque Gassot, un des deux clowns dont je t'ai parlé, et celui surtout à qui je dois d'avoir appris ce que je sais d'anglais.

— Tu ne l'avais pas reconnu?

— Parbleu ! chez Gassot il se mettait la tête dans la farine et ici il se la met dans le cirage.

Lorsque la représentation des *nigger-melodits* fut terminée, Bob vint à nous, et à la façon dont il aborda Mattia je vis combien mon camarade savait se faire aimer : un frère n'eût pas eu plus de joie dans les yeux ni dans l'accent que cet ancien clown, « qui par suite de la dureté des temps, nous dit-il, avait été obligé de se faire *itinerant-musician* ». Mais il fallut bien vite se séparer; lui pour suivre sa bande; nous pour aller dans un quartier où il n'irait pas ; et les deux amis remirent au dimanche suivant le plaisir de se raconter ce que chacun avait fait, depuis qu'ils s'étaient séparés. Par amitié pour Mattia sans doute, Bob voulut bien me témoigner de la sympathie, et bientôt nous eûmes un ami qui, par son expérience et ses conseils, nous rendit la vie de Londres beaucoup plus facile qu'elle ne l'avait été pour nous jusqu'à ce moment. Il prit aussi Capi en grande amitié, et souvent il nous disait avec envie que s'il avait un chien comme celui-là sa fortune serait bien vite faite. Plus d'une fois aussi il nous proposa de nous associer tous les trois, c'est-à-dire tous les quatre, lui, Mattia, Capi et moi ; mais si je ne voulais pas quitter ma famille pour retourner en France voir Lise et mes anciens amis, je le voulais bien moins encore pour suivre Bob à travers l'Angleterre.

Ce fut ainsi que nous gagnâmes les approches de Noël; alors au lieu de partir de la cour du Lion-Rouge, le matin, nous nous mettions en route tous les soirs vers huit ou neuf heures et nous gagnions les quartiers que nous avions choisis.

D'abord nous commençons par les squares et par les rues où la circulation des voitures a déjà cessé : il nous faut un certain silence pour que notre concert pénètre à travers les portes closes, pour aller réveiller les enfants dans leur lit et leur annoncer l'approche de Noël, cette fête chère à tous les cœurs anglais ; puis à mesure que s'écoulent les heures de la nuit nous descendons dans les grandes rues ; les dernières voitures portant les spectateurs des théâtres passent, et une sorte de tranquillité s'établit, succédant peu à peu au tapage assourdissant de la journée; alors nous jouons nos airs les plus tendres, les plus doux, ceux qui ont un caractère mélancolique ou religieux, le violon de Mattia pleure, ma harpe gémit et quand nous nous taisons pendant un moment de repos, le vent nous apporte quelque fragment de musique que d'autres bandes jouent plus loin : notre concert est fini : « Messieurs et mesdames, bonne nuit et gai Noël ! »

Puis nous allons plus loin recommencer un autre concert.

Cela doit être charmant d'entendre ainsi de la musique, la nuit dans son lit, quand on est bien enveloppé dans une bonne couverture, sous un chaud édredon ; mais pour nous dans les rues il n'y a ni couverture, ni édredon : il faut jouer cependant, bien que les doigts s'engourdissent, à moitié gelés ; s'il y a des ciels de coton, où le brouillard nous pénètre de son humidité, il y a aussi des ciels d'azur et d'or où la bise du Nord nous glace jusqu'aux os ; il n'y en a pas de doux et de cléments ; ce temps de Noël nous fut cruel, et cependant pas une seule nuit pendant trois semaines nous ne manquâmes de sortir.

Combien de fois avant que les boutiques fussent tout à fait fermées, nous sommes-nous arrêtés devant les marchands de volailles, les fruitiers, les épiciers, les confiseurs : oh ! les belles oies grasses ! les grosses dindes de France ! les blancs poulets ! Voici des montagnes d'oranges et de pommes, des amas de marrons et de pruneaux ! Comme ces fruits glacés vous font venir l'eau à la bouche !

Il y aura des enfants bien joyeux, et qui tout émus de gourmandises se jetteront dans les bras de leurs parents.

Et en imagination tout en courant les rues, pauvres misérables que nous sommes, nous voyions ces douces fêtes de famille, aussi bien dans le manoir aristocratique que dans la chaumière du pauvre.

Gai Noël pour ceux qui sont aimés.

XIX

LES PEURS DE MATTIA

M. James Milligan ne parut pas cour du Lion-Rouge, ou tout au moins, malgré notre surveillance, nous ne le vîmes point.

Après les fêtes de Noël, il fallut sortir dans la journée, et nos chances diminuèrent ; nous n'avions guère plus d'espérance que dans le dimanche ; aussi restâmes-nous bien souvent à la maison, au lieu d'aller nous promener en cette journée de liberté, qui aurait pu être une journée de récréation.

Nous attendions.

Sans dire tout ce qui nous préoccupait, Mattia s'était ouvert à son ami Bob et lui avait demandé s'il n'y avait pas des moyens pour trouver l'adresse d'une dame Milligan, qui avait un fils paralysé, ou même tout simplement celle de M. James Milligan. Mais Bob avait répondu qu'il faudrait savoir quelle était cette dame Milligan et aussi quelle était la profession ou la position sociale de M. James Milligan, attendu que ce nom de Milligan était porté par un certain nombre de personnes à Londres et un plus grand nombre encore en Angleterre.

Nous n'avions pas pensé à cela. Pour nous il n'y avait qu'une madame Milligan, qui était la mère d'Arthur, et qu'un monsieur James Milligan, qui était l'oncle d'Arthur.

Alors Mattia recommença à me dire que nous devions retourner en France, et nos discussions reprirent de plus belle.

— Tu veux donc renoncer à trouver madame Milligan? lui disais-je.

— Non, assurément, mais il n'est pas prouvé que madame Milligan soit encore en Angleterre.

— Il ne l'est pas davantage qu'elle soit en France.

— Cela me paraît probable; puisque Arthur a été malade, sa mère a dû le conduire dans un pays où le climat est bon pour son rétablissement.

— Ce n'est pas en France seulement qu'on trouve un bon climat pour la santé.

— C'est en France qu'Arthur a guéri déjà une fois, c'est en France que sa mère a dû le conduire de nouveau, et puis je voudrais te voir partir d'ici.

Telle était ma situation, que je n'osais demander à Mattia pourquoi il voudrait me voir partir d'ici: j'avais peur qu'il me répondît ce que précisément je ne voulais pas entendre.

— J'ai peur, continuait Mattia, allons-nous-en; tu verras qu'il nous arrivera quelque catastrophe, allons-nous-en.

Mais bien que les dispositions de ma famille n'eussent pas changé à mon égard, bien que mon grand-père continuât à cracher furieusement de mon côté, bien que mon père ne m'adressât que quelques mots de commandement, bien que ma mère n'eût jamais eu un regard pour moi, bien que mes frères fussent inépuisables à inventer de mauvais tours pour me nuire, bien qu'Annie me témoignât son aversion dans toutes les occasions, bien que Kate n'eût d'affection que pour les sucreries que je lui rapportais, je ne pouvais me décider à suivre le conseil de Mattia, pas plus que je ne pouvais le croire lorsqu'il affirmait que je n'étais pas le « fils de master Driscoll : » douter, oui je le pouvais, je ne le pouvais que trop ; mais croire fermement que j'étais ou n'étais pas un Driscoll, je ne le pouvais point.

Le temps s'écoula lentement, bien lentement, mais enfin les jours s'ajoutèrent aux jours, les semaines aux semaines, et le moment arriva où la famille devait quitter Londres pour parcourir l'Angleterre.

Les deux voitures avaient été repeintes, et on les avait chargées de toutes les marchandises qu'elles pouvaient contenir, et qu'on vendrait pendant la belle saison.

Que de choses et comme il était merveilleux qu'on pût les entasser dans ces voitures : des étoffes, des tricots, des bonnets, des fichus, des mouchoirs, des bas, des caleçons, des gilets, des boutons, du fil, du coton, de la laine à coudre, de la laine à tricoter, des aiguilles, des ciseaux, des rasoirs, des boucles d'oreilles, des bagues, des savons, des pommades, du cirage, des pierres à repasser, des poudres pour les maladies des chevaux et des chiens, des essences pour détacher, des eaux contre le mal des dents, des drogues pour faire pousser les cheveux, d'autres pour les teindre.

Et quand nous étions là nous voyions sortir de la cave des ballots qui étaient arrivés cour du Lion-Rouge, en ne venant pas directement des magasins dans lesquels on vendait ordinairement ces marchandises.

Enfin les voitures furent remplies, des chevaux furent achetés : où et comment ? je n'en sais rien, mais nous les vîmes arriver, et tout fut prêt pour le départ.

Et nous, qu'allions-nous faire ? Resterions-nous à Londres avec le grand-père qui ne quittait pas la cour du Lion-Rouge ? Serions-nous marchands comme Allen et Ned ? Ou bien accompagnerions-nous les voitures de la famille, en continuant notre métier de musiciens, et en jouant notre répertoire dans les villages, dans les villes qui se trouveraient sur notre chemin ?

Mon père ayant trouvé que nous gagnions de bonnes journées avec notre violon et notre harpe, décida que nous resterions musiciens et il nous signifia sa volonté la veille de notre départ.

— Retournons en France, me dit Mattia, et profitons de la première occasion qui se présentera pour nous sauver.

— Pourquoi ne pas faire un voyage en Angleterre ?

— Parce que je te dis qu'il nous arrivera une catastrophe.

— Nous avons chance de trouver madame Milligan en Angleterre.

— Moi je crois que nous avons beaucoup plus de chances pour cela en France.

— Enfin essayons toujours en Angleterre ; nous verrons ensuite.

— Sais-tu ce que tu mérites ?

— Non.

— Que je t'abandonne, et que je retourne tout seul en France.

— Tu as raison ; aussi je t'engage à le faire ; je sais bien que je n'ai pas le droit de te retenir ; et je sais bien que tu es trop bon de rester avec moi ; pars donc, tu verras Lise, tu lui diras...

— Si je la voyais je lui dirais que tu es bête et méchant de pouvoir penser que je me séparerai de toi quand tu es malheureux ; car tu es malheureux, très-malheureux ; qu'est-ce que je t'ai fait pour que tu aies de pareilles idées ; dis-moi ce que je t'ai fait ; rien n'est-ce pas ? eh bien, en route alors.

Nous voilà de nouveau sur les grands chemins ; mais cette fois, je ne suis plus libre d'aller où je veux, et de faire ce que bon me semble ; cependant c'est avec un sentiment de délivrance que je quitte Londres : je ne verrai plus la cour du Lion-Rouge, et cette trappe qui, malgré ma volonté, attirait mes yeux irrésistiblement. Combien de fois me suis-je réveillé la nuit en sursaut, ayant vu dans mon rêve, dans mon cauchemar une lumière rouge entrer par ma petite fenêtre ; c'est une vision, une hallucination, mais qu'importe ; j'ai vu une fois cette lumière, et c'est assez pour que je la sente toujours sur mes yeux comme une flamme brûlante.

Nous marchions derrière les voitures, et au lieu des exhalaisons puantes et malfaisantes de Bethnal-Green, nous respirons l'air pur des belles campagnes que nous traversons, et qui n'ont peut-être pas du *green* dans leur nom, mais qui ont du vert pour les yeux et des chants d'oiseaux pour les oreilles.

Le jour même de notre départ, je vis comment se faisait la vente de ces marchandises qui avaient coûté si peu cher : nous étions arrivés dans un gros village, et les voitures avaient été rangées sur la grande place, on avait abaissé un des côtés, formés de plusieurs panneaux, et tout l'étalage s'était présenté à la curiosité des acheteurs.

— Voyez les prix ! voyez les prix ! criait mon père ; vous n'en trouverez nulle part de pareils ; comme je ne paye jamais mes marchandises, cela me permet de les vendre bon marché ; je ne les vends pas, je les donne ; voyez les prix ! voyez les prix !

Et j'entendais des gens qui avaient regardé ces prix, dire en s'en allant :

— Il faut que ce soient là des marchandises volées.

— Il le dit lui-même.

S'ils avaient jeté les yeux de mon côté, la rougeur de mon front leur aurait appris combien étaient fondées leurs suppositions.

S'ils ne virent point cette rougeur, Mattia la remarqua, lui, et le soir il m'en parla, bien que d'ordinaire il évitât d'aborder franchement ce sujet.

— Pourras-tu toujours supporter cette honte ? me dit-il.

— Ne me parles pas de cela, si tu ne veux pas me rendre cette honte plus cruelle encore.

— Ce n'est pas cela que je veux. Je veux que nous retournions en France. Je t'ai toujours dit qu'il arriverait une catastrophe; je te le dis encore, et je sens qu'elle ne tardera pas. Comprends donc qu'il y aura des gens de police qui, un jour ou l'autre, voudront savoir comment master Driscoll vend ses marchandises à si bas prix; alors qu'arrivera-t-il?

— Mattia, je t'en prie...

— Puisque tu ne veux pas voir, il faut bien que je voie pour toi; il arrivera qu'on nous arrêtera tous, même toi, même moi, qui n'avons rien fait. Comment prouver que nous n'avons rien fait? Comment nous défendre? N'est-il pas vrai que nous mangeons le pain payé avec l'argent de ces marchandises?

Cette idée ne s'était jamais présentée à mon esprit, elle me frappa comme un coup de marteau qu'on m'aurait asséné sur la tête.

— Mais nous gagnons notre pain, dis-je, en essayant de me défendre, non contre Mattia, mais contre cette idée.

— Cela est vrai, répondit Mattia, mais il est vrai aussi que nous sommes associés avec des gens qui ne gagnent pas le leur. C'est là ce qu'on verra, et l'on ne verra que cela. Nous serons condamnés comme ils le seront eux-mêmes. Cela me ferait grande peine d'être condamné comme voleur, mais combien plus encore cela m'en ferait-il que tu le fusses. Moi, je ne suis qu'un pauvre misérable, et je ne serai jamais que cela; mais toi, quand tu auras retrouvé ta famille, ta vraie famille, quel chagrin pour elle, quelle honte pour toi, si tu as été condamné. Et puis ce n'est pas quand nous serons en prison que nous pourrons chercher ta famille et la découvrir. Ce n'est pas quand nous serons en prison que nous pourrons avertir madame Milligan de ce que M. James Milligan prépare contre Arthur. Sauvons-nous donc pendant qu'il en est temps encore.

— Sauve-toi.

— Tu dis toujours la même bêtise; nous nous sauverons ensemble ou nous serons pris ensemble; et quand nous le serons, ce qui ne tardera pas, tu auras la responsabilité de m'avoir entraîné avec toi, et tu verras si elle te sera légère. Si tu étais utile à ceux auprès de qui tu t'obstines à rester, je comprendrais ton obstination ; cela serait beau ; mais tu ne leur es pas du tout indispensable; ils vivaient bien, ils vivront bien sans toi. Partons au plus vite.

— Eh bien ! laisse-moi encore quelques jours de réflexion, et puis nous verrons.

— Dépêche-toi. L'ogre sentait la chair fraîche, moi je sens le danger.

Jamais les paroles, les raisonnements, les prières de Mattia ne m'avaient si profondément troublé, et quand je me les rappelais, je me disais que l'irrésolution dans laquelle je me débattais était lâche et que je devais prendre un parti en me décidant enfin à savoir ce que je voulais.

Les circonstances firent ce que de moi-même je n'osais faire.

Il y avait plusieurs semaines déjà que nous avions

quitté Londres, et nous étions arrivés dans une ville aux environs de laquelle devaient avoir lieu des courses. En Angleterre les courses de chevaux ne sont pas ce qu'elles sont en France, un simple amusement pour les gens riches qui viennent voir lutter trois ou quatre chevaux, se montrer eux-mêmes, et risquer en paris quelques louis; elles sont une fête populaire pour la contrée, et ce ne sont point les chevaux seuls qui donnent le spectacle, sur la lande ou sur les dunes qui servent d'hippodrome, arrivent quelquefois plusieurs jours à l'avance des saltimbanques, des bohémiens, des marchands ambulants qui tiennent là une sorte de foire : nous nous étions hâtés pour prendre notre place dans cette foire, nous comme musiciens, la famille Driscoll, comme marchands.

Mais au lieu de venir sur le champ de courses, mon père s'était établi dans la ville même où sans doute il pensait faire de meilleures affaires.

Arrivés de bonne heure et n'ayant pas à travailler à l'étalage des marchandises, nous allâmes, Mattia et moi, voir le champ de course qui se trouvait situé à une assez courte distance de la ville, sur une bruyère: de nombreuses tentes étaient dressées, et de loin on apercevait çà et là des petites colonnes de fumée qui marquaient la place et les limites du champ de course : nous ne tardâmes point à déboucher par un chemin creux sur la lande aride et nue en temps ordinaire, mais où ce soir-là on voyait des hangars en planches dans lesquels s'étaient installés des cabarets et même des hôtels, des baraques, des tentes, des voitures ou simplement des bivacs autour desquels se pressaient des gens en haillons pittoresques.

Comme nous passions devant un de ces feux au-dessus duquel une marmite était suspendue, nous reconnûmes notre ami Bob. Il se montra enchanté de nous voir. Il était venu aux courses avec deux de ses camarades, pour donner des représentations d'exercices de force et d'adresse, mais les musiciens sur qui ils comptaient leur avaient manqué de parole, de sorte que leur journée du lendemain au lieu d'être fructueuse comme ils l'avaient espéré, serait probablement détestable. Si nous voulions nous pouvions leur rendre un grand service : c'était de remplacer ces musiciens, la recette serait partagée entre nous cinq ; il y aurait même une part pour Capi.

Au coup d'œil que Mattia me lança je compris que ce serait faire plaisir à mon camarade d'accepter la proposition de Bob, et comme nous étions libres de faire ce que bon nous semblait, à la seule condition de rapporter une bonne recette, je l'acceptai.

Il fut donc convenu que le lendemain nous viendrions nous mettre à la disposition de Bob et de ses deux amis.

Mais en rentrant dans la ville, une difficulté se présenta quand je fis part de cet arrangement à mon père.

— J'ai besoin de Capi demain, dit-il, vous ne pourrez pas le prendre.

A ce mot, je me sentis mal rassuré ; voulait-on employer Capi à quelque vilaine besogne ? mais mon père dissipa tout de suite mes appréhensions :

— Capi a l'oreille fine, dit-il, il entend tout

et fait bonne garde, il nous sera utile pour les voitures, car au milieu de cette confusion de gens on pourrait bien nous voler. Vous irez donc seuls jouer avec Bob, et si votre travail se prolonge tard dans la nuit, ce qui est probable, vous viendrez nous rejoindre à l'*Auberge du Gros-Chêne* où nous coucherons, car mon intention est de partir d'ici à la nuit tombante.

Cette auberge du Gros-Chêne où nous avions passé la nuit précédente, était située à une lieue de là en pleine campagne, dans un endroit désert et sinistre; et elle était tenue par un couple dont la mine n'était pas faite pour inspirer confiance; rien ne nous serait plus facile que de retrouver cette auberge dans la nuit; la route était droite; elle n'aurait d'autre ennui pour nous que d'être un peu longue après une journée de fatigue.

Mais ce n'était pas là une observation à présenter à mon père qui ne souffrait jamais la contradiction : quand il avait parlé, il fallait obéir et sans répliquer.

Le lendemain matin, après avoir été promener Capi, lui avoir donné à manger et l'avoir fait boire pour être bien sûr qu'il ne manquerait de rien, je l'attachai moi-même à l'essieu de la voiture qu'il devait garder et nous gagnâmes le champ de course, Mattia et moi.

Aussitôt arrivés nous nous mîmes à jouer et cela dura sans repos jusqu'au soir; j'avais le bout des doigts douloureux comme s'ils étaient piqués par des milliers d'épines, et Mattia avait tant soufflé dans son cornet à piston qu'il ne pouvait plus respirer : cependant il fallait jouer toujours ; Bob et ses camarades ne se lassant point de faire leurs tours, de notre côté nous ne pouvions pas nous lasser plus qu'eux. Quand vint le soir je crus que nous allions nous reposer; mais nous abandonnâmes notre tente pour un grand cabaret en planches et là, exercices et musique reprirent de plus belle. Cela dura ainsi jusqu'après minuit; je faisais encore un certain tapage avec ma harpe, mais je ne savais plus trop ce que je jouais et Mattia ne le savait pas mieux que moi. Vingt fois Bob avait annoncé que c'était la dernière représentation, et vingt fois nous en avions recommencé une nouvelle.

Si nous étions las, nos camarades qui dépensaient beaucoup plus de forces que nous étaient exténués, aussi avaient-ils déjà manqué plus d'un de leurs tours ; à un moment une grande perche qui servait à leurs exercices tomba sur le bout du pied de Mattia ; la douleur fut si vive, que Mattia poussa un cri ; je crus qu'il avait le pied écrasé, et nous nous empressâmes autour de lui, Bob et moi. Heureusement la blessure n'avait pas cette gravité ; il y avait contusion, et les chairs étaient déchirées, mais les os n'étaient pas brisés. Cependant Mattia ne pouvait pas marcher.

Que faire ?

Il fut décidé qu'il resterait à coucher dans la voiture de Bob, et que moi je gagnerais tout seul l'auberge du Gros-Chêne ; ne fallait-il pas que je susse où la famille Driscoll se rendait le lendemain ?

— Ne t'en va pas, me répétait Mattia, nous partirons ensemble demain.

— Et si nous ne trouvons personne à l'auberge du Gros-Chêne !

— Alors tant mieux, nous serons libres.

— Si je quitte la famille Driscoll, ce ne sera pas ainsi : d'ailleurs crois-tu qu'ils ne nous auraient pas bien vite rejoints ? où veux-tu aller avec ton pied ?

— Eh bien ! nous partirons, si tu le veux, demain ; mais ne pars pas ce soir, j'ai peur.

— De quoi ?

— Je ne sais pas, j'ai peur pour toi.

— Laisse-moi aller, je te promets de revenir demain.

— Et si l'on te retient ?

— Pour qu'on ne puisse pas me retenir, je vais te laisser ma harpe ; il faudra bien que je revienne la chercher.

Et malgré la peur de Mattia, je me mis en route n'ayant nullement peur moi-même.

De qui, de quoi, aurais-je eu peur ? Que pouvait-on demander à un pauvre diable comme moi ?

Cependant si je ne me sentais pas dans le cœur le plus léger sentiment d'effroi, je n'en étais pas moins très-ému : c'était la première fois que j'étais vraiment seul, sans Capi, sans Mattia, et cet isolement m'oppressait en même temps que les voix mystérieuses de la nuit me troublaient : la lune aussi qui me regardait avec sa face blafarde m'attristait.

Malgré ma fatigue, je marchai vite et j'arrivai à la fin à l'auberge du Gros-Chêne ; mais j'eus beau chercher nos voitures, je ne les trouvai point ; il y avait deux ou trois misérables carrioles à bâche de toile, une grande baraque en planche et deux chariots couverts d'où sortirent des cris de bêtes fauves quand j'approchai; mais les belles voitures aux couleurs éclatantes de la famille Driscoll, je ne les vis nulle part.

En tournant autour de l'auberge, j'aperçus une lumière qui éclairait une imposte vitrée, et pensant que tout le monde n'était pas couché, je frappai à la porte : l'aubergiste à mauvaise figure que j'avais remarqué la veille, m'ouvrit lui-même, et me braqua en plein visage la lueur de sa lanterne; je vis qu'il me reconnaissait, mais au lieu de me livrer passage, il mit sa lanterne derrière son dos, regarda autour de lui, et écouta durant quelques secondes.

— Vos voitures sont parties, dit-il, votre père a recommandé que vous le rejoigniez à Lewes sans perdre de temps, et en marchant toute la nuit. Bon voyage!

Et il me ferma la porte au nez, sans m'en dire davantage.

Depuis que j'étais en Angleterre j'avais appris assez d'anglais pour comprendre cette courte phrase; pourtant il y avait un mot et le plus important, qui n'avait pas de sens pour moi : *Louisse*, avait prononcé l'aubergiste; où était ce pays ? je n'en avais aucune idée, car j'ignorais alors que *Louisse* était la prononciation anglaise de Lewes, nom de ville que j'avais vu écrit sur la carte.

D'ailleurs aurais-je su où était Lewes, que ne je pouvais pas m'y rendre tout de suite en abandonnant Mattia; je devais donc retourner au champ de course, si fatigué que je fusse.

Je me remis en marche et une heure et demie après je me couchais sur une bonne botte de paille à côté de Mattia, dans la voiture de Bob, et en quelques paroles je lui racontais ce qui s'était passé, puis je m'endormais mort de fatigue.

Quelques heures de sommeil me rendirent mes forces et le matin je me réveillai prêt à partir pour Lewes, si toutefois Mattia, qui dormait encore, pouvait me suivre.

Sortant de la voiture, je me dirigeai vers notre ami Bob qui, levé avant moi, était occupé à allumer son feu; je le regardais, couché à quatre pattes, et soufflant de toutes ses forces sous la marmite, lorsqu'il me sembla reconnaître Capi conduit en laisse par un policeman.

Stupéfait, je restai immobile, me demandant ce que cela pouvait signifier; mais Capi qui m'avait reconnu avait donné une forte secousse à la laisse qui s'était échappée des mains du policeman; alors en quelques bonds il était accouru à moi et il avait sauté dans mes bras.

Le policeman s'approcha :

— Ce chien est à vous, n'est-ce pas? me demanda-t-il.

— Oui.

— Eh bien je vous arrête.

Et sa main s'abattit sur mon bras qu'elle serra fortement.

Les paroles et le geste de l'agent de police avaient fait relever Bob; il s'avança :

— Et pourquoi arrêtez-vous ce garçon? demanda-t-il.

— Etes-vous son frère?

— Non, son ami.

— Un homme et un enfant ont pénétré cette nuit dans l'église Saint-Georges par une haute fenêtre et au moyen d'une échelle ; ils avaient avec eux ce chien pour leur donner l'éveil si on venait les déranger ; c'est ce qui est arrivé ; dans leur surprise, ils n'ont pas eu le temps de prendre le chien avec eux en se sauvant par la fenêtre, et celui-ci ne pouvant pas les suivre, a été trouvé dans l'église ; avec le chien, j'étais bien sûr de découvrir les voleurs et j'en tiens un ; où est le père, maintenant ?

Je ne sais si cette question s'adressait à Bob ou à moi ; je n'y répondis pas, j'étais anéanti.

Et cependant je comprenais ce qui s'était passé ; malgré moi je le devinais : ce n'était pas pour garder les voitures que Capi m'avait été demandé, c'était parce que son oreille était fine et qu'il pourrait avertir ceux qui seraient en train de voler dans l'église ; enfin ce n'était pas pour le seul plaisir d'aller coucher à l'auberge du Gros-Chêne, que les voitures étaient parties à la nuit tombante ; si elles ne s'étaient pas arrêtées dans cette auberge, c'était parce que le vol ayant été découvert, il fallait prendre la fuite au plus vite.

Mais ce n'était pas aux coupables que je devais penser, c'était à moi ; quels qu'ils fussent, je pouvais me défendre, et sans les accuser prouver mon innocence ; je n'avais qu'à donner l'emploi de mon temps pendant cette nuit.

Pendant que je raisonnais ainsi, Mattia, qui avait entendu l'agent ou la clameur qui s'était élevée, étai sorti de la voiture et en boitant il était accouru près de moi.

— Expliquez-lui que je ne suis pas coupable, dis-je à Bob, puisque je suis resté avec vous jusqu'à une heure du matin ; ensuite j'ai été à l'auberge du Gros-Chêne où j'ai parlé à l'aubergiste, et aussitôt je suis revenu ici.

Bob traduisit mes paroles à l'agent ; mais celui-ci ne parut pas convaincu comme je l'avais espéré, tout au contraire :

— C'est à une heure un quart qu'on s'est introduit dans l'église, dit-il ; ce garçon est parti d'ici à une heure ou quelques minutes avant une heure, comme il le prétend, il a donc pu être dans l'église à une heure un quart, avec ceux qui volaient.

— Il faut plus d'un quart d'heure pour aller d'ici à la ville, dit Bob.

— Oh ! en courant, répliqua l'agent, et puis qui me prouve qu'il est parti à une heure ?

— Moi qui le jure, s'écria Bob.

— Oh ! vous, dit l'agent, faudra voir ce que vaut votre témoignage.

Bob se fâcha.

— Faites attention que je suis citoyen anglais, dit-il avec dignité.

L'agent haussa les épaules.

— Si vous m'insultez, dit Bob, j'écrirai au *Times*.

— En attendant j'emmène ce garçon, il s'expliquera devant le magistrat.

Mattia se jeta dans mes bras, je crus que c'était pour m'embrasser, mais Mattia faisait passer ce qui était pratique avant ce qui était sentiment.

— Bon courage, me dit-il à l'oreille, nous ne t'abandonnerons pas.

Et alors seulement il m'embrassa.

— Retiens Capi, dis-je en français à Mattia.

Mais l'agent me comprit :

— Non, non, dit-il, je garde le chien, il m'a fait trouver celui-ci, il me fera trouver les autres.

C'était la seconde fois qu'on m'arrêtait, et cependant la honte qui m'étouffa fut plus poignante encore : c'est qu'il ne s'agissait plus d'une sotte accusation comme à propos de notre vache; si je sortais innocent de cette accusation, n'aurai-je pas la douleur de voir condamner, justement condamner, ceux dont on me croyait le complice ?

Il me fallut traverser, tenu par le policeman, la haie des curieux qui accouraient sur notre passage, mais on ne me poursuivit pas de huées et de menaces comme en France, car ceux qui venaient me regarder n'étaient point des paysans, mais des gens qui tous ou à peu près vivaient en guerre avec la police, des saltimbanques, des cabaretiers, des bohémiens, des *tramps*, comme disent les Anglais, c'est-à-dire des vagabonds.

La prison où l'on m'enferma, n'était point une prison pour rire comme celle que nous avions trouvée encombrée d'oignons, c'était une vraie prison avec une fenêtre grillée de gros barreaux de fer dont la vue seule tuait dans son germe toute idée d'évasion. Le mobilier se composait d'un banc pour s'asseoir, et d'un hamac pour se coucher.

Je me laissai tomber sur ce banc et j'y restai longtemps accablé, réfléchissant à ma triste condition, mais sans suite, car il m'était impossible de joindre deux idées et de passer de l'une à l'autre.

Combien le présent était terrible, combien l'avenir était effrayant !

« Bon courage, m'avait dit Mattia, nous ne t'abandonnerons pas »; mais que pouvait un enfant comme Mattia ? que pouvait même un homme comme Bob, si celui-ci voulait bien aider Mattia ?

Quand on est en prison, on n'a qu'une idée fixe, celle d'en sortir.

Comment Mattia et Bob pouvaient-ils, en ne m'abandonnant pas et en faisant tout pour me servir, m'aider à sortir de ce cachot ?

J'allai à la fenêtre et l'ouvris pour tâter les barreaux de fer qui, en se croisant, la fermaient au dehors : ils étaient scellés dans la pierre ; j'examinai les murailles, elles avaient près d'un mètre d'épaisseur ; le sol était dallé avec de larges pierres ; la porte était recouverte d'une plaque de tôle.

Je retournai à la fenêtre ; elle donnait sur une petite cour étroite et longue, fermée à son extrémité par un grand mur qui avait au moins quatre mètres de hauteur.

Assurément on ne s'échappait pas de cette prison, même quand on était aidé par des amis dévoués. Que peut le dévouement de l'amitié contre la force des choses ? le dévouement ne perce pas les murs.

Pour moi, toute la question présentement était de savoir combien de temps je resterais dans cette prison, avant de paraître devant le magistrat qui déciderait de mon sort.

Me serait-il possible de lui démontrer mon innocence malgré la présence de Capi dans l'église?

Et me serait-il possible de me défendre sans rejeter le crime sur ceux que je ne voulais pas, que je ne pouvais pas accuser?

Tout était là pour moi, et c'était en cela, en cela seulement que Mattia et son ami Bob pouvaient me servir : leur rôle consistait à réunir des témoignages pour prouver qu'à une heure un quart je ne pouvais pas être dans l'église Saint-Georges; s'ils faisaient cette preuve j'étais sauvé, malgré le témoignage muet que mon pauvre Capi porterait contre moi; et ces témoignages, il me semblait qu'il n'était pas impossible de les trouver.

Ah! si Mattia n'avait pas eu le pied meurtri, il saurait bien chercher, se mettre en peine, mais dans l'état où il était, pourrait-il sortir de sa voiture? et s'il ne le pouvait pas Bob, voudrait-il le remplacer?

Ces angoisses jointes à toutes celles que j'éprouvais ne me permirent pas de m'endormir malgré ma fatigue de la veille; elles ne me permirent même pas de toucher à la nourriture qu'on m'apporta; mais si je laissai les aliments de côté, je me précipitai au contraire sur l'eau, car j'étais dévoré par une soif ardente, et pendant toute la journée j'allai à ma cruche de quart d'heure en quart d'heure, buvant à longs traits, mais sans me désaltérer et sans affaiblir le goût d'amertume qui m'emplissait la bouche.

Quand j'avais vu le geôlier entrer dans ma prison, j'avais éprouvé un mouvement de satisfaction et comme un élan d'espérance, car depuis que j'étais enfermé j'étais tourmenté, enfiévré par une question que je me posais sans lui trouver une réponse:

— Quand le magistrat m'interrogerait-il? Quand pourrais-je me défendre?

J'avais entendu raconter des histoires de prisonniers qu'on tenait enfermés pendant des mois sans les faire passer en jugement ou sans les interroger, ce qui pour moi était tout un, et j'ignorais qu'en Angleterre il ne s'écoulait jamais plus d'un jour ou deux entre l'arrestation et la comparution publique devant un magistrat.

Cette question que je ne pouvais résoudre fut donc la première que j'adressai au geôlier qui n'avait point l'air d'un méchant homme, et il voulut bien me répondre que je comparaîtrais certainement à l'audience du lendemain.

Mais ma question lui avait suggéré l'idée de me questionner à son tour; puisqu'il m'avait répondu, n'était-il pas juste que je lui répondisse aussi?

— Comment donc êtes-vous entré dans l'église? me demanda-t-il.

A ces mots je répondis par les plus ardentes protestations d'innocence; mais il me regarda en haussant les épaules; puis comme je continuais de lui répéter que je n'étais pas entré dans l'église, il se dirigea vers la porte et alors me regardant:

— Sont-ils vicieux ces gamins de Londres? dit-il, à mi-voix.

Et il sortit.

Cela m'affecta cruellement : bien que cet homme ne fût pas mon juge, j'aurais voulu qu'il me crût innocent ; à mon accent, à mon regard, il aurait dû voir que je n'étais pas coupable.

Si je ne l'avais convaincu, me serait-il possible de convaincre le juge ? heureusement j'aurais des témoins qui parleraient pour moi ; et si le juge ne m'écoutait pas, au moins serait-il obligé d'écouter et de croire les témoignages qui m'innocenteraient.

Mais il me fallait ces témoignages.

Les aurais-je ?

Parmi les histoires de prisonniers que je savais, il y en avait une qui parlait des moyens qu'on employait pour communiquer avec ceux qui étaient enfermés : on cachait des billets dans la nourriture qu'on apportait du dehors.

Peut-être Mattia et Bob s'étaient-ils servis de cette ruse, et quand cette idée m'eut traversé l'esprit, je me mis à émietter mon pain, mais je ne trouvai rien dedans. Avec ce morceau de pain on m'avait apporté des pommes de terre, je les réduisis en farine ; elles ne contenaient pas le plus petit billet.

Décidément Mattia et Bob n'avaient rien à me dire, ou, ce qui était plus probable, ils ne pouvaient rien me dire.

Je n'avais donc qu'à attendre le lendemain, sans trop me désoler, si c'était possible ; mais par malheur cela ne me fut pas possible, et si vieux que je vive, je garderai, comme s'il datait d'hier, le souvenir de la terrible nuit que je passai. Ah ! comme j'avais été fou de ne pas avoir foi dans les pressentiments de Mattia et dans ses peurs !

Le lendemain matin le geôlier entra dans ma prison

portant une cruche et une cuvette ; il m'engagea à faire ma toilette, si le cœur m'en disait, parce que j'allais bientôt paraître devant le magistrat, et il ajouta qu'une tenue décente était quelquefois le meilleur moyen de défense d'un accusé.

Ma toilette achevée, je voulus m'asseoir sur mon banc, mais il me fut impossible de rester en place, et je me mis à tourner dans ma cellule comme les bêtes tournent dans leur cage.

J'aurais voulu préparer ma défense et mes réponses, mais j'étais trop affolé, et au lieu de penser à l'heure présente, je pensais à toutes sortes de choses absurdes qui passaient devant mon esprit fatigué, comme les ombres d'une lanterne magique.

Le geôlier revint et me dit de le suivre ; je marchai à côté de lui et après avoir traversé plusieurs corridors nous nous trouvâmes devant une petite porte qu'il ouvrit.

— Passez, me dit-il.

Un air chaud me souffla au visage et j'entendis un bourdonnement confus : j'entrai et me trouvai dans une petite tribune ; j'étais dans la salle du tribunal.

Bien que je fusse en proie à une sorte d'hallucination et que je sentisse les artères de mon front battre comme si elles allaient éclater, en un coup d'œil jeté circulairement autour de moi j'eus une vision nette et complète de ce qui m'entourait, — la salle d'audience et les gens qui l'emplissaient.

Elle était assez grande, cette salle, haute de plafond avec de larges fenêtres ; elle était divisée en deux enceintes; l'une réservée au tribunal, l'autre ouverte aux curieux.

Sur une estrade élevée était assis le juge, plus bas et devant lui siégeaient trois autres gens de justice qui étaient, je le sus plus tard, un greffier, un trésorier pour les amendes, et un autre magistrat qu'on nomme en France le ministère public : devant ma tribune était un personnage en robe et en perruque, mon avocat.

Comment avais-je un avocat? D'où me venait-il? Qui me l'avait donné? Etait-ce Mattia et Bob? c'étaient là des questions qu'il n'était pas l'heure d'examiner. J'avais un avocat, cela suffisait.

Dans une autre tribune j'aperçus Bob lui-même, ses deux camarades, l'aubergiste du Gros-Chêne, et des gens que je ne connaissais point, puis dans une autre qui faisait face à celle-là je reconnus le policeman qui m'avait arrêté; plusieurs personnes étaient avec lui : je compris que ces tribunes étaient celles des témoins.

L'enceinte réservée au public était pleine; au-dessus d'une balustrade j'aperçus Mattia, nos yeux se croisèrent, s'embrassèrent, et instantanément je sentis le courage me relever : je serais défendu, c'était à moi de ne pas m'abandonner et de me défendre moi-même; je ne fus plus écrasé par tous les regards qui étaient dardés sur moi.

Le ministère public prit la parole, et en peu de mots, — il avait l'air très-pressé, — il exposa l'affaire : un vol avait été commis dans l'église Saint-Georges; les voleurs, un homme et un enfant, s'étaient introduits dans l'église au moyen d'une échelle et en brisant une fenêtre; ils avaient avec eux un chien qu'ils avaient amené pour faire bonne garde et les prévenir du danger, s'il en survenait un; un passant attardé, il était alors une heure un quart, avait été surpris de voir une faible lumière dans l'église, il avait écouté et il avait entendu des craquements; aussitôt il avait été réveiller le bedeau; on était revenu en nombre, mais alors le chien avait aboyé et pendant qu'on ouvrait la porte les voleurs effrayés s'étaient sauvés par la fenêtre, abandonnant leur chien, qui n'avait pas pu monter à l'échelle; ce chien, conduit sur le champ de course par l'agent Jerry, dont on ne saurait trop louer l'intelligence et le zèle, avait reconnu son maître qui n'était autre que l'accusé présent sur ce banc; quant au second voleur on était sur sa piste.

Après quelques considérations qui démontraient ma culpabilité, le ministère public se tut, et une voix glapissante cria : Silence!

Le juge alors, sans se tourner de mon côté, et comme s'il parlait pour lui-même, me demanda mon nom, mon âge et ma profession.

Je répondis en anglais que je m'appelais Francis Driscoll et que je demeurais chez mes parents à Londres, cour du Lion-Rouge, dans Bethnal-Green; puis je demandai la permission de m'expliquer en français, attendu que j'avais été élevé en France et que je n'étais en Angleterre que depuis quelques mois.

— Ne croyez pas me tromper, me dit sévèrement le juge; je sais le français.

Je fis donc mon récit en français, et j'expliquai comment il était de toute impossibilité que je fusse dans l'église à une heure, puisqu'à cette heure j'étais au champ de course et qu'à deux heures et demie j'étais à l'auberge du Gros-Chêne.

— Et où étiez-vous à une heure un quart? demanda le juge.

— En chemin.

— C'est ce qu'il faut prouver. Vous dites que vous étiez sur la route de l'auberge du Gros-Chêne, et l'accusation soutient que vous étiez dans l'église. Parti du champ de course à une heure moins quelques minutes, vous seriez venu rejoindre votre complice sous les murs de l'église, où il vous attendait avec une échelle, et ce serait après votre vol manqué que vous auriez été à l'auberge du Gros-Chêne.

Je m'efforçai de démontrer que cela ne se pouvait pas, mais je vis que le juge n'était pas convaincu.

— Et comment expliquez-vous la présence de votre chien dans l'église? me demanda le juge.

— Je ne l'explique pas, je ne la comprends même pas; mon chien n'était pas avec moi, je l'avais attaché le matin sous une de nos voitures.

Il ne me convenait pas d'en dire davantage, car je ne voulais pas donner des armes contre mon père; je regardai Mattia, il me fit signe de continuer, mais je ne continuai point.

On appela un témoin et on lui fit prêter serment sur l'Evangile, de dire la vérité sans haine et sans passion.

sement majestueux, malgré sa figure rouge et son nez bleuâtre; avant de jurer il adressa une génuflexion au tribunal et il se redressa en se rengorgeant : c'était le bedeau de la paroisse Saint-Georges.

Il commença par raconter longuement combien il avait été troublé et scandalisé lorsqu'on était venu le réveiller brusquement pour lui dire qu'il y avait des voleurs dans l'église : sa première idée avait été qu'on voulait lui jouer une mauvaise farce, mais comme on ne joue pas des farces à des personnes de son caractère, il avait compris qu'il se passait quelque chose de grave; il s'était habillé alors avec tant de hâte qu'il avait fait sauter deux boutons de son gilet; enfin il était accouru; il avait ouvert la porte de l'église, et il avait trouvé... qui? ou plutôt quoi? un chien.

Je n'avais rien à répondre à cela, mais mon avocat qui, jusqu'à ce moment, n'avait rien dit, se leva, secoua sa perruque, assura sa robe sur ses épaules et prit la parole.

— Qui a fermé la porte de l'église hier soir? demanda-t-il.

— Moi, répondit le bedeau, comme c'était mon devoir.

— Vous en êtes sûr?

— Quand je fais une chose, je suis sûr que je la fais.

— Et quand vous ne la faites pas?

— Je suis sûr que je ne l'ai pas faite.

— Très-bien : alors vous pouvez jurer que vous n'avez pas enfermé le chien dont il est question dans l'église?

— Si le chien avait été dans l'église je l'aurais vu
— Vous avez de bons yeux?
— J'ai des yeux comme tout le monde.
— Il y a six mois, n'êtes-vous pas entré dans un veau qui était pendu le ventre grand ouvert, devant la boutique d'un boucher.
— Je ne vois pas l'importance d'une pareille question adressée à un homme de mon caractère, s'écria le bedeau devenant bleu.
— Voulez-vous avoir l'extrême obligeance d'y répondre comme si elle était vraiment importante?
— Il est vrai que je me suis heurté contre un animal maladroitement exposé à la devanture d'un boucher.
— Vous ne l'aviez donc pas vu?
— J'étais préoccupé.
— Vous veniez de dîner quand vous avez fermé la porte de l'église?
— Certainement.
— Et quand vous êtes entré dans ce veau est-ce que vous ne veniez pas de dîner?
— Mais....
— Vous dites que vous n'aviez pas dîné?
— Si.
— Et c'est de la petite bière ou de la bière forte que vous buvez?
— De la bière forte.
— Combien de pintes?
— Deux.
— Jamais plus?
— Quelquefois trois.

— Jamais quatre? Jamais six?
— Cela est bien rare.
— Vous ne prenez pas de gròg après votre dîner?
— Quelquefois.
— Vous l'aimez fort ou faible?
— Pas trop faible.
— Combien de verres en buvez-vous?
— Cela dépend.
— Est-ce que vous êtes prêt à jurer que vous n'en prenez pas quelquefois trois et même quatre verres?

Comme le bedeau de plus en plus bleu ne répondit pas, l'avocat se rassit et tout en s'asseyant il dit :

— Cet interrogatoire suffit pour prouver que le chien a pu être enfermé dans l'église par le témoin qui, après dîner, ne voit pas les veaux parce qu'il est préoccupé ; c'était tout ce que je désirais savoir.

Si j'avais osé j'aurais embrassé mon avocat, j'étais sauvé.

Pourquoi Capi n'aurait-il pas été enfermé dans l'église? Cela était possible. Et s'il avait été enfermé de cette façon, ce n'était pas moi qui l'avais introduit; je n'étais donc pas coupable, puisqu'il n'y avait que cette charge contre moi.

Après le bedeau on entendit les gens qui l'accompagnaient lorsqu'il était entré dans l'église, mais ils n'avaient rien vu, si ce n'est la fenêtre ouverte par laquelle les voleurs s'étaient envolés.

Puis on entendit mes témoins : Bob, ses camarades, l'aubergiste, qui tous donnèrent l'emploi de mon temps; cependant un seul point ne fut point éclairci et il était capital, puisqu'il portait sur l'heure précise à laquelle j'avais quitté le champ de course.

Les interrogatoires terminés, le juge me demanda si je n'avais rien à dire, en m'avertissant que je pouvais garder le silence si je le croyais bon.

Je répondis que j'étais innocent, et que je m'en remettais à la justice du tribunal.

Alors le juge fit lire le procès-verbal des dépositions que je venais d'entendre, puis il déclara que je serais transféré dans la prison du comté pour y attendre que le grand jury décide si je serais ou ne serais pas traduit devant les assises.

Les assises !

Je m'affaissai sur mon banc; hélas! que n'avais-je écouté Mattia!

XX

BOB

Ce ne fut que longtemps après que je fus réintégré dans ma prison que je trouvai une raison pour m'expliquer comment je n'avais pas été acquitté : le juge voulait attendre l'arrestation de ceux qui étaient entrés dans l'église, pour voir si je n'étais pas leur complice.

On était sur leur piste, avait dit le ministère public; j'aurais donc la douleur et la honte de paraître bientôt sur le banc des assises à côté d'eux.

Quand cela arriverait-il? Quand serais-je transféré dans la prison du comté? Qu'était cette prison? Où se trouvait-elle? Etait-elle plus triste que celle dans laquelle j'étais?

Il y avait dans ces questions de quoi occuper mon esprit, et le temps passa plus vite que la veille ; je n'étais plus sous le coup de l'impatience qui donne la fièvre ; je savais qu'il fallait attendre.

Et tantôt me promenant, tantôt m'asseyant sur mon banc, j'attendais.

Un peu avant la nuit j'entendis une sonnerie de cornet à piston et je reconnus la façon de jouer de Mattia : le bon garçon, il voulait me dire qu'il pensait à moi et qu'il veillait. Cette sonnerie m'arrivait par-dessus le mur qui faisait face à ma fenêtre : évidemment Mattia était de l'autre côté de ce mur, dans la rue, et une courte distance nous séparait, quelques mètres à peine. Par malheur les yeux ne peuvent pas percer les pierres. Mais si le regard ne passe pas à travers les murs, le son passe par-dessus. Aux sons du cornet s'étaient joints des bruits de pas, des rumeurs vagues et je compris que Mattia et Bob donnaient là sans doute une représentation.

Pourquoi avaient-ils choisi cet endroit? Etait-ce parce qu'il leur était favorable pour la recette ! Ou bien voulaient-ils me donner un avertissement ?

Tout à coup j'entendis une voix claire, celle de Mattia crier en français: « Demain matin au petit jour!» Puis aussitôt reprit de plus belle le tapage du cornet.

Il n'y avait pas besoin d'un grand effort d'intelligence pour comprendre que ce n'était pas à son public anglais que Mattia adressait ces mots: « Demain matin au petit jour, » c'était à moi ; mais par contre il n'était pas aussi facile de deviner ce qu'ils signifiaient, et de nouveau je me posai toute une série de questions auxquelles il m'était impossible de trouver des réponses raisonnables.

Un seul fait était clair et précis : le lendemain matin au petit jour je devais être éveillé et me tenir sur mes gardes ; jusque-là je n'avais qu'à prendre patience, si je le pouvais.

Aussitôt que la nuit fut tombée, je me couchai dans mon hamac et je tâchai de m'endormir; j'entendis plusieurs heures sonner successivement aux horloges voisines, puis à la fin le sommeil me prit et m'emporta sur ses ailes.

Quand je m'éveillait la nuit était épaisse, les étoiles brillaient dans le sombre azur, et l'on n'entendait aucun bruit; sans doute le jour était loin encore. Je revins m'asseoir sur mon banc, n'osant pas marcher de peur d'appeler l'attention si par hasard on faisait une ronde et j'attendis. Bientôt une holorge sonna trois coups: je m'étais éveillé trop tôt; cependant je n'osai pas me rendormir, et d'ailleurs je crois bien que quand même je l'aurais voulu, je ne l'aurais pas pu : j'étais trop fiévreux, trop angoissé.

Ma seule occupation était de compter les sonneries des horloges; mais combien me paraissaient longues les quinze minutes qui s'écoulaient entre l'heure et le quart, entre le quart et la demie ; si longues que parfois je m'imaginais que j'avais laissé l'horloge sonner sans l'entendre ou qu'elle était détraquée.

Appuyé contre la muraille, je tenais mes yeux fixés sur la fenêtre ; il me sembla que l'étoile que je suivais perdait de son éclat et que le ciel blanchissait faiblement.

C'était l'approche du jour; au loin des coqs chantèrent.

Je me levai, et, marchant sur la pointe des pieds, j'allai ouvrir ma fenêtre ; ce fut un travail délicat de l'empêcher de craquer, mais enfin, en m'y prenant avec douceur, et surtout avec lenteur, j'en vins à bout.

Quel bonheur que ce cachot eût été aménagé dans une ancienne salle basse dont on avait fait une prison, et qu'on se fût confié aux barreaux de fer pour garder les prisonniers, car si ma fenêtre ne s'était pas ouverte, je n'aurais pas pu répondre à l'appel de Mattia. Mais ouvrir la fenêtre n'était pas tout : les barreaux de fer restaient, les épaisses murailles aussi, et aussi la porte bardée de tôle. C'était donc folie d'espérer la liberté, et cependant je l'espérais.

Les étoiles pâlirent de plus en plus, et la fraîcheur du matin me fit grelotter ; cependant je ne quittai pas ma fenêtre, restant là, debout, écoutant, regardant, sans savoir ce que je devais regarder et écouter.

Un grand voile blanc monta au ciel, et sur la terre les objets commencèrent à se dessiner avec des formes à peu près distinctes; c'était bien le petit jour dont Mattia m'avait parlé. J'écoutai en retenant ma respiration, je n'entendis que les battements de mon cœur dans ma poitrine.

Enfin, il me sembla percevoir un grattement contre le mur, mais comme avant je n'avais entendu aucun bruit de pas, je crus m'être trompé; cependant j'écoutai : le grattement continua : puis tout à coup j'aperçus une tête s'élever au-dessus du mur ; tout de suite je vis que ce n'était pas celle de Mattia; et, bien qu'il fît encore sombre je reconnus Bob.

Il me vit collé contre mes barreaux.

— Chut ! dit-il faiblement.

Et de la main il me fit un signe qui me sembla signifier que je devais m'éloigner de la fenêtre. Sans comprendre, j'obéis. Alors, son autre main me parut armée d'un long tube brillant comme s'il était en verre. Il le porta à sa bouche. Je compris que c'était une sarbacane. J'entendis un soufflement, et en même temps je vis une petite boule blanche passer dans l'air pour venir tomber à mes pieds. Instantanément la tête de Bob disparut derrière le mur, et je n'entendis plus rien.

Je me précipitai sur la boule; elle était en papier fin roulé et entassé autour d'un gros grain de plomb: il me sembla que des caractères étaient tracés sur ce papier, mais il ne faisait pas encore assez clair pour que je pusse les lire; je devais donc attendre le jour.

Je refermai ma fenêtre avec précaution et vivement je me couchai dans mon hamac, tenant la boule de papier dans ma main.

Lentement, bien lentement pour mon impatience, l'aube jaunit, et à la fin une lueur rose glissa sur mes murailles; je déroulai mon papier et je lus:

« Tu seras transféré demain soir dans la prison du comté : tu voyageras en chemin de fer dans un compartiment de seconde classe avec un policeman; place-toi auprès de la portière par laquelle tu monteras; quand vous aurez roulé pendant quarante-cinq minutes (compte-les bien) votre train ralentira sa marche pour une jonction; ouvre alors ta portière et jette-toi à bas bravement : élance-toi, étends tes mains en avant et arrange-toi pour tomber sur les pieds; aussitôt à terre, monte le talus de gauche, nous serons là avec une voiture et un bon cheval pour t'emmener ; ne crains rien ; deux jours après nous serons en France ; bon courage et bon espoir ; surtout élance-toi au loin en sautant et tombe sur tes pieds. »

Sauvé ! Je ne comparaîtrais pas aux assises ; je ne verrais pas ce qui s'y passerait !

Ah ! le brave Mattia, le bon Bob ! car c'était lui, j'en étais certain, qui aidait généreusement Mattia : « Nous serons là avec un bon cheval ; » ce n'était pas Mattia qui tout seul avait pu combiner cet arrangement.

Et je relus le billet : « Quarante-cinq minutes après départ ; le talus de gauche ; tomber sur les pieds. » Certes oui, je m'élancerais bravement, dussé-je me tuer. Mieux valait mourir que de se faire condamner comme voleur.

Ah ! comme tout cela était bien inventé :

« Deux jours après nous serons en France. »

Cependant, dans mon transport de joie, j'eus une pensée de tristesse : et Capi ? Mais bien vite j'écartai cette idée. Il n'était pas possible que Mattia voulût abandonner Capi ; s'il avait trouvé un moyen pour me faire évader, il en avait trouvé un aussi certainement pour Capi.

Je relus mon billet deux ou trois fois encore, puis, l'ayant mâché, je l'avalai ; maintenant je n'avais plus qu'à dormir tranquillement ; et je m'y appliquai si bien, que je ne m'éveillai que quand le geôlier m'apporta à manger.

Le temps s'écoula assez vite et le lendemain, dans l'après-midi, un policeman que je ne connaissais pas entra dans mon cachot et me dit de le suivre : je vis avec satisfaction que c'était un homme d'environ cinquante ans qui ne paraissait pas très-souple.

Les choses purent s'arranger selon les prescriptions de Mattia, et, quand le train se mit en marche, j'étais placé près de la portière par laquelle j'étais monté ; j'allais à reculons ; le policeman était en face de moi; nous étions seuls dans notre compartiment.

— Vous parlez anglais ? me dit-il.

— Un peu.

— Vous le comprenez ?

— A peu près, quand on ne parle pas trop vite.

— Eh bien, mon garçon, je veux vous donner un bon conseil : ne faites pas le malin avec la justice, avouez : vous vous concilierez la bienveillance de tout le monde ; rien n'est plus désagréable que d'avoir affaire à des gens qui nient contre l'évidence ; tandis qu'avec ceux qui avouent on a toutes sortes de complaisances, de bontés ; ainsi moi, vous me diriez comment les choses se sont passées, je vous donnerais bien une couronne : vous verriez comme l'argent adoucirait votre situation en prison.

Je fus sur le point de répondre que je n'avais rien à avouer, mais je compris que le mieux pour moi était de me concilier la bienveillance de ce policeman, selon son expression, et je ne répondis rien.

— Vous réfléchirez, me dit-il, en continuant, et quand en prison vous aurez reconnu la bonté de mon conseil, vous me ferez appeler, parce que, voyez-vous, il ne faut pas avouer au premier venu, il faut choisir celui qui s'intéressera à vous, et moi, vous voyez bien que je suis tout disposé à vous servir.

Je fis un signe affirmatif.

— Faites demander Dolphin; vous retiendrez bien mon nom, n'est-ce pas ?

— Oui, monsieur.

J'étais appuyé contre la portière dont la vitre était ouverte; je lui demandai la permission de regarder le pays que nous traversions, et comme il voulait « se concilier ma bienveillance, » il me répondit que je pouvais regarder tant que je voudrais. Qu'avait-il à craindre, le train marchait à grande vitesse.

Bientôt l'air qui le frappait en face l'ayant glacé, il s'éloigna de la portière pour se placer au milieu du wagon.

Pour moi, je n'étais pas sensible au froid ; glissant doucement ma main gauche en dehors je tournai la poignée et de la droite je retins la portière.

Le temps s'écoula : la machine siffla et ralentit sa marche ; le moment était venu ; vivement je poussai la portière et sautai aussi loin que je pus ; je fus jeté dans le fossé ; heureusement mes mains que je tenais en avant portèrent contre le talus gazonné ; cependant le choc fut si violent que je roulai à terre, évanoui.

Quand je revins à moi je crus que j'étais encore en chemin de fer, car je me sentis emporté par un mouvement rapide, et j'entendis un roulement : j'étais couché sur un lit de paille.

Chose étrange ! ma figure était mouillée et sur mes joues, sur mon front, passait une caresse douce et chaude.

J'ouvris les yeux, un chien, un vilain chien jaune était penché sur moi et me léchait.

Mes yeux rencontrèrent ceux de Mattia, qui se tenait agenouillé à côté de moi.

— Tu es sauvé, me dit-il en écartant le chien et en m'embrassant.

— Où sommes-nous ?

— En voiture ; c'est Bob qui nous conduit.

— Comment cela va-t-il ?. me demanda Bob en se retournant.

— Je ne sais pas ; bien, il me semble.

— Remuez les bras, remuez les jambes, cria Bob.

J'étais allongé sur de la paille, je fis ce qu'il me disait.

— Bon, dit Mattia, rien de cassé.

— Mais que s'est-il passé ?

— Tu as sauté du train, comme je te l'avais recommandé ; mais la secousse t'a étourdi et tu es tombé dans le fossé ; alors ne te voyant pas venir, Bob a dégringolé le talus tandis que je tenais le cheval, et il t'a rapporté dans ses bras. Nous t'avons cru mort. Quelle peur ! quelle douleur ! mais te voilà sauvé.

— Et le policeman ?

— Il continue sa route avec le train, qui ne s'est pas arrêté.

Je savais l'essentiel, je regardai autour de moi et j'aperçus le chien jaune qui me regardait tendrement avec des yeux qui ressemblaient à ceux de Capi ; mais ce n'était pas Capi, puisque Capi était blanc.

— Et Capi ! dis-je, où est-il ?

Avant que Mattia m'eût répondu, le chien jaune

avait sauté sur moi et il me léchait en pleurant.

— Mais le voilà, dit Mattia, nous l'avons fait teindre.

Je rendis au bon Capi ses caresses, et je l'embrassai.

— Pourquoi l'as-tu teint ? dis-je.

— C'est une histoire, je vais te la conter.

Mais Bob ne permit pas ce récit.

— Conduis le cheval, dit-il à Mattia, et tiens-le bien ; pendant ce temps-là je vais arranger la voiture pour qu'on ne la reconnaisse pas aux barrières.

Cette voiture était une carriole recouverte d'une bâche en toile posée sur des cerceaux ; il allongea les cercles dans la voiture et ayant plié la bâche en quatre, il me dit de m'en couvrir ; puis, il renvoya Mattia en lui recommandant de se cacher sous la toile ; par ce moyen la voiture changeait entièrement d'aspect, elle n'avait plus de bâche et elle ne contenait qu'une personne au lieu de trois : si on courait après nous, le signalement, que les gens qui voyaient passer cette carriole donneraient dérouterait, les recherches.

— Où allons-nous ? demandai-je à Mattia lorsqu'il se fut allongé à côté de moi.

— A Littlehampton : c'est une petit port sur la mer, où Bob a un frère qui commande un bateau faisant les voyages de France pour aller chercher du beurre et des œufs en Normandie, à Isigny ; si nous nous sauvons, — et nous nous sauverons, — ce sera à Bob que nous le devrons : il a tout fait ; qu'est-ce que j'aurais pu faire pour toi, moi, pauvre misérable ! C'est Bob qui a eu l'idée de te faire sauter du train, de te souffler mon billet, et c'est lui qui a décidé ses camarades à nous prêter ce cheval ; enfin c'est lui qui va nous procurer un bateau pour passer en France, car tu dois bien croire que si tu voulais t'embarquer sur un vapeur, tu serais arrêté : tu vois qu'il fait bon avoir des amis.

— Et Capi, qui a eu l'idée de l'emmener ?

— Moi, mais c'est Bob qui a eu l'idée de le teindre en jaune pour qu'on ne le reconnaisse pas, quand nous l'avons volé à l'agent Jerry, l'intelligent Jerry comme disait le juge, qui cette fois n'a pas été trop intelligent car il s'est laissé souffler Capi sans s'en apercevoir ; il est vrai que Capi m'ayant senti, a presque tout fait, et puis Bob connaît tous les tours des voleurs de chiens.

— Et ton pied ?

— Guéri, ou à peu près, je n'ai pas eu le temps d'y penser.

Les routes d'Angleterre ne sont pas libres comme celles de France ; de place en place se trouvent des barrières où l'on doit payer une certaine somme pour passer ; quand nous arrivions à l'une de ces barrières, Bob nous disait de nous taire et de ne pas bouger, et les gardiens ne voyaient qu'une carriole conduite par un seul homme : Bob leur disait des plaisanteries et passait.

Avec son talent de clown pour se grimer, il s'était fait une tête de fermier, et ceux mêmes qui le connaissaient le mieux, lui aurait parlé sans savoir qui il était..

Nous marchions rapidement, car le cheval était bon et Bob était un habile cocher : cependant il fallait nous arrêter pour laisser souffler un peu le cheval, et

21.

pour lui donner à manger; mais pour cela nous n'entrâmes pas dans une auberge; Bob s'arrêta en plein bois, débrida son cheval et lui passa au cou une musette pleine d'avoine qu'il prit dans la voiture; la nuit était noire; il n'y avait pas grand danger d'être surpris.

Alors je pus m'entretenir avec Bob, et le remercier par quelques paroles de reconnaissance émue; mais il ne me laissa pas lui dire tout ce que j'avais dans le cœur:

— Vous m'avez obligé, répondit-il en me donnant une poignée de main, aujourd'hui je vous oblige, chacun son tour; et puis vous êtes le frère de Mattia; et pour un bon garçon comme Mattia, on fait bien des choses.

Je lui demandai si nous étions éloignés de Littlehampton; il me répondit que nous en avions encore pour plus de deux heures, et qu'il fallait nous hâter, parce que le bateau de son frère partait tous les samedis pour Isigny, et qu'il croyait que la marée avait lieu de bonne heure; or, nous étions le vendredi.

Nous reprîmes place sur la paille, sous la bâche, et le cheval reposé partit grand train.

— As-tu peur? me demanda Mattia.

— Oui et non; j'ai très-peur d'être repris; mais il me semble qu'on ne me reprendra pas: se sauver, n'est-ce pas avouer qu'on est coupable? Voilà surtout ce qui me tourmente: que dire pour ma défense?

— Nous avons bien pensé à cela, mais Bob a cru qu'il fallait tout faire pour que tu ne paraisses pas sur le banc des assises; cela est si triste d'avoir passé là, même quand on est acquitté; moi je n'ai osé rien dire, parce qu'avec mon idée fixe de t'emmener en France, j'ai peur que cette idée ne me conseille mal.

— Tu as bien fait; et quoi qu'il arrive je n'aurai que de la reconnaissance pour vous.

— Il n'arrivera rien, va, sois tranquille. A l'arrêt du train ton policeman aura fait son rapport; mais avant qu'on organise les recherches il s'est écoulé du temps, et nous, nous avons galopé; et puis ils ne peuvent pas savoir que c'est à Littlehampton que nous allons nous embarquer.

Il était certain que si on n'était pas sur notre piste, nous avions la chance de nous embarquer sans être inquiétés; mais je n'étais pas comme Mattia, assuré qu'après l'arrêt du train le policeman avait perdu du temps pour nous poursuivre; là était le danger, et il pouvait être grand.

Cependant notre cheval, vigoureusement conduit par Bob, continuait de détaler grand train sur la route déserte; de temps en temps seulement nous croisions quelques voitures, aucune ne nous dépassait : les villages que nous traversions étaient silencieux et rares étaient les fenêtres où se montrait une lumière attardée; seuls quelques chiens faisaient attention à notre course rapide et nous poursuivaient de leurs aboiements; quand après une montée un peu rapide Bob arrêtait son cheval pour le laisser souffler, nous descendions de voiture et nous nous collions la tête sur la terre pour écouter, mais Mattia lui-même, qui avait l'oreille plus fine que nous, n'entendait aucun bruit suspect; nous voyagions au milieu de l'ombre et du silence de la nuit.

Ce n'était plus pour nous cacher que nous nous tenions sous la bâche, c'était pour nous défendre du froid, car depuis assez longtemps soufflait une bise froide; quand nous passions la langue sur nos lèvres nous trouvions un goût de sel; nous approchions de la mer. Bientôt nous aperçûmes une lueur qui à intervalles réguliers disparaissait, pour reparaître avec éclat, c'était un phare; nous arrivions.

Bob arrêta son cheval et le mettant au pas il le conduisit doucement dans un chemin de traverse; puis descendant de voiture il nous dit de rester là et de tenir le cheval; pour lui, il allait voir si son frère n'était pas parti et si nous pouvions sans danger nous embarquer à bord du navire de celui-ci.

J'avoue que le temps pendant lequel Bob resta absent me parut long, très-long : nous ne parlions pas, et nous entendions la mer briser sur la grève à une assez courte distance avec un bruit monotone qui redoublait notre émotion; Mattia tremblait comme je tremblais moi-même.

— C'est le froid, me dit-il à voix basse.

Etait-ce bien vrai? Le certain, c'est que quand une vache ou un mouton qui se trouvaient dans les prairies que traversait notre chemin choquaient une pierre ou heurtaient une clôture, nous étions plus sensibles au froid ou au tremblement.

Enfin, nous entendîmes un bruit de pas dans le chemin qu'avait suivi Bob. Sans doute, c'était lui qui revenait; c'était mon sort qui allait se décider.

Bob n'était pas seul. Quand il s'approcha de nous, nous vîmes que quelqu'un l'accompagnait : c'était un homme vêtu d'une vareuse en toile cirée et coiffé d'un bonnet de laine.

— Voici mon frère, dit Bob; il veut bien vous prendre à son bord; il va vous conduire, et nous allons nous séparer, car il est inutile qu'on sache que je suis venu ici.

Je voulus remercier Bob, mais il me coupa la parole en me donnant une poignée de main :

— Ne parlons pas de ça, dit-il, il faut s'entr'aider, chacun son tour; nous nous reverrons un jour; je suis heureux d'avoir obligé Mattia.

Nous suivîmes le frère de Bob, et bientôt nous entrâmes dans les rues silencieuses de la ville, puis après quelques détours nous nous trouvâmes sur un quai, et le vent de la mer nous frappa au visage.

Sans rien dire, le frère de Bob nous désigna de la main un navire gréé en sloop; nous comprîmes que c'était le sien; en quelques minutes nous fûmes à bord; alors il nous fit descendre dans une petite cabine.

— Je ne partirai que dans deux heures, dit-il, restez là et ne faites pas de bruit.

Quand il eut refermé à clef la porte de cette cabine, ce fut sans bruit que Mattia se jeta dans mes bras et m'embrassa; il ne tremblait plus.

XXI

LE CYGNE

Après le départ du frère de Bob, le navire resta silencieux pendant quelque temps, et nous n'entendîmes que le bruit du vent dans la mâture et le clapotement de l'eau contre la carène; mais peu à peu il s'anima; des pas retentirent sur le pont; on laissa tomber des cordages; des poulies grincèrent, il y eut des enroulements et des déroulements de chaîne; on vira au cabestan; une voile fut hissée; le gouvernail gémit et tout à coup le bateau s'étant incliné sur le côté gauche, un mouvement de tangage se produisit; — nous étions en route, j'étais sauvé.

Lent et doux tout d'abord, ce mouvement de tangage ne tarda pas à devenir rapide et dur, le navire s'abaissait en roulant, et brusquement de violents coups de mer venaient frapper contre son étrave ou contre son bordage de droite.

— Pauvre Mattia! dis-je à mon camarade en lui prenant la main.

— Cela ne fait rien, dit-il, tu es sauvé; au reste je

me doutais bien que cela serait ainsi; quand nous étions en voiture je regardais les arbres dont le vent secouait la cime, et je me disais que sur la mer nous allions danser : ça danse.

A ce moment la porte de notre cabine fut ouverte :

— Si vous voulez monter sur le pont, nous dit le frère de Bob, il n'y a plus de danger.

— Où est-on moins malade ? demanda Mattia.

— Couché.

— Je vous remercie, je reste couché.

Et il s'allongea sur les planches.

— Le mousse va vous apporter ce qui vous sera nécessaire, dit le capitaine.

— Merci; s'il peut n'être pas trop longtemps à venir, cela sera à propos, répondit Mattia.

— Déjà ?

— Il y a longtemps que c'est commencé.

Je voulus rester près de lui, mais il m'envoya sur le pont en me répétant :

— Cela ne fait rien, tu es sauvé; mais c'est égal, je ne me serais jamais imaginé que cela me ferait plaisir d'avoir le mal de mer.

Arrivé sur le pont, je ne pus me tenir debout qu'en me cramponnant solidement à un cordage : aussi loin que la vue pouvait s'étendre dans les profondeurs de la nuit, on ne voyait qu'une nappe blanche d'écume, sur laquelle notre petit navire courait, incliné comme s'il allait chavirer, mais il ne chavirait point, au contraire il s'élevait légèrement, bondissant sur les vagues, porté, poussé par le vent d'ouest.

Je me retournai vers la terre ; déjà les lumières du port n'étaient plus que des points dans l'obscurité vaporeuse, et les regardant ainsi s'affaiblir et disparaître les unes après les autres, ce fut avec un doux sentiment de délivrance que je dis adieu à l'Angleterre.

— Si le vent continue ainsi, me dit le capitaine, nous n'arriverons pas tard, ce soir, à Isigny ; c'est un bon voilier que l'*Eclipse*.

Toute une journée de mer, et même plus d'une journée, pauvre Mattia ! et cela lui faisait plaisir d'avoir le mal de mer.

Elle s'écoula cependant, et je passai mon temps à voyager du pont à la cabine, et de la cabine au pont ; à un certain moment, comme je causais avec le capitaine, il étendit sa main dans la direction du sud-ouest, et j'aperçus une haute colonne blanche qui se dessinait sur un fond bleuâtre.

— Barfleur, me dit-il.

Je dégringolai rapidement pour porter cette bonne nouvelle à Mattia : nous étions en vue de France ; mais la distance est longue encore de Barfleur à Isigny, car il faut longer toute la presqu'île du Cotentin avant d'entrer dans la Vire et dans l'Aure.

Comme il était tard lorsque l'*Eclipse* accosta le quai d'Isigny, le capitaine voulut bien nous permettre de coucher à bord, et ce fut seulement le lendemain matin que nous nous séparâmes de lui, après l'avoir remercié comme il convenait.

— Quand vous voudrez revenir en Angleterre, nous dit-il, en nous donnant une rude poignée de main, l'*Eclipse* part d'ici tous les mardis ; à votre disposition.

C'était là une gracieuse proposition, mais que nous n'avions aucune envie d'accepter, ayant chacun nos raisons, Mattia et moi, pour ne pas traverser la mer de sitôt.

Nous débarquions en France, n'ayant que nos vêtements et nos instruments, — Mattia ayant eu soin de prendre ma harpe, que j'avais laissée dans la tente de Bob, la nuit où j'avais été à l'auberge du Gros-Chêne; — quant à nos sacs, ils étaient restés avec leur contenu dans les voitures de la famille Driscoll; cela nous mettait dans un certain embarras, car nous ne pouvions pas reprendre notre vie errante sans chemises et sans bas, surtout sans carte. Par bonheur, Mattia avait douze francs d'économies et en plus notre part de recette provenant de notre association avec Bob et ses camarades, laquelle s'élevait à vingt-deux shillings, ou vingt-sept francs cinquante; cela nous constituait une fortune de près de quarante francs, ce qui était considérable pour nous. Mattia avait voulu donner cet argent à Bob pour subvenir aux frais de mon évasion, mais Bob avait répondu qu'on ne se fait pas payer les services qu'on rend par amitié, et il n'avait voulu rien recevoir.

Notre première occupation, en sortant de l'*Eclipse*, fut donc de chercher un vieux sac de soldat et d'acheter ensuite deux chemises, deux paires de bas, un morceau de savon, un peigne, du fil, des boutons, des aiguilles, et enfin ce qui nous était plus indispensable encore que ces objets, si utiles cependant, — une carte de France.

En effet, où aller maintenant que nous étions en

France? Quelle route suivre? Comment nous diriger?

Ce fut la question que nous agitâmes en sortant d'Isigny par la route de Bayeux.

— Pour moi, dit Mattia, je n'ai pas de préférence, et je suis prêt à aller à droite ou à gauche; je ne demande qu'une chose.

— Laquelle?

— Suivre le cours d'un fleuve, d'une rivière ou d'un canal, parce que j'ai une idée.

Comme je ne demandais pas à Mattia de me dire son idée, il continua :

— Je vois qu'il faut que je te l'explique, mon idée : quand Arthur était malade, madame Milligan le promenait en bateau, et c'est de cette façon que tu l'as rencontrée sur le *Cygne*.

— Il n'est plus malade.

— C'est-à-dire qu'il est mieux ; il a été très-malade, au contraire, et il n'a été sauvé que par les soins de sa mère. Alors mon idée est que pour le guérir tout à fait, madame Milligan le promène encore en bateau sur les fleuves, les rivières, les canaux qui peuvent porter le *Cygne;* si bien qu'en suivant le cours de ces rivières et de ces fleuves, nous avons chance de rencontrer le *Cygne*.

— Qui dit que le *Cygne* est en France?

— Rien : cependant, comme le *Cygne* ne peut pas aller sur la mer, il est à croire qu'il n'a pas quitté la France, nous avons des chances pour le trouver. Quand nous n'en aurions qu'une, est-ce que tu n'es pas d'avis qu'il faut la risquer? Moi je veux que nous retrouvions madame Milligan, et mon avis est que nous ne devons rien négliger pour cela.

— Mais Lise, Alexis, Benjamin, Etiennette !

— Nous les verrons en cherchant madame Milligan ; il faut donc que nous gagnions le cours d'un fleuve ou d'un canal : cherchons sur ta carte quel est le fleuve le plus près.

La carte fut étalée sur l'herbe du chemin, et nous cherchâmes le fleuve le plus voisin ; nous trouvâmes que c'était la Seine.

— Eh bien ! gagnons la Seine, dit Mattia.

— La Seine passe à Paris.

— Qu'est-ce que cela fait ?

— Cela fait beaucoup ; j'ai entendu dire à Vitalis que quand on voulait trouver quelqu'un, c'était à Paris qu'il fallait le chercher ; si la police anglaise me cherchait pour le vol de l'église Saint-Georges, je ne veux pas qu'elle me trouve : ce ne serait pas la peine d'avoir quitté l'Angleterre.

— La police anglaise peut donc te poursuivre en France ?

— Je ne sais pas ; mais si cela est, il ne faut pas aller à Paris.

— Ne peut-on pas suivre la Seine jusqu'aux environs de Paris, la quitter et la reprendre plus loin ; je ne tiens pas à voir Garofoli.

— Sans doute.

— Eh bien, faisons ainsi : nous interrogerons les mariniers, les hâleurs, le long de la rivière, et comme le *Cygne* avec sa verandah ne ressemble pas aux autres bateaux, on l'aura remarqué s'il a passé sur la Seine ;

si nous ne le trouvons pas sur la Seine, nous le chercherons sur la Loire, sur la Garonne, sur toutes les rivières de France et nous finirons bien par le trouver.

Je n'avais pas d'objections à présenter contre l'idée de Mattia ; il fut donc décidé que nous gagnerions le cours de la Seine pour le côtoyer en le remontant.

Après avoir pensé à nous, il était temps de nous occuper de Capi ; teint en jaune, Capi n'était pas pour moi Capi ; nous achetâmes du savon mou, et à la première rivière que nous trouvâmes, nous le frottâmes vigoureusement, nous relayant quand nous étions fatigués.

Mais la teinture de notre ami Bob était d'excellente qualité ; il nous fallut de nombreuses baignades, de longs savonnages ; il nous fallut surtout des semaines et des mois pour que Capi reprît sa couleur native. Heureusement la Normandie est le pays de l'eau, et chaque jour nous pûmes le laver.

Par Bayeux, Caen, Pont-l'Evêque et Pont-Audemer, nous gagnâmes la Seine à La Bouille.

Quand du haut de collines boisées et au détour d'un chemin ombreux, dont nous débouchâmes après une journée de marche, Mattia aperçut tout à coup devant lui la Seine, décrivant une large courbe au centre de laquelle nous nous trouvions, et promenant doucement ses eaux calmes et puissantes, couvertes de navires aux blanches voiles et de bateaux à vapeur, dont la fumée montait jusqu'à nous, il déclara que cette vue le réconciliait avec l'eau, et qu'il comprenait qu'on pouvait prendre plaisir à glisser sur cette tranquille rivière, au milieu de ces fraîches prairies, de ces champs bien cultivés et de ces bois sombres qui l'encadraient de verdure.

— Sois certain que c'est sur la Seine que madame Milligan a promené son fils malade, me dit-il.

— C'est ce que nous allons bientôt savoir, en faisant causer les gens du village qui est au-dessous.

Mais j'ignorais alors qu'il n'est pas facile d'interroger les Normands, qui répondent rarement d'une façon précise et qui, au contraire, interrogent eux-mêmes ceux qui les questionnent.

— *C'est-y* un *batiau* du Havre ou un *batiau* de Rouen que vous demandez? — *C'est-y* un bachot? — *C'est-y* une barquette, un chaland, une péniche?

Quand nous eûmes bien répondu à toutes les questions qu'on nous posa, il fut à peu près certain que le *Cygne* n'était jamais venu à La Bouille, ou que, s'il y avait passé, c'était la nuit, de sorte que personne ne l'avait vu.

De La Bouille nous allâmes à Rouen, où nos recherches recommencèrent, mais sans meilleur résultat; à Elbeuf, on ne put pas non plus nous parler du *Cygne;* à Poses, où il y a des écluses et où par conséquent on remarque les bateaux qui passent, il en fut de même encore.

Sans nous décourager, nous avancions, questionnant toujours, mais sans grande espérance, car le *Cygne* n'avait pas pu partir d'un point intermédiaire; que madame Milligan et Arthur se fussent embarqués à Quillebeuf ou à Caudebec, cela se comprenait, à Rouen mieux encore; mais puisque nous ne trouvions pas trace de leur passage, nous devions aller jusqu'à Paris, ou plutôt au delà de Paris.

Comme nous ne marchions pas seulement pour avancer, mais qu'il nous fallait encore gagner chaque jour notre pain, il nous fallut cinq semaines pour aller d'Isigny à Charenton.

Là une question se présentait : devions-nous suivre la Seine ou bien devions-nous suivre la Marne? C'était ce que je m'étais demandé bien souvent en étudiant ma carte, mais sans trouver de meilleures raisons pour une route plutôt que pour une autre.

Heureusement en arrivant à Charenton, nous n'eûmes pas à balancer, car à nos demandes on répondit pour la première fois qu'on avait vu un bateau qui ressemblait au *Cygne;* c'était un bateau de plaisance, il avait une verandah.

Mattia fut si joyeux qu'il se mit à danser sur le quai : puis tout à coup, cessant de danser, il prit son violon et joua frénétiquement une marche triomphale.

Pendant ce temps, je continuais d'interroger le marinier qui avait bien voulu nous répondre : le doute n'était pas possible, c'était bien le *Cygne;* il y avait environ deux mois qu'il avait passé à Charenton, remontant la Seine.

Deux mois! Cela lui donnait une terrible avance sur nous. Mais qu'importait! En marchant nous finirions toujours par le rejoindre, bien que nous n'eussions que nos jambes, tandis que lui il avait celles de deux bons chevaux.

La question de temps n'était rien : le fait capital,

extraordinaire, merveilleux, c'était que le *Cygne* était retrouvé.

— Qui a eu raison ? criait Mattia.

Si j'avais osé j'aurais avoué que mon espérance était vive aussi, très-vive, mais je n'osais pas préciser, même pour moi seul, toutes les idées, toutes les folies qui faisaient s'envoler mon imagination.

Nous n'avons plus besoin de nous arrêter maintenant pour interroger les gens, le *Cygne* est devant nous ; il n'y a qu'à suivre la Seine.

Mais à Moret le Loing se jette dans la Seine, et il faut recommencer nos questions.

Le *Cygne* a remonté la Seine.

A Montereau il faut les reprendre encore.

Cette fois le *Cygne* a abandonné la Seine pour l'Yonne ; il y a un peu plus de deux mois qu'il a quitté Montereau ; il a à son bord une dame anglaise et un jeune garçon étendu sur un lit.

Nous nous rapprochons de Lise en même temps que nous suivons le *Cygne*, et le cœur me bat fort, quand en étudiant ma carte je me demande si après Joigny madame Milligan aura choisi le canal de Bourgogne ou celui du Nivernais.

Nous arrivons au confluent de l'Yonne et de l'Armençon, le *Cygne* a continué de remonter l'Yonne ; nous allons donc passer par Dreuzy et voir Lise ; elle-même nous parlera de madame Milligan et d'Arthur.

Depuis que nous courrions derrière le *Cygne* nous ne donnions plus grand temps à nos représentations, et Capi qui était un artiste consciencieux ne comprenait rien à notre empressement : pourquoi ne lui permettions-nous pas de rester gravement assis la sébile entre les dents devant « l'honorable société » qui tardait à mettre la main à la poche? il faut savoir attendre.

Mais nous n'attendions plus; aussi les recettes baissaient-elles, en même temps que ce qui nous était resté sur nos quarante francs diminuait chaque jour: loin de mettre de l'argent de côté, nous prenions sur notre capital.

— Dépêchons-nous, disait Mattia, rejoignons le *Cygne*.

Et je disais comme lui : dépêchons-nous.

Jamais le soir nous ne nous plaignions de la fatigue, si longue qu'eût été l'étape; et tout au contraire nous étions d'accord pour partir le lendemain de bonne heure.

— Eveille-moi, disait Mattia, qui aimait à dormir.

Et quand je l'avais éveillé, jamais il n'était long à sauter sur ses jambes.

Pour faire des économies nous avions réduit nos dépenses, et comme il faisait chaud, Mattia avait déclaré qu'il ne voulait plus manger de viande « parce qu'en été la viande est malsaine; » nous nous contentions d'un morceau de pain avec un œuf dur que nous nous partagions, ou bien d'un peu de beurre; et quoique nous fussions dans le pays du vin nous ne buvions que de l'eau.

Que nous importait!

Cependant Mattia avait quelquefois des idées de gourmandise.

— Je voudrais bien que madame Milligan eût encore

la cuisinière qui te faisait de si bonnes tartes aux confitures, disait-il, cela doit être joliment bon, des tartes à l'abricot.

— Tu n'en as jamais mangé ?

— J'ai mangé des chaussons aux pommes, mais je n'ai jamais mangé des tartes à l'abricot, seulement j'en ai vu. Qu'est-ce que c'est que ces petites choses blanches qui sont collées sur la confiture jaune ?

— Des amandes.

— Oh !

Et Mattia ouvrait la bouche comme pour avaler une tarte entière.

Comme l'Yonne fait beaucoup de détours entre Joigny et Auxerre, nous regagnâmes, nous qui suivions la grande route, un peu de temps sur le *Cygne*; mais, à partir d'Auxerre, nous en reperdîmes, car le *Cygne* ayant pris le canal du Nivernais avait couru vite sur ses eaux tranquilles.

A chaque écluse nous avions de ses nouvelles, car sur ce canal où la navigation n'est pas très-active, tout le monde avait remarqué ce bateau qui ressemblait si peu à ceux qu'on voyait ordinairement.

Non-seulement on nous parlait du *Cygne*, mais on nous parlait aussi de madame Milligan « une dame anglaise très-bonne » et d'Arthur « un jeune garçon qui se tenait presque toujours couché dans un lit placé sur le pont, à l'abri d'une verandah garnie de verdure et de fleurs, mais qui se levait aussi quelquefois. »

Arthur était donc mieux.

Nous approchions de Dreuzy; encore deux jours, encore un, encore quelques heures seulement.

Enfin nous apercevons les bois dans lesquels nous avons joué avec Lise à l'automne précédent, et nous apercevons aussi l'écluse avec la maisonnette de dame Catherine.

Sans nous rien dire, mais d'un commun accord, nous avons forcé le pas, Mattia et moi, nous ne marchons plus, nous courons; Capi, qui se retrouve, a pris les devants au galop.

Il va dire à Lise que nous arrivons : elle va venir au-devant de nous.

Cependant ce n'est pas Lise que nous voyons sortir de la maison, c'est Capi qui se sauve comme si on l'avait chassé.

Nous nous arrêtons tous les deux instantanément, et nous nous demandons ce que cela peut signifier; que s'est-il passé? Mais cette question nous ne la formulons ni l'un ni l'autre, et nous reprenons notre marche.

Capi est revenu jusqu'à nous et il s'avance, penaud, sur nos talons.

Un homme est en train de manœuvrer une vanne de l'écluse, ce n'est pas l'oncle de Lise.

Nous allons jusqu'à la maison, une femme que nous ne connaissons pas va et vient dans la cuisine.

— Madame Suriot? demandons-nous.

Elle nous regarde un moment avant de nous répondre, comme si nous lui posions une question absurde.

— Elle n'est plus ici, nous dit-elle à la fin.
— Et où est elle?
— En Égypte.

Nous nous regardons Mattia et moi interdits. En Égypte ! Nous ne savons pas au juste ce que c'est que l'Egypte, et où se trouve ce pays, mais vaguement nous pensons que c'est loin, très-loin, quelque part au delà des mers.

— Et Lise ? Vous connaissez Lise ?

— Pardi : Lise est partie en bateau avec une dame anglaise.

Lise sur le *Cygne !* Rêvons-nous ?

La femme se charge de nous répondre que nous sommes dans la réalité.

— C'est vous Remi ? me demande-t-elle.

— Oui.

— Eh bien, quand Suriot a été noyé, nous dit-elle.

— Noyé !

— Noyé dans l'écluse. Ah ! vous ne saviez pas que Suriot était tombé à l'eau et qu'étant passé sous une péniche, il était resté accroché à un clou : c'est le métier qui veut ça trop souvent. Pour lors, quand il a été noyé, Catherine s'est trouvée bien embarassée quoiqu'elle fût une maîtresse femme. Mais que voulez-vous, quand l'argent manque, on ne peut pas le fabriquer du jour au lendemain ; et l'argent manquait. Il est vrai qu'on offrait à Catherine d'aller en Égypte pour élever les enfants d'une dame dont elle avait été la nourrice, mais ce qui la gênait c'était sa nièce, la petite Lise. Comme elle était à se demander ce qu'il fallait faire, voilà qu'un soir s'arrête à l'écluse une dame anglaise qui promenait son garçon malade. On cause. Et la dame anglaise qui cherchait un enfant pour jouer avec son fils qui s'ennuyait tout seul sur son bateau, demande qu'on lui donne Lise, en promettant de se charger d'elle, de la faire guérir, enfin de lui assurer un sort. C'était une brave dame, bien bonne, douce au pauvre monde. Catherine accepte et tandis que Lise s'embarque sur le bateau de la dame anglaise, Catherine part pour s'en aller en Égypte. C'est mon mari qui remplace Suriot. Alors avant de partir, Lise qui ne peut pas parler quoique les médecins disent qu'elle parlera sans doute un jour, alors Lise veut que sa tante m'explique que je dois vous raconter tout cela si vous venez pour la voir. Et voilà.

J'étais tellement abasourdi, que je ne trouvai pas un mot, mais Mattia ne perdit pas la tête comme moi :

— Et où la dame anglaise allait-elle ? demanda-t-il.

— Dans le midi de la France ou bien en Suisse; Lise devait me faire écrire pour que je vous donne son adresse, mais je n'ai pas reçu de lettre.

XXII

LES BEAUX LANGES ONT DIT VRAI

Comme je restais interdit, Mattia fit ce que je ne pensais pas à faire.

— Nous vous remercions bien, madame, dit-il.

Et me poussant doucement, il me mit hors la cuisine.

— En route, me dit-il, en avant ! Ce n'est plus seulement Arthur et madame Milligan que nous avons à rejoindre, c'est encore Lise. Comme cela se trouve bien ! Nous aurions perdu du temps à Dreuzy ; tandis que maintenant nous pouvons continuer notre chemin ; c'est ce qui s'appelle une chance. Nous en avons eu assez de mauvaises, maintenant nous en avons de bonnes ; le vent a changé. Qui sait tout ce qui va nous arriver d'heureux !

Et nous continuons notre course après le *Cygne*, sans perdre de temps, ne nous arrêtant juste que ce qu'il faut pour dormir et pour gagner quelques sous.

A Decize, où le canal du Nivernais débouche dans

la Loire, nous demandons des nouvelles du *Cygne :* il a pris le canal latéral; et c'est ce canal que nous suivons jusqu'à Digoin; là nous prenons le canal du Centre jusqu'à Chalon.

Ma carte me dit que si par Charolles nous nous dirigions directement sur Mâcon, nous éviterions un long détour et bien des journées de marche; mais c'est là une résolution hardie dont nous n'osons ni l'un ni l'autre nous charger après avoir discuté le pour et le contre, car le *Cygne* peut s'être arrêté en route et alors nous le dépassons; il faudrait donc revenir sur nos pas, et pour avoir voulu gagner du temps, en perdre.

Nous descendons la Saône depuis Chalon jusqu'à Lyon.

C'est là qu'une difficulté vraiment sérieuse se présente : le *Cygne* a-t-il descendu le Rhône ou bien l'a-t-il remonté? en d'autres termes madame Milligan a-t-elle été en Suisse ou dans le midi de la France ?

Au milieu du mouvement des bateaux qui vont et viennent sur le Rhône et sur la Saône, le *Cygne* peut avoir passé inaperçu : nous questionnons les mariniers, les bateliers et tous les gens qui vivent sur les quais, et à la fin nous obtenons la certitude que madame Milligan a gagné la Suisse; nous suivons donc le cours du Rhône.

— De la Suisse on va en Italie, dit Mattia, en voilà encore une chance; si courant après madame Milligan, nous arrivions à Lucca, comme Cristina serait contente.

Pauvre cher Mattia, il m'aide à chercher ceux que

j'aime, et moi je ne fais rien pour qu'il embrasse sa petite sœur.

A partir de Lyon nous gagnons sur le *Cygne*, car le Rhône aux eaux rapides ne se remonte pas avec la même facilité que la Seine. A Culoz il n'a plus que six semaines d'avance sur nous; cependant, en étudiant la carte, je doute que nous puissions le rejoindre avant la Suisse, car j'ignore que le Rhône n'est pas navigable jusqu'au lac de Genève, et nous nous imaginons que c'est sur le *Cygne* que madame Milligan veut visiter la Suisse, dont nous n'avons pas la carte.

Nous arrivons à Seyssel, qui est une ville divisée en deux par le fleuve au-dessus duquel est jeté un pont suspendu, et nous descendons au bord de la rivière; quelle est ma surprise, quand de loin je crois reconnaître le *Cygne*.

Nous nous mettons à courir : c'est bien sa forme, c'est bien lui, et cependant il a l'air d'un bateau abandonné : il est solidement amarré derrière une sorte d'estacade qui le protége, et tout est fermé à bord; il n'y a plus de fleurs sur la verandah.

Que s'est-il passé? Qu'est-il arrivé à Arthur?

Nous nous arrêtons, le cœur étouffé par l'angoisse.

Mais c'est une lâcheté, de rester ainsi immobiles; il faut avancer, il faut savoir.

Un homme que nous interrogeons veut bien nous répondre; c'est lui qui justement est chargé de garder le *Cygne*.

— La dame anglaise qui était sur le bateau avec ses deux enfants, un garçon paralysé et une petite fille muette, est en Suisse. Elle a abandonné son bateau parce qu'il ne pouvait pas remonter le Rhône plus loin. La dame et les deux enfants sont partis en calèche avec une femme de service ; les autres domestiques ont suivi avec les bagages ; elle reviendra à l'automne pour reprendre le *Cygne*, descendre le Rhône jusqu'à la mer, et passer l'hiver dans le Midi.

Nous respirons : aucune des craintes qui nous avaient assaillis n'était raisonnable ; nous aurions dû imaginer le bon, au lieu d'aller tout de suite au pire.

— Et où est cette dame présentement? demanda Mattia.

—Elle est partie pour louer une maison de campagne au bord du lac de Genève, du côté de Vevey ; mais je ne sais pas au juste où ; elle doit passer là l'été.

En route pour Vevey ! A Genève nous achèterons une carte de la Suisse, et nous trouverons bien cette ville ou ce village. Maintenant le *Cygne* ne court plus devant nous; et puisque madame Milligan doit passer l'été dans sa maison de campagne, nous sommes assurés de la trouver : il n'y a qu'à chercher.

Et quatre jours avoir après quitté Seyssel, nous cherchons, aux environs de Vevey, parmi les nombreuses villas, qui, à partir du lac aux eaux bleues, s'étagent gracieusement sur les pentes vertes et boisées de la montagne, laquelle est habitée par madame Milligan, avec Arthur et Lise : enfin, nous sommes arrivés; il est temps , nous avons trois sous en poche, et nos souliers n'ont plus de semelle.

Mais Vevey n'est point un petit village comme nous l'avions tout d'abord imaginé, c'est une ville, et même plus qu'une ville ordinaire, puisqu'il s'y joint, jusqu'à Villeneuve, une suite de villages ou de faubourgs qui ne font qu'un avec elle : Blonay, Corsier, Tour-de-Peilz, Clarens, Chernex, Montreux, Veyteaux, Chillon. Quant à demander madame Milligan, ou tout simplement une dame anglaise accompagnée de son fils malade, et d'une jeune fille muette, nous reconnaissons bien vite que cela n'est pas pratique : Vevey et les bords du lac, sont habités par des Anglais et des Anglaises, comme le serait une ville de plaisance des environs de Londres.

Le mieux est donc de chercher et de visiter nous-mêmes toutes les maisons où peuvent loger les étrangers : en réalité cela n'est pas bien difficile, nous n'avons qu'à jouer notre répertoire dans toutes les rues.

En une journée nous avons parcouru tout Vevey et nous avons fait une belle recette; autrefois, quand nous voulions amasser de l'argent pour notre vache ou la poupée de Lise, cela nous eût donné une heureuse soirée, mais maintenant ce n'est pas après l'argent que nous courons. Nulle part nous n'avons trouvé le moindre indice qui nous parlât de madame Milligan.

Le lendemain c'est aux environs de Vevey que nous continuons nos recherches, allant droit devant nous au hasard des chemins, jouant devant les fenêtres des maisons qui ont une belle apparence, que ces fenêtres soient ouvertes ou fermées ; mais le soir nous rentrons comme déjà nous étions rentrés la veille ; et cependant nous avons été du lac à la montagne et de la montagne au lac, regardant autour de nous, questionnant de temps en temps les gens que sur leur bonne mine nous jugeons disposés à nous écouter et à nous répondre.

Ce jour-là, on nous donna deux fausses joies, en nous répondant que sans savoir son nom on connaissait parfaitement la dame dont nous parlions ; une fois on nous envoya à un chalet bâti en pleine montagne, une autre fois on nous assura qu'elle demeurait au bord du lac ; c'étaient bien des dames anglaises qui habitaient le lac et la montagne, mais ce n'était point madame Milligan.

Après avoir consciencieusement visité les environs de Vevey, nous nous en éloignâmes un peu du côté de Clarens et de Montreux, fâchés du mauvais résultat de nos recherches, mais nullement découragés ; ce qui n'avait pas réussi un jour, réussirait le lendemain sans doute.

Tantôt nous marchions dans des routes bordées de murs de chaque côté, tantôt dans des sentiers tracés à travers des vignes et des vergers, tantôt dans des chemins ombragés par d'énormes châtaigniers dont l'épais feuillage interceptant l'air et la lumière ne laissait pousser sous son couvert que des mousses veloutées ; à chaque pas dans ces routes et ces chemins s'ouvrait une grille en fer ou une barrière en bois, et alors on apercevait des allées de jardin bien sablées, serpentant autour de pelouses plantées çà et là de massifs d'arbustes et de fleurs; puis cachée dans la verdure s'élevait une maison luxueuse ou une élégante maisonnette enguirlandée de plantes grimpantes; et presque toutes, maisons comme maisonnettes, avaient à travers les massifs d'arbres ou d'arbustes des points de vue habilement ménagés sur le lac éblouissant et son cadre de sombres montagnes.

Ces jardins faisaient souvent notre désespoir, car nous tenant à distance des maisons, ils nous empêchaient d'être entendus de ceux qui se trouvaient dans ces maisons, si nous ne jouions pas et si nous ne chantions pas de toutes nos forces, ce qui, à la longue, et répété du matin au soir, devenait fatigant.

Une après-midi nous donnions ainsi un concert en pleine rue n'ayant devant nous qu'une grille pour laquelle nous chantions, et derrière nous qu'un mur dont nous ne prenions pas souci; j'avais chanté à tue-tête la première strophe de ma chanson napolitaine et j'allais commencer la seconde, quand tout à coup nous l'entendîmes chanter derrière nous au delà de ce mur, mais faiblement et avec une voix étrange :

> Vorria arreventare no piccinotto,
> Cona lancella oghi vennenno acqua.

Quelle pouvait être cette voix ?

— Arthur ? demanda Mattia.

Mais non, ce n'était pas Arthur, je ne reconnaissais pas sa voix ; et cependant Capi poussait des soupirs étouffés et donnait tous les signes d'une joie vive en sautant contre le mur.

Incapable de me contenir, je m'écriai :
— Qui chante ainsi ?
Et la voix répondit :
— Remi !

Mon nom au lieu d'une réponse. Nous nous regardâmes interdits, Mattia et moi.

Comme nous restions ainsi stupides en face l'un de l'autre, j'aperçus derrière Mattia, au bout du mur et par-dessus une haie basse, un mouchoir blanc qui voltigeait au vent ; nous courûmes de ce côté.

Ce fut seulement en arrivant à cette haie que nous pûmes voir la personne à laquelle appartenait le bras qui agitait ce mouchoir, — Lise !

Enfin nous l'avions retrouvée, et avec elle madame Milligan et Arthur.

Mais qui avait chanté ? Ce fut la question que nous lui adressâmes en même temps, Mattia et moi, aussitôt que nous pûmes trouver une parole.

— Moi, dit-elle.

Lise chantait ! Lise parlait !

Il est vrai que j'avais mille fois entendu dire que Lise recouvrerait la parole un jour, et très-probablement sous la secousse d'une violente émotion, mais je n'aurais pas cru que cela fût possible.

Et voilà cependant que cela s'était réalisé ; voilà qu'elle parlait ; voilà que le miracle s'était accompli ; et c'était en m'entendant chanter, en me voyant revenir près d'elle, alors qu'elle pouvait me croire perdu à jamais, qu'elle avait éprouvé cette violente émotion.

A cette pensée, je fus moi-même si fortement secoué, que je fus obligé de me retenir de la main à une branche de la haie.

Mais ce n'était pas le moment de s'abandonner :

— Où est madame Milligan? dis-je, où est Arthur?

Lise remua les lèvres pour répondre, mais de sa bouche ne sortirent que des sons mal articulés; alors impatientée, elle employa le langage des mains pour s'expliquer et se faire comprendre plus vite, sa langue et son esprit étant encore mal habiles à se servir de la parole.

Comme je suivais des yeux son langage, que Mattia n'entendait pas, j'aperçus au loin dans le jardin, au détour d'une allée boisée, une petite voiture longue qu'un domestique poussait : dans cette voiture se trouvait Arthur allongé, puis derrière lui venait sa mère et... je me penchai en avant pour mieux voir... et M. James Milligan; instantanément je me baissai derrière la haie en disant à Mattia, d'une voix précipitée, d'en faire autant, sans réfléchir que M. James Milligan ne connaissait pas Mattia.

Le premier mouvement d'épouvante passé, je compris que Lise devait être interdite de notre brusque disparition. Alors me haussant un peu, je lui dis à mi-voix :

— Il ne faut pas que M. James Milligan me voie, ou il peut me faire retourner en Angleterre.

Elle leva ses deux bras par un geste effrayé.

— Ne bouge pas, dis-je en continuant, ne parle pas de nous; demain matin à neuf heures nous reviendrons à cette place; tâche d'être seule; maintenant va-t'en.

Elle hésita.

— Va-t'en, je t'en prie, ou tu me perds.

En même temps nous nous jetâmes à l'abri du mur, et en courant nous gagnâmes les vignes qui nous cachèrent ; là, après le premier moment donné à la joie, nous pûmes causer et nous entendre.

— Tu sais, me dit Mattia, que je ne suis pas du tout disposé à attendre à demain pour voir madame Milligan ; pendant ce temps M. James Milligan pourrait tuer Arthur ; je vais aller voir madame Milligan tout de suite et lui dire... tout ce que nous savons ; comme M. Milligan ne m'a jamais vu, il n'y a pas de danger qu'il pense à toi et à la famille Driscoll ; ce sera madame Milligan qui décidera ensuite ce que nous devons faire.

Il était évident qu'il y avait du bon dans ce que Mattia proposait ; je le laissai donc aller en lui donnant rendez-vous dans un groupe de châtaigniers qui se trouvait à une courte distance ; là, si par extraordinaire je voyais venir M. James Milligan, je pourrais me cacher.

J'attendis longtemps, couché sur la mousse, le retour de Mattia, et plus de dix fois déjà, je m'étais demandé si nous ne nous étions pas trompés, lorsqu'enfin je le vis revenir accompagné de madame Milligan.

Je courus au-devant d'elle et lui saisissant la main qu'elle me tendait, je la baisai ; mais elle me prit dans ses bras et se penchant vers moi elle m'embrassa sur le front tendrement,

C'était la seconde fois qu'elle m'embrassait ; mais il

me sembla que la première elle ne m'avait pas serré ainsi dans ses bras.

— Pauvre cher enfant! dit-elle.

Et de ses beaux doigts blancs et doux elle écarta mes cheveux pour me regarder longuement.

— Oui... oui... murmura-t-elle.

Ces paroles répondaient assurément à sa pensée intérieure, mais dans mon émotion j'étais incapable de comprendre cette pensée ; je sentais la tendresse, les caresses des yeux de madame Milligan, et j'étais trop heureux pour chercher au delà de l'heure présente.

— Mon enfant, dit-elle, sans me quitter des yeux, votre camarade m'a rapporté des choses bien graves ; voulez-vous de votre côté me raconter ce qui touche à votre arrivée dans la famille Driscoll et aussi à la visite de M. James Milligan.

Je fis le récit qui m'était demandé, et madame Milligan ne m'interrompit que pour m'obliger à préciser quelques points importants : jamais on ne m'avait écouté avec pareille attention, ses yeux ne quittaient pas les miens.

Lorsque je me tus, elle garda le silence pendant assez longtemps en me regardant toujours, enfin elle me dit :

— Tout cela est d'une gravité extrême pour vous, pour nous tous ; nous ne devons donc agir qu'avec prudence et après avoir consulté des personnes capables de nous guider ; mais jusqu'à ce moment vous devez vous considérer comme le camarade, comme l'ami, — elle hésita un peu, — comme le frère d'Arthur, et vous devez, dès aujourd'hui, abandonner, vous et votre jeune ami, votre misérable existence; dans deux heures vous vous présenterez donc à Territet, à l'hôtel des Alpes où je vais envoyer une personne sûre, vous retenir votre logement; ce sera là que nous nous reverrons, car je suis obligée de vous quitter.

De nouveau elle m'embrassa et après avoir donné la main à Mattia, elle s'éloigna rapidement.

— Qu'as-tu donc raconté à madame Milligan? demandai-je à Mattia.

— Tout ce qu'elle vient de te dire et encore beaucoup d'autres choses, ah! la bonne dame! la belle dame!

— Et Arthur, l'as-tu vu?

— De loin seulement, mais assez pour trouver qu'il a l'air d'un bon garçon.

Je continuai d'interroger Mattia, mais il évita de me répondre, ou il ne le fit que d'une façon détournée; alors nous parlâmes de choses indifférentes jusqu'au moment où, selon la recommandation de madame Milligan, nous nous présentâmes à l'hôtel des Alpes. Quoique nous eussions notre misérable costume de musiciens des rues, nous fûmes reçus par un domestique en habit noir et en cravate blanche qui nous conduisit à notre appartement : comme elle nous parut belle, notre chambre; elle avait deux lits blancs; les fenêtres ouvraient sur une verandah suspendue au-dessus du lac, et la vue qu'on embrassait de là était une merveille : quand nous nous décidâmes à revenir dans la chambre, le domestique était toujours immobile attendant nos ordres, et il demanda ce que nous voulions pour notre dîner qu'il allait nous faire servir sur notre verandah.

— Vous avez des tartes? demanda Mattia.

— Tarte à la rhubarde, tarte aux fraises, tarte aux groseilles.

— Eh bien! Vous nous servirez de ces tartes.

— Des trois?

— Certainement.

— Et comme entrée ? comme rôti? comme légumes ?

A chaque offre, Mattia ouvrait les yeux, mais il ne se laissa pas déconcerter.

— Ce que vous voudrez, dit-il.

Le garçon sortit gravement.

— Je crois que nous allons dîner mieux ici que dans la famille Driscoll, dit Mattia.

Le lendemain, madame Milligan vint nous voir; elle était accompagnée d'un tailleur et d'une lingère, qui nous prirent mesure pour des habits et des chemises.

Elle nous dit que Lise continuait à s'essayer de parler, et que le médecin avait assuré qu'elle était maintenant guérie; puis, après avoir passé une heure avec nous, elle nous quitta, m'embrassant tendrement et donnant la main à Mattia.

Elle vint ainsi pendant quatre jours, se montrant chaque fois plus affectueuse et plus tendre pour moi, mais avec quelque chose de contraint cependant, comme si elle ne voulait pas s'abandonner à cette tendresse et la laisser paraître.

Le cinquième jour, ce fut la femme de chambre

que j'avais vue autrefois sur le *Cygne* qui vint à sa place; elle nous dit que madame Milligan nous attendait chez elle, et qu'une voiture était à la porte de l'hôtel pour nous conduire : c'était une calèche découverte dans laquelle Mattia s'installa sans surprise et très-noblement, comme si depuis son enfance il avait roulé carrosse; Capi aussi grimpa sans gêne sur un des coussins.

Le trajet fut court; il me parut très-court, car je marchais dans un rêve, la tête remplie d'idées folles ou tout au moins que je croyais folles : on nous fit entrer dans un salon, où se trouvaient madame Milligan, Arthur étendu sur un divan, et Lise.

Arthur me tendit les deux bras; je courus à lui pour l'embrasser; j'embrassai aussi Lise, mais ce fut madame Milligan qui m'embrassa.

— Enfin, me dit-elle, l'heure est venue où vous pouvez reprendre la place qui vous appartient.

Et comme je la regardais pour lui demander l'explication de ces paroles, elle alla ouvrir une porte, et je vis entrer mère Barberin, portant dans ses bras des vêtements d'enfant, une pelisse en cachemire blanc, un bonnet de dentelle, des chaussons de tricot.

Elle n'eut que le temps de poser ces objets sur une table, avant que je la prisse dans mes bras; pendant que je l'embrassais, madame Milligan donna un ordre à un domestique, et je n'entendis que le nom de M. James Milligan, ce qui me fit pâlir.

— Vous n'avez rien à craindre, me dit-elle doucement, au contraire, venez ici près de moi et mettez votre main dans la mienne.

A ce moment la porte du salon s'ouvrit devant M. James Milligan, souriant et montrant ses dents pointues ; il m'aperçut et instantanément ce sourire fut remplacé par une grimace effrayante.

Madame Milligan ne lui laissa pas le temps de parler :

— Je vous ai fait appeler, dit-elle d'une voix lente, qui tremblait légèrement, pour vous présenter mon fils aîné que j'ai eu enfin le bonheur de retrouver, — elle me serra la main ; — le voici ; mais vous le connaissez déjà, puisque chez l'homme qui l'avait volé, vous avez été le voir pour vous informer de sa santé.

— Que signifie? dit M. James Milligan, la figure décomposée.

— ... Cet homme, aujourd'hui en prison pour un vol commis dans une église, a fait des aveux complets ; voici une lettre qui le constate ; il a dit comment il avait volé cet enfant, comment il l'avait abandonné à Paris, avenue de Breteuil ; enfin comment il avait pris ses précautions en coupant les marques du linge de l'enfant pour qu'on ne le découvrît pas ; voici encore ces linges qui ont été gardés par l'excellente femme qui a généreusement élevé mon fils ; voulez-vous voir cette lettre ; voulez-vous voir ces linges?

M. James Milligan resta un moment immobile, se demandant bien certainement s'il n'allait pas nous étrangler tous ; puis il se dirigea vers la porte ; mais prêt à sortir, il se retourna :

— Nous verrons, dit-il, ce que les tribunaux penseront de cette supposition d'enfant.

Sans se troubler, madame Milligan, — maintenant je peux dire ma mère, — répondit :

— Vous pouvez nous appeler devant les tribunaux; moi je n'y conduirai pas celui qui a été le frère de mon mari.

La porte se referma sur mon oncle; alors je pus me jeter dans les bras que ma mère me tendait et l'embrasser pour la première fois en même temps qu'elle m'embrassait elle-même.

Quand notre émotion se fut un peu calmée, Mattia s'approcha :

— Veux-tu répéter à ta maman que j'ai bien gardé son secret? dit-il.

— Tu savais donc tout? dis-je.

Ce fut ma mère qui répondit :

— Quand Mattia m'eut fait son récit, je lui recommandai le silence, car si j'avais la conviction que le pauvre petit Remi était mon fils, il me fallait des preuves certaines que l'erreur n'était pas possible. Quelle douleur pour vous, cher enfant, si après vous avoir embrassé comme mon fils, j'étais venue vous dire que nous nous étions trompés! Ces preuves nous les avons, et c'est pour jamais maintenant que nous sommes réunis; c'est pour jamais que vous vivrez avec votre mère, votre frère, — elle montra Lise ainsi que Mattia, — et ceux qui vous ont aimé malheureux.

XXIII

EN FAMILLE.

Les années se sont écoulées, — nombreuses, mais courtes, car elles n'ont été remplies que de belles et douces journées.

J'habite en ce moment l'Angleterre, Milligan-Park, le manoir de mes pères.

L'enfant sans famille, sans soutien, abandonné et perdu dans la vie, ballotté au caprice du hasard, sans phare pour le guider au milieu de la vaste mer où il se débat, sans port de refuge pour le recevoir, a non-seulement une mère, un frère qu'il aime, et dont il est aimé, mais encore il a des ancêtres qui lui ont laissé un nom honoré dans son pays et une belle fortune.

Le petit misérable, qui enfant a passé tant de nuits dans les granges, dans les étables, ou au coin d'un bois à la belle étoile, est maintenant l'héritier d'un vieux château historique que visitent les curieux, et que recommandent les *guides*.

C'est à une vingtaine de lieues à l'ouest de l'endroi

où je m'embarquai, poursuivi par les gens de justice, qu'il s'élève à mi-côte dans un vallon, bien boisé malgré le voisinage de la mer. Bâti sur une sorte d'esplanade naturelle, il a la forme d'un cube, et il est flanqué d'une grosse tour ronde à chaque coin. Les deux façades, exposées au sud et à l'ouest, sont enguirlandées de glycines et de rosiers grimpants ; celles du nord et de l'est sont couvertes de lierre dont les troncs, gros comme le corps d'un homme à leur sortie de terre, attestent la vétusté, et il faut tous les soins vigilants des jardiniers pour que leur végétation envahissante ne cache point sous son vert manteau les arabesques et les rinceaux finement sculptés dans la pierre blanche du cadre et des meneaux des fenêtres. Un vaste parc l'entoure ; il est planté de vieux arbres que ni la serpe ni la hache n'ont jamais touchés ; il est arrosé de belles eaux limpides qui font s , ons toujours verts. Dans une futaie de hêtres vénérables, des corneilles viennent percher chaque nuit, annonçant par leurs croassements le commencement et la fin du jour.

C'est ce vieux manoir de Milligan-Park que nous habitons en famille, ma mère, mon frère, ma femme et moi.

Depuis six mois que nous y sommes installés, j'ai passé bien des heures dans le chartrier où sont conservés les chartes, les titres de propriété, les papiers de la famille, penché sur une large table en chêne noircie par les ans, occupé à écrire ; ce ne sont point cependant ces chartes ni ces papiers de famille que je consulte laborieusement, c'est le livre de mes souvenirs que je feuillette et mets en ordre.

Nous allons baptiser notre premier enfant, notre fils, le petit Mattia, et à l'occasion de ce baptême, qui va réunir dans le manoir de mes pères tous ceux qui ont été mes amis des mauvais jours, je veux offrir à chacun d'eux un récit des aventures auxquelles ils ont été mêlés, comme un témoignage de gratitude pour le secours qu'ils m'ont donné ou l'affection qu'ils ont eue pour le pauvre enfant perdu. Quand j'ai achevé un chapitre, je l'envoie à Dorchester, chez le lithographe; et ce jour même j'attends les copies autographiées de mon manuscrit pour en donner une à chacun de mes invités.

Cette réunion est une surprise que je leur fais, et que je fais aussi à ma femme, qui va voir son père, sa sœur, ses frères, sa tante qu'elle n'attend pas; seuls ma mère et mon frère sont dans le secret : si aucune complication n'entrave nos combinaisons, tous logeront ce soir sous mon toit et j'aurai la joie de les voir autour de ma table.

Un seul manquera à cette fête, car si grande que soit la puissance de la fortune, elle ne peut pas rendre la vie à ceux qui ne sont plus. Pauvre cher vieux maître, comme j'aurais été heureux d'assurer votre repos ! Vous auriez déposé la *piva*, la peau de mouton et la veste de velours; vous n'auriez plus répété : « En avant, mes enfants! » une vieillesse honorée vous eût permis de relever votre belle tête blanche et de reprendre votre nom; Vitalis, le vieux vagabond, fût redevenu Carlo Balzani le célèbre chanteur. Mais ce que la mort impitoyable ne m'a pas permis pour vous, je l'ai fait au moins pour votre mémoire; et à

Paris, dans le cimetière Montparnasse, ce nom de Carlo Balzani est inscrit sur la tombe que ma mère, sur ma demande, vous a élevée ; et votre buste en bronze sculpté d'après les portraits publiés au temps de votre célébrité, rappelle votre gloire à ceux qui vous ont applaudi : une copie de ce buste a été coulée pour moi ; elle est là devant moi, et en écrivant le récit de mes premières années d'épreuves, alors que la marche des événements se déroulait, mes yeux bien souvent ont cherché les vôtres. Je ne vous ai point oublié, je ne vous oublierai jamais, soyez-en sûr ; si dans cette existence périlleuse d'un enfant perdu je n'ai pas trébuché, je ne suis pas tombé, c'est à vous que je le dois, à vos leçons, à vos exemples, ô mon vieux maître ! et dans toute fête votre place sera pieusement réservée : si vous ne me voyez pas, moi je vous verrai.

Mais voici ma mère qui s'avance dans la galerie des portraits : l'âge n'a point terni sa beauté ; et je la vois aujourd'hui telle qu'elle m'est apparue pour la première fois, sous la verandah du *Cygne*, avec son air noble, si rempli de douceur et de bonté ; seul le voile de mélancolie alors continuellement baissé sur son visage s'est effacé.

Elle s'appuie sur le bras d'Arthur, car maintenan ce n'est plus la mère qui soutient son fils débile e chancelant, c'est le fils devenu un beau et vigoureux jeune homme, habile à tous les exercices du corps, élégant écuyer, solide rameur, intrépide chasseur qui avec une affectueuse sollicitude offre son bras à sa mère ; car contrairement au pronostic de mon oncle

M. James Milligan, le miracle s'est accompli : Arthur a vécu, et il vivra.

A quelque distance derrière eux, je vois venir une vieille femme vêtue comme une paysanne française et portant sur ses bras un tout petit enfant enveloppé dans une pelisse blanche : la vieille paysanne c'est mère Barberin et l'enfant c'est le mien, c'est mon fils, le petit Mattia.

Après avoir retrouvé ma mère, j'avais voulu que mère Barberin restât près de nous, mais elle n'avait pas accepté :

— Non, m'avait-elle dit, mon petit Remi, ma place n'est pas chez ta mère en ce moment. Tu vas avoir à travailler pour t'instruire et pour devenir un vrai monsieur par l'éducation, comme tu en es un par la naissance. Que ferais-je auprès de toi ? Ma place n'est pas dans la maison de ta vraie mère. Laisse-moi retourner à Chavanon. Mais pour cela notre séparation ne sera peut-être pas éternelle. Tu vas grandir ; tu te marieras, tu auras des enfants. Alors, si tu le veux, et si je suis encore en vie, je reviendrai près de toi pour élever tes enfants. Je ne pourrai pas être leur nourrice comme j'ai été la tienne, car je serai vieille, mais la vieillesse n'empêche pas de bien soigner un enfant ; on a l'expérience ; on ne dort pas trop. Et puis je l'aimerai, ton enfant, et ce n'est pas moi, tu peux en être certain, qui me le laisserai voler comme on t'a volé toi-même.

Il a été fait comme mère Barberin désirait ; peu de temps avant la naissance de notre enfant, on a été la chercher à Chavanon et elle a tout quitté, son village ses habitudes, ses amis, la vache issue de la nôtre pour venir en Angleterre près de nous; notre petit Mattia est nourri par sa mère, mais il est soigné, porté, amusé, cajolé par mère Barberin, qui déclare que c'est le plus bel enfant qu'elle ait jamais vu.

Arthur tient dans sa main un numéro du *Times ;* il le dépose sur ma table de travail en me demandant si je l'ai lu, et, sur ma réponse négative, il me montre du doigt une correspondance de Vienne que je traduis :

« Vous aurez prochainement à Londres la visite de Mattia ; malgré le succès prodigieux qui a accueilli la série de ses concerts ici, il nous quitte, appelé en Angleterre par des engagements auxquels il ne peut manquer. Je vous ai déjà parlé de ces concerts ; ils ont produit la plus vive sensation autant par la puissance et par l'originalité du virtuose, que par le talent du compositeur ; pour tout dire, en un mot, Mattia est le Chopin du violon. »

Je n'ai pas besoin de cet article pour savoir que le petit musicien des rues, mon camarade et mon élève, est devenu un grand artiste ; j'ai vu Mattia se développer et grandir, et si, quand nous travaillions tous trois ensemble sous la direction de notre précepteur, lui, Arthur et moi, il faisait peu de progrès en latin et en grec, il en faisait de tels en musique avec les maîtres que ma mère lui donnait, qu'il n'était pas difficile de deviner que la prédiction d'Espinassous, le perruquier-musicien de Mende, se réaliserait ; cependant, cette correspondance de Vienne me remplit d'une joie orgueilleuse comme si j'avais ma part des applaudissements dont elle est l'écho ; mais ne l'ai-je pas réellement ? Mattia n'est-il pas un autre moi-même, mon camarade, mon ami, mon frère ? ses triomphes sont les miens, comme mon bonheur est le sien.

A ce moment, un domestique me remet une dépêche télégraphique qu'on vient d'apporter :

« C'est peut-être la traversée la plus courte, mais ce n'est pas la plus agréable ; en est-il d'agréable, d'ailleurs ? Quoi qu'il en soit, j'ai été si malade que c'est à Red-Hill seulement que je trouve la force de te prévenir ; j'ai pris Cristina en passant à Paris ; nous arriverons à Chegford à quatre heures dix minutes, envoie une voiture au-devant de nous.

« Mattia. »

En parlant de Cristina, j'avais regardé Arthur, mais il avait détourné les yeux ; ce fut seulement quand je fus arrivé à la fin de la dépêche qu'il les releva.

— J'ai envie d'aller moi-même à Chegford, dit-il, je vais faire atteler le landau.

— C'est une excellente idée ; tu seras ainsi au retour vis-à-vis de Cristina.

Sans répondre, il sortit vivement ; alors je me tournai vers ma mère.

— Vous voyez, lui dis-je, qu'Arthur ne cache pas son empressement ; cela est significatif.

— Très-significatif.

Il me sembla qu'il y avait dans le ton de ces deux mots comme une nuance de mécontentement ; alors, me levant, je vins m'asseoir près de ma mère, et, lui prenant les deux mains que je baisai :

— Chère maman, lui dis-je en français, qui était la langue dont je me servais toujours quand je voulais lui parler tendrement, en petit enfant ; chère maman, il ne faut pas être peinée parce qu'Arthur aime Cristina. Cela, il est vrai, l'empêchera de faire un beau mariage, puisqu'un beau mariage, selon l'opinion du monde, est celui qui réunit la naissance à la richesse. Mais est-ce que mon exemple ne montre pas qu'on peut être heureux, très-heureux, aussi heureux que possible, sans la naissance et la richesse dans la femme qu'on aime? Ne veux-tu pas qu'Arthur soit heureux comme moi? La faiblesse que tu as eue pour moi, parce que tu ne peux rien refuser à l'enfant que tu as pleuré pendant treize ans, ne l'auras-tu pas pour ton autre fils? serais-tu donc plus indulgente pour un frère que pour l'autre ?

Elle me passa la main sur le front, et m'embrassant :

— Oh ! le bon enfant, dit-elle, le bon frère ! quels trésors d'affection il y a en toi !

— C'est que j'ai fait des économies autrefois ; mais ce n'est pas de moi qu'il s'agit, c'est d'Arthur. Dis-moi un peu où il trouvera une femme plus charmante que Cristina? n'est-elle pas une merveille de beauté italienne? Et l'éducation qu'elle a reçue depuis que nous avons été la chercher à Lucca, ne lui permet-elle pas de tenir sa place, et une place distinguée, dans la société la plus exigeante ?

— Tu vois dans Cristina la sœur de ton ami Mattia.

— Cela est vrai, et j'avoue sans détours que je souhaite de tout mon cœur un mariage qui fera entrer Mattia dans notre famille.

— Arthur t'a-t-il parlé de ses sentiments et de ses désirs ?

— Oui, chère maman, dis-je en souriant, il s'est adressé à moi comme au chef de la famille.

— Et le chef de la famille ?...

—... A promis de l'appuyer.

Mais ma mère m'interrompit.

— Voici ta femme, dit-elle ; nous parlerons d'Arthur plus tard.

Ma femme, vous l'avez deviné, et il n'est pas besoin que je le dise, n'est-ce pas? ma femme, c'est la petite fille aux yeux étonnés, au visage parlant que vous connaissez, c'est Lise, la petite Lise, fine, légère, aérienne ; Lise n'est plus muette, mais elle a par bonheur conservé sa finesse et sa légèreté qui donnent à sa beauté quelque chose de céleste. Lise n'a point quitté ma mère, qui l'a fait élever et instruire sous ses yeux, et elle est devenue une belle jeune fille, la plus belle des jeunes filles, douée pour moi de toutes les qualités, de tous les mérites, de toutes les vertus, puisque je l'aime. J'ai demandé à ma mère de me la donner pour femme, et, après une vive résistance, basée sur la différence de condition, ma mère n'a pas su me la refuser, ce qui a fâché et scandalisé quelques-uns de nos parents : sur quatre qui se sont ainsi fâchés, trois sont déjà revenus, gagnés par la grâce de Lise, et le quatrième n'attend pour revenir à son tour, qu'une visite de nous dans laquelle nous lui ferons nos excuses d'être heureux, et cette visite est fixée à demain.

. — Eh bien, dit Lise en entrant, que se passe-t-il donc? on se cache de moi; on se parle en cachette; Arthur vient de partir pour la station de Chegford, le break a été envoyé à celle de Ferry, quel est ce mystère, je vous prie ?

Nous sourions, mais nous ne lui répondons pas.

Alors elle passe un bras autour du cou de ma mère, et l'embrassant tendrement :

— Puisque vous êtes du complot, chère mère, dit-elle, je ne suis pas inquiète, je suis sûre à l'avance que vous avez, comme toujours, travaillé pour notre bonheur, mais je n'en suis que plus curieuse.

L'heure a marché, et le break que j'ai envoyé à Ferry au-devant de la famille de Lise, doit arriver d'un instant à l'autre ; alors, voulant jouer avec cette curiosité, je prends une longue-vue qui nous sert à suivre les navires passant au large, mais, au lieu de la braquer sur la mer, je la tourne sur le chemin par où doit arriver le break.

— Regarde dans cette longue-vue ; lui dis-je, et ta curiosité sera satisfaite.

Elle regarde, mais sans voir autre chose que la route blanche, puisqu'aucune voiture ne se montre encore.

Alors, à mon tour, je mets l'œil à l'oculaire :

— Comment n'as-tu rien vu dans cette lunette? dis-je du ton de Vitalis faisant son boniment; elle est vraiment merveilleuse: avec elle je passe au-dessus de la mer et je vais jusqu'en France ; c'est une coquette maison aux environs de Sceaux que je vois un homme aux cheveux blancs presse deux femmes qui l'entourent : « Allons vite, dit-il, nous manquerons le train et je n'arriverai pas en Angleterre pour le baptême de mon petit-fils ; dame Catherine, hâte-toi un peu, je t'en prie, depuis dix ans que nous demeurons ensemble tu as toujours été en retard. Quoi ? que veux-tu dire, Etiennette ? voilà encore mademoiselle gendarme ! Le reproche que j'adresse à Catherine est tout amical. Est-ce que je ne sais pas que Catherine est la meilleure des sœurs, comme toi, Tiennette, tu es la meilleure des filles ? où trouve-t-on une bonne fille comme toi, qui ne se marie pas pour soigner son vieux père, continuant grande le rôle d'ange gardien qu'elle a rempli enfant, avec ses frères et sa sœur ? » Puis avant de partir il donne des instructions pour qu'on soigne ses fleurs pendant son absence : « N'oublie pas que j'ai été jardinier, dit-il à son domestique, et que je connais l'ouvrage. »

Je change la lunette de place comme si je voulais regarder d'un autre côté :

— Maintenant, dis-je, c'est un vapeur que je vois, un grand vapeur qui revient des Antilles et qui approche du Havre : à bord est un jeune homme revenant de faire un voyage d'exploration botanique dans la région de l'Amazone ; on lit qu'il rapporte tout une flore inconnue en Europe, et la première partie de son voyage, publiée par les journaux, est très-curieuse ; son nom, Benjamin Acquin, est déjà célèbre ; il n'a qu'un souci : savoir s'il arrivera en temps au Havre pour prendre le bateau de Southampton et rejoindre sa famille à Milligan-Park ; ma lunette est tellement merveilleuse qu'elle le suit; il a pris le bateau de Southampton; il va arriver.

De nouveau ma lunette est braquée dans une autre direction et je continue :

— Non-seulement je vois mais j'entends : deux hommes sont en wagon, un vieux et un jeune : « Comme ce voyage va être intéressant pour nous, dit le vieux.— Très-intéressant, magister. — Non-seulement, mon cher Alexis, tu vas embrasser ta famille, non-seulement nous allons serrer la main de Remi qui ne nous oublie pas, mais encore nous allons descendre dans les mines du pays de Galles; tu feras là de curieuses observations, et au retour tu pourras apporter des améliorations à la Truyère, ce qui donnera de l'autorité à la position que tu as su conquérir par ton travail; pour moi, je rapporterai des échantillons et les joindrai à ma collection que la ville de Varses a bien voulu accepter. Quel malheur que Gaspard n'ait pas pu venir! »

J'allais continuer, mais Lise s'était approchée de moi; elle me prit la tête dans ses deux mains et par sa caresse, elle m'empêcha de parler.

— Oh la douce surprise! dit-elle, d'une voix que l'émotion faisait trembler.

— Ce n'est pas moi qu'il faut remercier, c'est maman, qui a voulu réunir tous ceux qui ont été bons pour son fils abandonné; si tu ne m'avais pas fermé la bouche, tu aurais appris que nous attendons aussi cet excellent Bob, devenu le plus fameux *showman* de l'Angleterre, et son frère qui commande toujours l'*Eclipse*.

A ce moment, un roulement de voiture arrive jusqu'à nous, puis presque aussitôt un second ; nous courons à la fenêtre et nous apercevons le break dans lequel Lise reconnaît son père, sa tante Catherine, sa sœur Etiennette, ses frères Alexis et Benjamin ; près d'Alexis est assis un vieillard tout blanc et voûté, c'est le magister. Du côté opposé, arrive aussi le landau découvert dans lequel Mattia et Cristina nous font des signes de mains. Puis, derrière le landau, vient un cabriolet conduit par Bob lui-même ; Bob a toute la tournure d'un gentleman, et son frère est toujours le rude marin qui nous débarqua à Isigny.

Nous descendons vivement l'escalier pour recevoir nos hôtes au bas du perron.

Le dîner nous réunit tous à la même table, et naturellement on parle du passé.

— J'ai rencontré dernièrement à Bade, dit Mattia, dans les salles de jeu, un gentleman aux dents blanches et pointues qui souriait toujours malgré sa mauvaise fortune ; il ne m'a pas reconnu, et il m'a fait l'honneur de me demander un florin pour le jouer sur une combinaison sûre ; c'était une association ; elle n'a pas été heureuse : M. James Milligan a perdu.

— Pourquoi racontez-vous cela devant Remi, mon cher Mattia ? dit ma mère ; il est capable d'envoyer un secours à son oncle.

— Parfaitement, chère maman.

— Alors où sera l'expiation ? demanda ma mère

— Dans ce fait que mon oncle qui a tout sacrifié à la fortune, devra son pain à ceux qu'il a persécutés et dont il a voulu la mort.

— J'ai eu des nouvelles de ses complices, dit Bob.

— De l'horrible Driscoll? demanda Mattia.

— Non de Driscoll lui-même, qui doit être toujours au delà des mers, mais de la famille Driscoll; madame Driscoll est morte brûlée un jour qu'elle s'est couchée dans le feu au lieu de se coucher sur la table, et Allen et Ned viennent de se faire condamner à la déportation; ils rejoindront leur père.

— Et Kate?

— La petite Kate soigne son grand-père toujours vivant; elle habite avec lui la cour du Lion-Rouge; le vieux a de l'argent, ils ne sont pas malheureux.

— Si elle est frileuse, dit Mattia en riant, je la plains; le vieux n'aime pas qu'on approche de sa cheminée.

Et dans cette évocation du passé, chacun place son mot, tous n'avons-nous pas des souvenirs qui nous sont communs et qu'il est doux d'échanger; c'est le lien qui nous unit.

Lorsque le dîner est terminé, Mattia s'approche de moi et me prenant à part dans l'embrasure d'une fenêtre.

— J'ai une idée, me dit-il; nous avons fait si souvent de la musique pour des indifférents, que nous devrions bien en faire un peu pour ceux que nous aimons.

— Il n'y a donc pas de plaisir sans musique pour toi; quand même, partout et toujours de la musique; souviens-toi de la peur de notre vache.

— Veux-tu jouer ta chanson napolitaine?

— Avec joie, car c'est elle qui a rendu la parole à Lise.

Et nous prenons nos instruments : dans une belle boîte doublée en velours, Mattia atteint un vieux violon qui vaudrait bien deux francs si nous voulions le vendre, et moi je retire de son enveloppe une harpe dont le bois lavé par les pluies a repris sa couleur naturelle.

On fait cercle autour de nous, mais à ce moment un chien, un caniche, Capi se présente ; il est bien vieux, le bon Capi, il est sourd, mais il a gardé une bonne vue ; du coussin sur lequel il habite il a reconnu sa harpe et il arrive en clopinant « pour la représentation, » il tient une soucoupe dans sa gueule ; il veut faire le tour « de l'honorable société » en marchant sur ses pattes de derrière, mais la force lui manque, alors il s'assied et saluant gravement « la société » il met une patte sur son cœur.

Notre chanson chantée, Capi se relève tant bien que mal « et fait la quête » ; chacun met son offrande dans la soucoupe, et Capi, émerveillé de la recette, me l'apporte. C'est la plus belle qu'il ait jamais faite, il n'y a que des pièces d'or et d'argent : — 170 francs.

Je l'embrasse sur le nez comme autrefois, quand il me consolait, et ce souvenir des misères de mon enfance me suggère une idée que j'explique aussitôt :

— Cette somme sera la première mise destinée à fonder une maison de secours et de refuge pour les petits musiciens des rues ; ma mère et moi nous ferons le reste.

— Chère madame, dit Mattia en baisant la main de

ma mère, je vous demande une toute petite part dans votre œuvre : si vous le voulez bien, le produit de mon premier concert à Londres s'ajoutera à la recette de Capi.

Une page manque à mon manuscrit, c'est celle que doit contenir ma chanson napolitaine; Mattia, meila leur musicien que moi, écrit cette chanson, et li voici :

FIN

TABLE DES CHAPITRES

DU SECOND VOLUME

I.	— En avant	1
II.	— Une ville noire	32
III.	— Rouleur	51
IV.	— L'inondation	66
V.	— Dans la remontée	85
VI.	— Sauvetage	106
VII.	— Une leçon de musique	139
VIII.	— La vache du prince	155
XI.	— Mère Barberin	184
X.	— L'ancienne et la nouvelle famille	206
XI.	— Barberin	221
XII.	— Recherches	243
XIII.	— La famille Driscoll	265
XIV.	— Père et mère honorera	281
XV.	— Capi perverti	297
XVI.	— Les beaux langes ont menti	305
XVII.	— L'oncle d'Arthur : — M. James Milligan	313
XVIII.	— Les nuits de Noël	321
XIX.	— Les peurs de Mattia	329
XX.	— Bal	359
XXI.	— Le *Cygne*	374
XXII.	— Les beaux langes ont dit vrai	389
XXIII.	— En famille	405

FIN DE LA TABLE

F. Aureau. — Imprimerie de Lagny.